Das Buch der Gespräche

LAMA ANAGARIKA GOVINDA
(Anangavajra Khamsum Wangchuk)

Das Buch
der
Gespräche

Im Dialog
mit einem großen Meister
des Buddhismus

Herausgegeben
von Advayavajra

OTTO WILHELM BARTH VERLAG

Die Herausgabe dieses Buches war nur durch eine Gemein-
schaftsarbeit möglich. Der Herausgeber möchte hier allen
Mitarbeitern für ihre über viele Monate gehende Hilfe dan-
ken, ganz besonders aber *Vajraprabhā* und *Abhayavajra*, die un-
ermüdlich immer wieder das Manuskript neu schrieben oder
umsetzten, da − bedingt durch Eliminierung von Wiederholungen − die Schaffung stilistischer Übergänge erforderlich
wurde.

Advayavajra

Erste Auflage 1998

Inhalt

Ein Wort voraus 9

Wer war Lama Anagarika Govinda? 13

«Niemand kann die Welt ohne Māyā betrachten» 28

Karma, Schicksal und die Kontinuität des Lebens 56

Buddhismus und die Psychologie C.G. Jungs 87

Über Meditation 100
    Vom Wesen der Meditation 101
    Körperhaltung, Mudrās und Mantras 119
    Zeit, Zeitlosigkeit, Gegenwärtigkeit und Leerheit . . 145

Gespräche in Überlingen 161
    Buddhistische Psychologie 162
    Buddhistische und christliche Ethik 173
    Wege zur Meditation – von der Vergegen-
    wärtigung des Atems bis zum Zen-Buddhismus . 179
    Buddhismus und Psychotherapie 194
    Mantra-Praxis 199
    Wiedergeburt und Karma 211
    Vergegenwärtigung und Achtsamkeit 216
    Leerheitserfahrung 219
    Hīnayāna und Mahāyāna 227

Lebendiger Buddhismus im Abendland 236

Glossar 246

Personen- und Sachregister 248

Wenn ihr Jünger zusammen seid,
so geziemet euch zweierlei:
ein Gespräch über die Lehre
oder ein verinnerlichtes Schweigen.
Der Buddha

Ein Wort voraus …

Als *Lama Anagarika Govinda* am 14. Januar 1985 lächelnd aus
diesem Leben schied, hinterließ er neben den Manuskripten
seiner frühen Veröffentlichungen, seinen Gemälden und
Bleistiftpausen der Tsaparang-Fresken auch Tagebücher, un-
veröffentlichte archäologische Studien und Forschungsergeb-
nisse, Kopien seiner zahlreichen Briefe ab 1933 sowie Ton-
aufnahmen mit seinen Vorträgen und Gesprächen ab 1972.

Doch während sein breitgefächertes literarisches Werk
weitgehend in Buchform erschienen ist, steht die Veröffentli-
chung des verbliebenen Materials bis heute noch aus.

Schon in früher Jugend vielseitig interessiert und bestrebt,
sich ein Wissen anzueignen, das die «Ganzheit menschlicher
Erfahrung umfaßt», zwang er sich etwa ab dem 30. Lebensjahr, seine selbstgesetzten Arbeitsziele auf das ihm nun wesentlich Erscheinende zu kondensieren. Doch auch dann
drängte es ihn, den jeweils erarbeiteten Komplex in einen
größeren, ja universellen Zusammenhang zu stellen, um ihn
«aus seiner unnatürlichen Isolierung herauszureißen». Es
nutzte nichts, daß er sich bis ins hohe Alter immer wieder
Zettel auf sein kleines Schreibpult legte, durch die er sich mit
den Worten des ihm so verwandten Goethe mahnte:

Wer Großes will, muß sich zusammenraffen.
In der Beschränkung zeigt sich erst der Meister,
Und das Gesetz nur kann uns Freiheit geben.

Er fühlte immer wieder den «Zwang, die Dinge und sich selbst in dem größeren Zusammenhang, in der GANZHEIT sehen zu müssen, und so wuchs sich fast alles, was er anpackte, zu «multidimensionalen Erfassenskomplexen» aus.

Dieses Bestreben nach vollständiger, ganzheitlicher Darstellung zeigte sich auch in seinen Gesprächen: Immer wieder schlug er große Bogen, um dem Fragenden die Eingebundenheit jedes Dinges in ein übergreifendes Ganzes vor Augen zu führen, um ihm das untrennbare Verwobensein aller Erscheinungen in unzähligen Interrelationen deutlich zu machen, das – in einer ständigen Fließbewegung sich wandelnd – die «Nicht-Dauer» alles Gestalteten bewußt macht. Wer sich dieser den rationalen Bereich überschreitenden Schau öffnet, so erklärte Lama Govinda, der findet die Antwort auf jede Frage in sich selbst: seine Antwort auf die Frage.

Gespräche mit Frage und Antwort haben seit der Vollmondnacht in Sarnath, in welcher der Buddha seinen ersten fünf Jüngern den *Dharma* darlegte, einen festen Platz in der Hinführung zur Lehre und bei der Vermittlung von plötzlich aufblitzenden Einsichten in das Wesen der Wirklichkeit. Darüber hinaus diente das Frage-Antwort-Spiel als Methode der Wahl bei der Schulung der Jünger, um sich immer erneut durch Repetition jene Fakten zu vergegenwärtigen, welche die Grundlage des geistigen Weges sind.

Aber auch bei Klärung von Sachfragen ist diese Methode hilfreich, wie schließlich auch zur Lösung individueller Lebensprobleme, wobei das Prinzip der sokratischen Mäeutik angewandt wurde, besonders dann, wenn es darum ging, den Fragenden zu unmittelbarer Eigenerkenntnis und -einsicht zu führen.

Govinda war ein Meister in dieser Art der Gesprächsführung. Doch aus verständlichen Gründen wurden diese sehr intimen und auf Personen bezogenen Dialoge nie aufgezeichnet. Was uns für dieses Buch als authentisches Material zur Verfügung stand, waren Nachschriften von Tonaufzeich-

nungen, oder aber Mitschriften, die während eines Gesprä-
ches oder Interviews gemacht und dann partiell nachträglich
von Lama Govinda redigiert wurden.

Die in diesem Buch wiedergegebenen Texte sind Antworten auf Fragen von Menschen unterschiedlichster Herkunft,
Bildung und Altersstufen aus den Jahren 1972 bis 1984. Wir
haben uns bemüht, das Wesentliche aus der Fülle auszuwäh-
len und gleichzeitig Wiederholungen zu vermeiden. Doch
war dies nicht immer möglich: Lama Govinda benutzte mitunter fast gleichlautende Formulierungen, wobei ihm diese
jedoch in einem neuen Kontext und bei veränderter Fragestellung häufig als Ausgangspunkt für erweiterte, bisher nicht
dargestellte Ausblicke dienten.

Ein Problem, das uns länger beschäftigte und den Beginn
der Arbeit verzögerte, war die Frage, ob es nicht zweck-
mäßiger wäre, die jeweiligen Antworten aus ihrem vorgegebenen Kontext zu lösen und sie nach Themen zusammenge-
faßt und geordnet als geschlossene Komplexe darzustellen.
Jedoch gaben wir dies bald wieder auf, das es die Lebendig-
keit und Unmittelbarkeit der natürlichen Gesprächssituation
zerstört und auch den Bestrebungen Govindas nicht entsprochen hätte:

Er war immer ein überzeugter Vertreter jener Weltschau,
die die Einmaligkeit jedes Individuums in seinem von Augenblick zu Augenblick erfolgenden Wandel vertrat, und der
zugleich die unwiederbringliche Einmaligkeit einer jeden
Augenblick sich in gleicher Weise ständig verändernden Situation, in die wir gestellt sind, betonte. Daraus aber ergab
sich für ihn auch, daß ein Gespräch mit gleicher Fragestellung, aber zu einem anderen Zeitpunkt geführt, nie das gleiche Ergebnis erbringen könne, es sei denn, es ginge um
dogmatisch fixierte Konzepte.

Es war unser Bestreben, mit diesem Buch *Lama Anagarika
Govinda* als einen der großen westlichen Lehrer und Inter-
preten des Buddha-Dharma dem Leser lebendig vor Augen

zu führen, ihm vielleicht einen Hauch von der inspirierenden Gegenwart jenes so bescheidenen Mannes zu geben, der sich nie in den Vordergrund drängte und doch für jeden, der zu ihm kam, ganz «da war»: ein Vorbild als Mensch, Lehrer und Wege Weisender ...

Advayavajra

Wer war Lama Anagarika Govinda?

Dieses Kapitel ist nicht aus einem Guß, sondern enthält eine Zusammenstellung von Antworten, die Lama Govinda im Verlauf verschiedener Interviews und Gespräche in den Jahren 1972 bis 1978 gab. Er selbst hat noch zu seinen Lebzeiten einige bereits veröffentlichte Aussagen korrigiert, weil er meinte, daß der Interviewer ihn nicht richtig verstanden habe.

Frage: Lamaji, Sie haben einen indischen Namen, obwohl Sie ja ursprünglich Europäer sind. Wie kamen Sie dazu?

Govinda: Es ist Brauch, daß man mit dem Eintritt in die buddhistische Gemeinschaft – den Sangha – einen neuen Namen annimmt, so wie es ja auch christliche Konvertiten tun. Unsere Namen sind traditionsgemäß Sanskritnamen. Den Namen *Govinda* bekam ich von meinem ersten Guru – dem ehrwürdigen *Nyānatiloka.* Er schlug mir verschiedene Namen vor und erlaubte mir mitzubestimmen. Als er den Namen Govinda nannte, sagte ich ihm gleich, daß dies wohl der richtige Name für mich wäre. «Gut», sagte er, «Du sollst ihn haben. Du bist der erste im ganzen buddhistischen Bereich Ceylons, der diesen Namen gewählt hat, denn die Leute hier in Ceylon stehen unter dem Eindruck, daß der Name Govinda vornehmlich ein hinduistischer Name sei. Deshalb vermeiden sie ihn.» Aber ich meinte: «Das kümmert mich nicht. Ich mag den Namen, und ich weiß, daß es ein Name

ist, den der Buddha in einer seiner der Erleuchtung vorangegangenen Leben hatte. Deshalb ist er auch gut genug für
mich.»

Frage: Der Name Govinda hat sicher auch eine bestimmte
Bedeutung. Können Sie mir diese erklären?

Govinda: Für diesen Namen gibt es verschiedene Erklärungen. Go heißt im Sanskrit «Kuh», und *Govinda* bedeutet
ursprünglich «Kuhhirte», aber im Laufe der Zeit wurde dem
Namen zunehmend eine symbolische Bedeutung unterlegt.
Man erklärte, daß *go* Universum bedeute und *Indra* Herrscher
oder Beherrscher, so daß «Govinda» der «Herrscher des Universums» sei. Mit der Entwicklung des Hinduismus spielte
dann dieser Name eine sehr wichtige Rolle in der Liebes-
mystik Indiens als einer der Namen Krishnas, des göttlichen
Kuhhirten. Aber er ist an sich ein altindischer Name, weder
buddhistisch noch hinduistisch und wird von den Anhängern
beider Religionen ebenso gebraucht wie von den Jainas. Ne-
benbei: es gibt in den frühen Lehrreden des Buddha eine, die
Govinda-Sutta benannt ist.

Frage: Sie haben ja nun viele Jahre in Asien gelebt: Wie
lange waren Sie und Ihre Frau *Li Gotami* insgesamt dort?

Govinda: Meine Frau lebte dort seit ihrer Geburt, ausgenommen ihre Schulzeit in England und Frankreich, und ich
selbst ungefähr 50 Jahre, also praktisch die meiste Zeit meines
Lebens.

Frage: Und wo hielten Sie sich dort die längste Zeit auf?

Govinda: In Indien. Doch zuerst lebte ich in Ceylon, dann
kurz in Burma und schließlich in Indien, das mein Haupt-
wohnsitz wurde und dessen Staatsbürger ich bin. Von Indien
aus ging ich wiederholt nach Tibet, kam aber immer wieder
nach Indien zurück. Auf meiner letzten großen Tibet-Ex-
pedition, die von 1947 bis 1949 ging, begleitete mich meine
Frau.

Frage: Sie waren noch sehr jung, als Sie in den Osten
gingen?

Govinda: Ich war damals 30 Jahre.

Frage: Und was zog Sie damals nach dem Osten? Waren Sie des Westens überdrüssig?

Govinda: Nein, ganz und gar nicht; denn ich lebte an einem der schönsten Orte Europas – auf der Insel Capri. Es war ein lieblicher Ort, und ich habe niemals wieder etwas Schöneres gesehen. Doch ich hatte bereits Buddhismus in Europa studiert, und zwar an verschiedenen Universitäten, vor allem an der Universität von Neapel, wo ich einen vollständigen Satz des buddhistischen Kanons vorfand, den der König Chulalonkorn von Siam gestiftet hatte. Gleichzeitig las ich die verschiedensten Übersetzungen buddhistischer Werke in italienisch, englisch, deutsch usw. Dabei fand ich heraus, daß jeder Autor eine eigene Meinung über das hatte, was Buddhismus sei. So dachte ich damals: «Ich muß sehen, was der Buddha selbst gelehrt hat.» Die einzige mir zugängliche Quelle war damals der Pali-Kanon in der siamesischen Ausgabe. So studierte ich Pali und die Texte schon dort. Natürlich wollte ich auch die praktische Seite sehen, und das brachte mich nach Ceylon. Ich wußte, daß in Ceylon die Pali-Tradition noch lebendig war, und deshalb verbrachte ich meine ersten Jahre auf Ceylon.

Frage: Aber Sie blieben nicht bei Ihren Pali-Studien, sondern Sie gingen nach Indien und dann auch nach Tibet?

Govinda: Das sind eben die seltsamen Wege des Lebens, denn ich dachte damals gar nicht daran, Ceylon zu verlassen. Ja, ich hatte mir ein nettes kleines Haus dort gebaut und an einem der schönsten Plätze einen kleinen Āshram in den Bergen Ceylons errichtet. Ich dachte, hier hätte ich mich auf Lebenszeit niedergelassen. (Er lacht.) Und dann erhielt ich plötzlich eine Einladung zu einer internationalen buddhistischen Konferenz in Darjeeling. Ich ging als einer der Delegierten Ceylons dorthin, und es passierte, daß ich während der Konferenz einige tibetische Klöster in der Nähe von Darjeeling besuchte. Dabei wurde ich von einem furchtbaren

Schneesturm überrascht, der gar nicht der Jahreszeit entsprach, denn es war der 1. Mai, eine Zeit, die als warm gilt. Es war ein schrecklicher Hagelschlag, und es gingen drei Tage lang Schnee und Eis nieder. Die Sache passierte, als ich gerade im Tempel eines Klosters in Ghoom war. Ich konnte nicht mehr heraus und war andererseits von dem Ort, seiner Atmosphäre und den wundersamen Fresken um mich herum fasziniert. So wohnte ich direkt im Tempelgebäude. Dann hörte ich, daß es dort einen sehr berühmten Meditationsmeister gab, der nicht weit von dort in der Abgeschiedenheit einer kleinen Meditationsklause wohnte. Als ich das hörte, dachte ich: «Das ist die Gelegenheit meines Lebens, einen solchen Mann zu treffen.» Doch ich mußte einige Wochen auf diese Begegnung warten. Dann aber traf ich den Mann, der mein Guru wurde. Und nachdem ich ihn getroffen hatte, vergaß ich alles, was Ceylon betraf. Ich ging zwar noch einmal dorthin zurück, um meine Angelegenheiten zu regeln, war aber von diesem Augenblick an mehr und mehr mit Indien verbunden.

Frage: Damals begannen Sie, das *Vajrayāna* zu studieren?

Govinda: Ja, es war meine erste Begegnung mit dem Vajrayāna. Es war irgendwie komisch, denn ich vertrat auf der Konferenz sehr entschieden den Standpunkt des *Hīnayāna* bzw. des *Theravāda*. Ich dachte, ich müßte den Tibetern etwas vermitteln von dem, was wirklich Buddhismus ist. (Er lacht.) Aber nachdem ich meinen Guru getroffen hatte, war ich so von seiner Persönlichkeit als einer Verkörperung der Lehre des Buddha überwältigt (was etwas anderes ist als Buchgelehrsamkeit), daß ich mir sagte: «Wenn ich jemanden finden kann, der die Lehre verkörpert, dann ist das mehr wert als alle Bücher.» Und das bestimmte meinen weiteren Weg.

Frage: Wie lange studierten Sie bei ihm?

Govinda: Nicht sehr lange. Er blieb nur einige Monate dort und ging dann auf Pilgerfahrt. Er kam später nach Ghoom zurück, wo ich wieder mit ihm zusammentraf, bevor er nach

Tibet zurückkehrte. Das war auch der Anlaß, warum ich später nach Tibet ging. Aber noch bevor ich Tibet betreten konnte, starb er. Ich war jedoch glücklich genug, später verschiedene andere Gurus zu finden, wirklich große Menschen in der meditativen Praxis der *Kagyüpa*, der *Sakyapa* und der *Nyingmapa* und wurde so mit allen Hauptschulen des tibetischen Buddhismus bekannt.

Frage: Sie hatten also offensichtlich niemals wirkliche Schwierigkeiten, einen Guru zu finden?

Govinda: Nein. Ich hatte immer Glück, und zwar, weil ich nicht suchte. Ich bin überzeugt, daß Menschen, die sich so schrecklich bemühen, einen Guru zu finden, sich oft selbst den Weg verbauen. Sie haben bestimmte Vorstellungen, wie er aussehen müsse, wie er lehrt und so fort, und so sehen sie vor lauter Vorurteilen nicht, wenn er vor ihnen steht, und sind dann enttäuscht, wenn sie «ihren» Guru nicht finden. Und meinen sie ihn dann gefunden zu haben, so entspricht er nicht ihren Erwartungen. Aber da ich offen stand, hatte ich immer Glück, und alles fiel mir in den Schoß. Allerdings: ich mußte Geduld haben. Wenn ich nach ein paar Tagen abgereist wäre wie die meisten Leute, die behaupten: «Nein, nein, ich muß zurückgehen, ich muß dies oder jenes tun», dann hätte auch ich die Gelegenheit verpaßt. Aber ich wußte, um was es ging, und wartete, bis ich dem Guru begegnen konnte, und wurde von ihm angenommen. Ich hatte wirklich Glück.

Frage: Ihr Guru, Tomo Geshe Rimpoche, gehörte ja zur *Gelugpa.* Auf den Umschlagseiten Ihrer Bücher wird immer Ihre Zugehörigkeit zur Kagyüpa-Schule des tibetischen Buddhismus betont. Nun stehen Sie aber, wie ich hörte, zu einigen Punkten dieser Schule, deren meditative Akzentuierung Sie immer hervorgehoben haben, in einem gewissen Widerspruch und sind ihr gegenüber recht kritisch.

Govinda: Die Kagyüpa-Schule des tibetischen Buddhismus besteht aus vier Haupt- und zwölf Nebenschulen, die alle selbständig waren. Die Karmapas waren die Oberhäupter der

Karma-Kagyüs. Anila und ich sind seit 1947 in der *Drukpa-Kagyü,* in die wir initiiert wurden und die immer ihre Eigenständigkeit betont hat. Wir wurden durch *Ajo-Repa-Rimpoche,* der als Inkarnation des indischen *Mahāsiddha Dombi Heruka* galt, aufgenommen. Wir gehören damit der Repa- bzw. der Siddha-Linie der Drukpa an.

Geschichtlich war das, was später in Tibet zur Kagyüpa wurde, zunächst eine indische Siddha-Tradition, die unter anderem über *Tilopa* und *Nāropa* auf den tibetischen Upāsaka (buddhistischer in der Welt lebender Jünger) und Übersetzer *Marpa* übertragen wurde, der seinerseits der Lehrer *Milarepas* wurde. Milarepa selber hatte zwei persönliche Schüler: *Rechung* und *Gampopa,* die beide außergewöhnliche Leute waren. Nun ist die Siddha-Schule dadurch charakterisiert, daß ihre Meister keine *Bhikshus* (Mönche) waren. Rechung blieb dieser Tradition treu, während Gampopa zurückfiel in die Bhikshu-Tradition und damit Vertreter einer monastischen Richtung wurde, die Nāropa bewußt unter seinem Guru Tilopa aufgegeben hatte, ebenso wie die vorangegangenen Siddhas, sofern sie vorher Bhikshus waren. Nichtsdestoweniger erkenne ich in Gampopa einen sehr bedeutenden Denker, einen Mann, der Ungeheures geleistet hat. Aber ich bin mir auch darüber im klaren, daß er die später als Kagyüpa bekannt gewordene Schule in die monastische Organisation weitgehend zurückgeführt hat, was mit einer Förderung von Machtstellungen einherging, die meinem religiösen Gefühl zuwiderlaufen.

Die tibetischen Schulen des Buddhismus sind alle aus der letzten Entwicklung des Buddhismus in seinem Heimatland Indien hervorgegangen: dem Vajrayāna. Doch wenn man das Vajrayāna verstehen will, dann muß man sich zunächst einmal mit den ihm vorausgehenden buddhistischen Schulen in Indien beschäftigen, die grob in die des Kleinen und des Großen Fahrzeuges – des *Hīna-* und des *Mahāyāna* – unterteilt werden. In einem Entwicklungsprozeß, der sich über 1500

Jahre hinzog, gingen die Schulen des Mahāyāna aus denen des Hīnayāna hervor, während sich das Vajrayāna (das Diamantene Fahrzeug) aus dem Mahāyāna entfaltete. Dieser Entwicklungsprozeß aber macht deutlich, daß das Vajrayāna nicht verstanden werden kann, ohne daß man sich zunächst ein Verständnis des Hīna- und Mahāyāna erarbeitet hat.

Vom sogenannten Hīnayāna, das nach der Tradition achtzehn verschiedene Traditionen umfaßte, hat nur eine überlebt: der Theravāda, die «Schule der Älteren». Ihre Lehrauffassung stützt sich auf den Pali-Kanon, und ihr Bestreben geht dahin, durch konzentrierten Einsatz aller Kräfte so schnell wie möglich Befreiung zu erlangen und sich vom Leiden zu befreien. Diese Vorstellung, dem Leiden zu entrinnen, führte daher zur Akzentuierung des monastischen Lebens, da man meinte, daß nur durch weitgehendste Vermeidung des Kontaktes mit der Welt die eigene Befreiung schnell erreicht werden kann.

Die grundlegende Vorstellung des Mahāyāna dagegen war weiter gesteckt. Man sagte, der Buddha sei selbst auch nicht den kürzesten Weg zur Befreiung gegangen: Er dachte immer auch an das Wohl der anderen Wesen. So erklärte er: «Ich will Wissen und Erleuchtung erlangen, damit ich allen Wesen helfen kann.» Und so entstand auf dem berühmten Konzil des Kanishka im ersten nachchristlichen Jahrhundert die Frage nach den Zielvorstellungen des Buddhismus: ob man danach streben sollte, ein *Arhat,* das heißt ein Heiliger, zu werden, oder ein vollkommen Erwachter – ein *Samyak-Sambuddha –,* der anderen den Weg weisen kann. Natürlich erklärte jedermann, daß die letztere Zielsetzung die höhere sei. Die Frage dabei ist nicht, ob wir als einzelne dieses Ideal erreichen können oder nicht oder wie lange die Verwirklichung in Anspruch nähme, sondern es geht hier allein darum, daß man stets nach dem höchsten Ziel streben soll. Nur so kann man nicht fehlgehen. Deshalb war das Ideal des Mahāyāna größer als das des Hīnayāna, denn sein Ziel war Erleuchtung.

Damit aber bekam die ganze Idee des Leidens einen anderen Akzent: Denn wenn man nur an sein eigenes Leiden denkt und an nichts anderes, dann wird man niemals seine Blickrichtung wirklich ändern. Doch wenn man die Lehre des Buddha wirklich verstanden hat, glaubt man nicht an den Begriff eines ewig dauernden, unveränderlichen Selbst oder Ich, sondern erkennt die grundsätzliche Verbundenheit aller lebenden Wesen. Wie aber kann man sich dann selbst befreien, wenn man nicht all die anderen mit einbezieht? Dabei geht es nicht um die Frage, ob man wirklich andere befreien kann, sondern allein um die innere Einstellung und Haltung. Und hier gilt, daß man das Wohl anderer immer in das eigene Wohlergehen mit einbezieht, sonst wird unser Streben nur von rein egoistischen Zielsetzungen bestimmt. So entstand ein Wandel in der buddhistischen Grundhaltung. Statt zu erklären: «Ich will das Leiden so schnell wie möglich überwinden», proklamierten die Mahāyānisten: «Ich will lieber das Leiden der ganzen Welt auf mich nehmen, um Erleuchtung zum Wohle aller zu erlangen, als nur an meine eigene Befreiung zu denken.» Und diese Bewegung nannte man dann das «Große Fahrzeug».

Doch jetzt entstand die Frage, wie all das zu verwirklichen sei. Und hier tritt das Vajrayāna in Erscheinung. Das Vajrayāna setzt die philosophisch-religiösen Ideale des Mahāyāna in die Praxis um. Es erkennt zunächst einmal die Universalität des Bewußtseins an, und nicht nur die Universalität, sondern auch die verwobenen Interrelationen von allem, das da existiert. Das ist die wirkliche Bedeutung des Wortes *Tantra*: das Miteinander-verwoben-Sein von allem, was da existiert – mit anderen Worten, daß jedes Ding zu jedem anderen Ding in Beziehung steht. Wenn dem aber so ist, dann müssen selbst solche Eigenschaften, die man für gewöhnlich als Hindernisse betrachtet, Mittel zur Befreiung werden können. Das aber heißt, daß wir unser Menschsein in seiner Ganzheit akzeptieren und nicht sagen: «Diese Teile sind gut, und jene sind schlecht», was geistigen Tod bedeuten würde. Wir müssen endlich begreifen, daß jede Eigenschaft eines menschlichen Wesens ein Ausdruck universeller Kräfte ist und daß wir daher nur eins tun können: jene Eigenschaften, die uns im Alltag oft fesseln, in Kräfte der Befreiung zu verwandeln. Das Vajrayāna entwickelt daher eine tiefgründige Psychologie, die auch für unsere Zeit von größter Bedeutung ist.

Frage: Doch warum meinen Sie, daß das Vajrayāna gerade in unserer Zeit für den Westen so wichtig ist?

Govinda: Der Westen ist reif zu verstehen, daß Religiosität sich nicht auf bloßes Für-wahr-Halten und Glauben gründen kann, sondern allein auf einen schauenden Einblick in unser menschliches Bewußtsein. Nur durch ein neues Verständnis unserer Psyche können wir einen Weg finden, um mit unseren Schwierigkeiten und Problemen fertig zu werden. Das Vajrayāna bietet eine enorme Erfahrung an Tiefenpsychologie, Meditation und praktischer Handhabung an, wie sie sonst bisher nirgends in der Welt zu finden ist. Die Tibeter und Inder benutzten all ihre Energien für die Erforschung des inneren Universums, und ich glaube, daß sie auf ihrem Weg ebenso erfolgreich waren wie die westlichen Menschen auf ihrem wissenschaftlichen.

Frage: Muß man Buddhist sein, um diese Lehren praktizieren zu können?

Govinda: Nicht notwendigerweise. Zunächst mal: Wen würden Sie denn «Buddhist» nennen? Das ist schon eine sehr schwierige Frage, da es sehr viele Menschen gibt, die Buddhisten sind, ohne daß sie es wissen. Anders ausgedrückt: Jene, die mehr oder weniger den gleichen Prinzipien folgen, die die gleichen Einsichten entwickeln, werden die Bedeutung des menschlichen Geistes erkennen. Viele von ihnen mögen bessere Buddhisten sein als die, die sich selbst Buddhisten nennen. Daher ist es nicht notwendig, formal Buddhist zu sein. Ich kann mir vorstellen, daß viele Leute, die sich die ganze Bedeutung des Buddhismus erarbeiten wollen, am

Ende den Punkt erreichen, wo sie fühlen, daß sie Buddhisten sind, und sie fahren dann fort, mehr und mehr zu arbeiten, um die tieferen Aspekte des Buddhismus zu erfassen. Schon der Buddha erklärte, daß man seine Lehre nicht annehmen solle, nur weil man an ihn glaube, und er sagte, daß selbst dann, wenn man die Lehre für sich selbst als richtig erkenne und mit ihr übereinstimme, es nicht gut sein würde, ihm aus Respekt zu folgen, ohne daß man durch eigenes Erfahren seine Lehre auf ihren Wahrheitsgehalt geprüft habe.

Frage: Im Osten entwickelte sich der Buddhismus vornehmlich in Klöstern. Sehen Sie eine ähnliche Entwicklung im Westen voraus?

Govinda: Zunächst einmal ist das Vajrayāna ganz und gar keine klösterliche Institution. Im Vajrayāna können Sie, wenn Sie wollen, ein Mönch sein, aber Sie können genauso Ihr geistiges Ziel als Haushälter verfolgen. Der Grund hierfür ist das Bodhisattva-Ideal, das jeden Menschen in gleicher Weise auffordert, nach Erleuchtung zu streben. Klosterleben ist im Mahāyāna- und Vajrayāna-Buddhismus nicht mehr eine unabdingbare Voraussetzung.

Ich glaube, daß der Buddhismus in Zukunft einen großen Einfluß auf das allgemeine Denken unserer Zeit ausüben wird und ebenso auf Philosophie, Psychologie, das Alltagsleben und vieles andere. Es gibt heutzutage viele verschiedene buddhistische Gruppierungen. Ich glaube nicht, daß irgendeine besondere Spielart des Buddhismus allein den Westen befriedigen wird. Ich denke, daß das, was wir heutzutage brauchen, eine Art Integration der Wesenselemente der gesamten buddhistischen Tradition sein wird. Für mich aber bedeutet das, daß der Buddhismus unserer Zeit sich nicht auf irgendeine einzelne Schule oder Philosophie des Buddhismus vergangener Zeiten berufen sollte, sondern daß er vielmehr den ganzen Strom der Tradition miteinbeziehen muß, der seit den Lebzeiten des Buddha durch zweieinhalb Jahrtausende direkt bis in unsere Zeit auf uns gekommen ist. Dieser lebendige

Strom in seiner Ganzheit ist es, was ich unter Buddhismus verstehe. Wenn wir nicht das Ganze – von der Quelle bis hin in die Gegenwart – verstehen, dann können wir auch nicht den wahren Geist des Buddhismus erfassen.

Frage: Was empfanden Sie, als Sie nach so langer Zeit wieder in den Westen zurückkehrten? Welche Eindrücke hatten Sie?

Govinda: Ich fand, daß der Westen ein vollkommen neues Land ist, eine neue Welt. Als ich ihn vor so vielen Jahren verließ, existierte die Welt, die wir jetzt sehen, noch nicht. Ich sah die großen Veränderungen: die Hektik, Flugzeuge, Autos, das ganze übersteigerte Lebenstempo. Alles hatte sich geändert: die Bauweise, der Lebensstil. Ich war wirklich überrascht.

Frage: Gab es irgend etwas, was Sie besonders schockierte?

Govinda: Was mich hier in Amerika besonders in Erstaunen versetzte, war mein erster Eindruck, daß es keine Menschen auf den Straßen gab. Hier in Berkeley ist es nicht so, aber es ist auch der erste Platz, den ich so ganz anders empfinde. Als ich jedoch in San Francisco ankam, fand ich, daß die Straßen sehr menschenleer waren. Wenn Sie in Indien nach Bombay, Kalkutta oder Madras gehen, dann sind die Straßen voller Menschen. Hier sehen Sie nur Autos, Autos, Autos. Und überall Brücken. Ich habe niemals so viele Brücken auf einmal gesehen. So erschien mir Amerika zunächst als ein Land der Brücken und Autos. Ich hielt vergeblich Ausschau nach Menschen. (Er lacht.)

Frage: Und haben Sie schließlich welche entdeckt?

Govinda: Ja, ich fand sie, und ich fand sie wirklich nett.

Frage: Ihr eigenes Leben spiegelt in vielfacher Weise das Wachsen und die Entwicklung des Buddhismus wider.

Govinda: Ja. Die historische Entwicklung des Buddhismus wiederholte sich in meinem eigenen Erleben. Wahrscheinlich ist das eine natürliche Art und Weise, um zu erkennen, wie er sich in seinen verschiedenen Formen entfaltete. Ich empfinde das als das besonders Schöne am Buddhismus: Er ist nicht an irgendein besonderes Dogma gebunden, sondern hat viele Facetten, so viele verschiedene Möglichkeiten, ganz entsprechend den verschiedenen Temperamenten der Menschen.

Frage: Es gibt unter den Menschen unserer Zeit eine allgemeine Revolte mit dem Ziel, Rituale und Konventionen abzuschütteln. Wenn aber diese Rituale und Konventionen den Leuten unter dem Deckmantel einer neuen Religion oder eines exotischen Kultes angeboten werden, dann sind sie mehr als willig, ihnen zu frönen. Können Sie das erklären?

Govinda: Ich denke schon. Ich sehe es so: Das christliche Ritual wurde dem Menschen des Westens zu vertraut, und die Leute verstehen nicht mehr den Grund, warum sie es beibehalten sollten. Sie haben sich ihren eigenen religiösen Wurzeln entfremdet. Die Rituale östlicher Religionen sind wirklich ein Ausdruck einer andersartigen Weltsicht, einer andersartigen Lebenshaltung, und jene, die sich ihnen zuwenden, erkennen zum ersten Mal, daß ein Ritual der unmittelbare Ausdruck einer inneren Überzeugung ist. So entdecken sie jetzt etwas ganz Neues, das ihnen eine große Befriedigung gibt und das für sie eine große Bedeutung bekommt. Es wird damit etwas Sinnerfülltes für Leute, die bisher keine Beziehung zum Ritual hatten. Wenn sie aber selbst eine Sache entdecken, dann wird diese für sie einen weitaus höheren Wert erhalten als etwas, das ihnen aufgebürdet wurde.

Frage: Ich möchte noch einmal auf ihre Reisen in Tibet zurückkommen. Es war ja wohl bei längeren Aufenthalten erforderlich, daß Sie die tibetische Sprache beherrschten, mitunter sogar Dialekte. Sprechen Sie Tibetisch? Und da würde es mich interessieren, welche anderen Sprachen Sie beherrschen…

Govinda (lacht): Für meine Reisen in Tibet habe ich mir so viel von dem westtibetischen Dialekt beigebracht, wie ich brauchte, um mich mit unseren Trägern, Pferdetreibern usw. zu verständigen. Auch Südtibetisch habe ich etwas gelernt. Was ich aber richtig studiert habe, ist das klassische Schrifttibetisch, so daß ich praktisch alle buddhistischen Texte lesen kann, auch die komplizierteren, ohne viel im Wörterbuch nachschlagen zu müssen. Und was andere Sprachen betrifft: Ab meinem dritten Lebensjahr wurden mein älterer Bruder und ich dreisprachig erzogen – deutsch, spanisch, französisch. 1920 ging ich nach Italien, und Italienisch wurde meine Lieblingssprache. Schon vorher hatte ich Englisch gelernt, was ab 1928 meine zweite oder richtiger meine erste Sprache wurde. Für meinen einjährigen Forschungsaufenthalt in Nordafrika lernte ich Arabisch, was ich aber später fast ganz vergaß – ähnlich wie Singhalesisch und Burmesisch, Sprachen, mit denen ich mich recht gut verständigen konnte. Aber Sprachen lernt man durch Sprechen, und ohne Übung verlernt man viel. Das merkte ich, als wir vor ein paar Jahren nach Mexiko kamen. Ich wollte Spanisch sprechen und merkte plötzlich, daß ich im Italienischen war! Ja, und sonst? Ich habe in Shantiniketan und in Darjeeling Bengali gesprochen, auch etwas Hindi gelernt. Auch habe ich mir in Shantiniketan ca. 5 000 chinesische Charaktere des klassischen Chinesisch beibringen lassen, um wenigstens mit Hilfe des Wörterbuchs Sūtras und taoistische Texte mühsam zu lesen. Auf meine Pali-Studien an der Universität von Neapel habe ich schon hingewiesen. Ja, und dann habe ich noch Sanskrit studiert, so daß ich die tibetischen Übersetzungen der Mahāyāna-Sūtras vergleichen konnte. Das wäre es wohl.

Frage: Und wann haben Sie eigentlich mit systematischer Meditation begonnen, und wer waren Ihre Lehrer?

Govinda: Systematisch meditiert habe ich ab 1920. Das war damals in Capri. Zusammen mit meinem Freund Anuraddha (Earl Brewster) meditierten wir nach dem *Satipatthāna-Sutta*, da es keine anderen Anleitungen gab. Wir führten genaue Protokolle, und ich verfaßte dann nach ein paar Monaten eine vorläufige Zusammenfassung. Daneben experimentierten wir mit den *Brahma-Vihāras*. Als ich dann mit meinem Lehrer Nyānatiloka Thera 1929 nach Burma ging, lernte ich die dort entwickelte Methode der Satipatthāna kennen, die mir aber zu gekünstelt erschien. Ab 1931 habe ich mich dann zunächst unter Tomo Geshe Rimpoche in die Vajrayāna-Meditationen eingearbeitet. Tomo Geshe war ein unkonventioneller Lehrer, der die tantrische Tradition der Gelugpa sehr souverän vermittelte und dem ich grundlegende Einsichten verdanke. Nachdem ich mich in das klassische Tibetisch eingearbeitet hatte, habe ich in Ghoom mit tibetischen, sikkimesischen und bhutanesischen Lamas meine Studien in tantrischer Meditation intensiviert. Auch in Shantiniketan hatten wir einen tibetischen Lama, mit dem ich mich befreundet hatte und der mir da weiterhalf. Dort in Shantiniketan konnte ich auch zugleich von meinem chinesischen Freund und Chinesischlehrer Grundlegendes über Ch'an (Zen) lernen, und ich übte mit ihm einige Zeit Ch'an- und taoistische Meditation. Meine Ch'an-Praxis konnte ich dann 1940 vervollkommnen, als ich den hochehrwürdigen Tai Hsü, den letzten Patriarchen Chinas, zu den heiligen Stätten des Buddhismus in Indien führen durfte.

Nach dem Tode Tomo Geshes kam es in den nachfolgenden Jahren zu engeren Kontakten zur Drukpa-Kagyüpa, die mir dann weitere Initiationen ermöglichten. Und schließlich erhielt ich noch Initiationen in die Sakyapa-Linie während unseres Zwangsaufenthaltes im indisch-tibetischen Grenzgebiet von Poo, wo wir den Winter 1948/49 verbrachten, und zwar durch Phiyang Lama (Lama Lotho Gyalbo). Das sind also fast 60 Jahre, daß ich diesen Weg buddhistischer Meditation gegangen bin, und davon mehr als 40 Jahre den des Vajrayāna.

Frage: Und nun abschließend noch eine Frage zum Drogenproblem. Was können Sie dazu sagen?

Govinda: In Almora arbeitete einmal ein Tischler für mich.

Er machte Rahmen für eine meiner Ausstellungen. Was mir auffiel war, daß er immer ausgelassen fröhlich war. Als ich fragte, wie das käme, sagte er mir: «Ich nehme *bhang* (Haschisch-Tee) zu mir.» Später kamen einige Leute zu mir und boten mir diesen «Drink» an und erklärten, daß ich eine besondere Erfahrung machen würde – ja, daß meine Zunge am Gaumen kleben und ich nicht mehr sprechen können würde. Ich trank es und (er lacht) nichts passierte.

Frage: Ich glaube, daß Milarepa deshalb sang, daß Meditation die beste aller Drogen sei. – Doch ich las einmal in Ralph Metzners *The Ecstatic Adventure*, daß Sie einmal LSD genommen haben und einen sehr guten Trip hatten.

Govinda: Das ist genau das, was nicht geschah! Ich habe es ihm schriftlich gegeben. Es war etwa so wie bei einem Bauern, der mit einer Rakete in den Weltraum fliegt und bei seiner Rückkehr dann unfähig ist, irgendeine Aussage zu machen. Die ganze Sache kam so, daß Metzner mich wegen meiner ablehnenden Kritik gefragt hatte, wie ich über Drogenerfahrungen abfällig reden könnte, wenn ich es nie selbst versucht hätte … Das leuchtete mir ein. Und da Metzner ein Arzt ist, nahm ich es unter seiner Überwachung ein. Ich bereitete mich nach seiner Anweisung im Meditationsraum vor und nahm die Sache sehr ernst. Ich kann nur sagen, daß ich eine furchtbare Zeit erlebte: Es war so, als erlebte ich allen Schmerz und alles Leid der Welt.

Eine Droge verhilft nicht zu einem meditativen Zustand.* Es ist immer gefährlich, von irgend etwas außerhalb unserer selbst abhängig zu sein. Meditation kann und darf nur aus der eigenen meditativen Kraft entwickelt werden.

---

* Vgl. hierzu auch Lama Anagarika Govinda, *Buddhistische Reflexionen*, Bern/München/Wien 1986, S. 119–124.

«Niemand kann die Welt
ohne Māyā betrachten»

Dieser Text ist ein Auszug aus einer sehr langen Unterhaltung mit Emily Sellon, die eng mit Lama Govinda befreundet war und in deren Haus im Staate New York Lama und Li Govinda wiederholt zu Gast waren. Emily Sellon war Theosophin und Herausgeberin der philosophischen Zeitschrift *Main Currents in Modern Thought*, Organ des «Zentrums für integrale Erziehung» (leider 1976 eingestellt), an der auch die zweite Gesprächsteilnehmerin mitarbeitete: Dr. Renée Weber, Professorin für Philosophie am Rutgers College der Rutgers University, New York. Das Gespräch fand 1974 statt.

Sellon: Lama, der Leidensbegriff hat im Buddhismus einen ziemlich zentralen Stellenwert. Was ich von Ihnen hörte, macht den Eindruck, daß Sie Leiden als unsere menschliche Reaktion auf bestimmte Gegebenheiten betrachten und daß das Leiden nicht in dem Ereignis selbst liegt, sondern in Wirklichkeit unsere Reaktion darauf ist.

Govinda: Ich bin der Überzeugung, daß Leiden ein Signal – ein körperliches oder geistiges – dafür ist, daß entweder unsere körperliche Verfassung oder unsere Einstellung nicht in Ordnung ist. So ist beispielsweise körperlicher Schmerz gewissermaßen eine Warnung und Mahnung zugleich, daß wir etwas in unserer Lebensführung, in unserem Denken oder in unserer inneren Haltung und Einstellung ändern müssen. Doch Leiderfahrung kann in uns darüber hinaus mehr Menschlichkeit reifen lassen. Es ist meine feste Überzeugung, daß ein Leben frei von jedem Leiden auch ein Leben wäre bar der Befähigung zum Mitleiden. Im Buddhismus aber gilt das Mitleiden mit anderen als das noch verbleibende Leiden eines Vollendeten. Und nach meinem Empfinden ist ein Leben ohne Mitleid untermenschlich und nicht erstrebenswert.

Sellon: Aber es stimmt doch, daß Mitleiden kein Leiden gewöhnlicher Art ist, da es uns ja nicht persönlich betrifft?

Govinda: Es ist anders. Mitleiden kann sehr wohl persönlich empfunden werden, aber nicht im Sinne des «auf die eigene Person Bezogen-Seins». Auch sollte nicht vergessen werden, daß es im Buddhismus neben «Mitleid» eine andere positive seelische Haltung der Zuwendung gibt, die in gewisser Weise der Gegenpol von *Karunā*, dem Erbarmen, ist: *Muditā*, die Mitfreude, was besagt, daß man nicht nur die Leiden der Wesen teilen soll, sondern auch ihre Freuden.

Sellon: Doch obwohl Mitleid einen starken Anteil von Sympathie und intensiver Wahrnehmung des Leidens anderer beinhaltet, umgibt es zugleich doch auch eine Art Glücksgefühl, weil es uns in gewisser Weise mit anderen verbindet. Es ist so, wie wenn man einen Menschen liebt: Obgleich eine solche Liebe auch einen Teil Leiden beinhalten mag, ist sie dennoch nicht nur Leiden.

Govinda: Ich sage immer, daß man, wenn man einen Menschen liebt, diese Liebe nicht aufgibt, weil sie einen leiden läßt. Man würde eher das Leiden auf sich nehmen, als der Liebe entsagen. Es ist besser, geliebt und gelitten zu haben, als nie ein Liebender gewesen zu sein. Ein Heiliger, der keinerlei Gefühle mehr kennt, der von allen Leiden der Welt frei ist, ist wie ein Stück Stein, wie ein Eiszapfen.

Weber: Darf ich des Teufels Advokat sein? Einige Leute werden sagen, daß auf Grund der Tatsache, daß der Heilige unpersönlich wurde und diese Unpersönlichkeit auf die Welt ausstrahlt, er ihr hilft. Wie würden Sie das sehen?

Govinda: Ich meine, wenn man unpersönlich geworden ist, kann man überhaupt keine Wellen mehr ausstrahlen; denn jede Ausstrahlung setzt eine intensive persönliche oder individuelle Haltung voraus. «Persönlich» bedeutet jedoch nicht notwendigerweise egoistisch. Man kann ein Individuum sein, ohne deshalb zwangsläufig ein Egoist zu werden. Individualität ist ein sich ständig wandelnder, einmaliger, von Moment zu Moment wechselnder Brennpunkt des Universums und ist deshalb nicht an irgendwelche Grenzen gebunden. Sie ist vielmehr ein Fokus jener Ausstrahlung, die das gesamte Universum beinhaltet, weshalb Individualität keinen Widerspruch zur Universalität darstellt.

Weber: Aber dennoch besteht die Illusion eines EGO.

Govinda: Die Illusion eines EGO ist etwas ganz anderes als die INDIVIDUALITÄT. Darüber hinaus muß erst einmal klargestellt werden, was Illusion in Verbindung mit indischer Religiosität bedeutet. «Illusion» ist hier streng zu unterscheiden von «Halluzination», die die Wahnvorstellung eines psychisch Kranken ist und ohne Realitätsbezug. Eine Illusion, der man anhängen kann, gründet sich aber immer auf etwas real Vorhandenem, so beispielsweise die Illusion einer Fata Morgana oder der Strick, der in der Dunkelheit für eine Schlange gehalten wird.

Weber: Würden Sie das mit der Vorstellung verbinden, daß der Begriff der *Māyā* sich in Wirklichkeit auf die schöpferische Gestaltungskraft des Universums bezieht, die keine Halluzination ist?

Govinda: Betreffs «Māyā» hat der Buddhismus eine ganz spezifische Anschauung entwickelt. Während der shivaitische Advaita die Māyā als etwas betrachtet, was den Menschen von der vollkommenen Schau des Einen abhält, ist sie im Buddhismus etwas Verehrenswürdiges. So wird auch eine der buddhistisch-tantrischen Gottheiten – ein *Heruka* – *Mahāmāyā* genannt. Māyā ist eine schöpferische Kraft, ohne die wir nicht existieren können. Nicht zufällig heißt die Mutter des

Buddha in der Buddha-Legende Mahāmāyā: aus ihr wurde der Erleuchtete geboren. In dem Augenblick aber, in dem wir Māyā als Māyā erkennen und verstehen, hört sie für uns auf zu existieren. Māyā ist entsprechend der Definition des Hinduismus eine göttliche Kraft. Wenn dem aber so ist, wie könnte sie dann etwas Falsches sein? Und in diesem Fall müssen wir sie akzeptieren. Wir leben in einer Welt, die wir selbst erschaffen oder die durch unsere Sinne erschaffen wurde bzw. die durch unsere Sinne begrenzt ist. Doch da dies nicht die höchste Welt ist − wenn es eine solche überhaupt gibt −, müssen wir die Welt in ihren Begrenzungen akzeptieren. Es ist lächerlich zu sagen: «Ich will die Welt ‹ohne Māyā› sehen.» Niemand kann die Welt ohne Māyā betrachten, weil ja jeder in der Welt ist. Es ist unmöglich, außerhalb von ihr zu stehen. Und deshalb ist die Idee einer «Welt an sich» reiner Unsinn.

Weber: Wäre dies auch auf einen Buddha anwendbar? Würde ein solches Bewußtsein befähigt sein, die Welt ohne Māyā zu betrachten? Oder würde dies selbst auch einem so hohen Bewußtseinsniveau unmöglich sein?

Govinda: Ein Buddha ist nicht allwissend im gewöhnlichen Sinn des Wortes, was «alles wissen» bedeuten würde. Der Buddha wußte beispielsweise nichts über unsere modernen Wissenschaften, wie z.B. die Kernphysik. Aber er war anderen Leuten weit überlegen, weil er das Essentielle allen Lebens erschaute. Er beschränkte sich selbst auf praktikables Wissen. Er fragte sich: Wie kann ich glücklicher werden, und wie kann ich es vermeiden, unglücklich zu sein? Das war das Problem, dem er sich ganz zuwandte und das er auch löste. Spätere Generationen versuchten den Buddha zu einer Idealfigur zu machen, der nichts unmöglich war und die ausgestattet war mit vollkommener Allwissenheit, vollkommener Hellsicht, vollkommener Tugend und anderen «Vollkommenheiten».

Noch ein Hinweis: Das Wort *Avidyā* bedeutet nicht Unwissenheit im höchsten Sinn, sondern vielmehr die Unwissenheit, die sich auf unser eigenes Ich bezieht. Das heißt, daß ein «unwissender» Mensch jemand ist, der sein Ego als höchste Wirklichkeit ansieht, während derjenige, der diese Anschauung von einem Ich überwindet, nicht länger unwissend ist. Das Wort «Unwissenheit» im Buddhismus bezieht sich allein auf den Ich-Wahn. Deshalb ist die Übersetzung des Wortes Avidyā mit «Unwissenheit an sich» vollkommen falsch. Man könnte Avidyā besser «Begrenztheit» nennen, denn das Gegenteil von Avidyā ist Befreiung. Aber Befreiung wovon? Vom Nichtwissen, von jener falschen Ich-Verhaftung. Das aber bedeutet ein völliges Sich-Öffnen. Und ich würde deshalb auch Nirvāna mit «Offenheit» übersetzen; denn Nirvāna ist kein steriler Endpunkt. Das wäre etwas Furchtbares. Stellen Sie sich vor, wenn jemand Nirvāna erreichen würde und dann daran kleben bliebe ...

Sehen Sie, meine Idee von Nirvāna ist kein ewiges Glück, sondern vielmehr ein Geöffnetsein, das uns erlaubt, weiterzuschreiten.

Weber: Meinen Sie, daß diese Idee zu vereinbaren ist mit dem Erlöschen der Ich-Illusion, das dann zu einem solchen Geöffnetsein führen würde?

Govinda: Ja, das könnte sein. Ich würde nicht von einem völligen Erlöschen der Ich-Illusion sprechen, sondern eher von einem Abtun der Illusion eines Ich als etwas Statischem und Begrenztem. Wir brauchen unser ICH, um unseren Geist zu zentrieren, als ein Hilfsmittel zum Handeln. Ich erwarte von niemandem, daß er ganz und vollkommen «ichlos» ist. Doch das EGO sollte im Leben nicht zu wichtig genommen werden. Und deshalb denke ich, daß im Buddhismus der mittlere Weg tatsächlich zwischen den Extremen unseres Denkens liegt.

Sellon: Darf ich eine Frage zur Meditation stellen, insbesondere zu Meditationsmethoden, die sich nur auf körperliche Funktionen konzentrieren?

Govinda: Meditation sollte eine Erfahrung sein. Das aber heißt, man sollte seinen Körper und seinen Geist in der Meditation erfahren. So kann man beispielsweise die Funktion des Atems erfahren: ihn nicht bloß beobachten, was eine Sache ist, sondern ihn tatsächlich erleben. Und gerade das ist besonders wichtig, weil sich dabei offenbart, daß sowohl das Innere wie das Äußere zugleich gegenwärtig sind.

Weber: Lama, wie würden Sie zwischen dem Erleben des Atems und der bloßen Atembeobachtung unterscheiden?

Govinda: Den Atem beobachten heißt, ihn zum Objekt machen. Ihn erleben heißt, sich selbst als Atem zu empfinden.

Sellon: Im Buddhismus werden wir immer wieder angehalten zu «beobachten».

Govinda: Ich weiß, ich habe das zur Genüge genossen. Wenn wir von Beobachtung sprechen, dann unterstellen wir, daß es hier ein Subjekt gibt, das beobachtet, und daß es dort ein Objekt gibt, das beobachtet wird. So entsteht eine Trennung zwischen dem Beobachter und dem Objekt. Aber in dem Augenblick, wenn man nicht länger beobachtet, sondern zum Erlebenden wird, erfährt man seine Einheit mit dem «Objekt» und beendet die schizophrene Spaltung der eigenen Person in Subjekt und Objekt.

Weber: Sie sagten, daß der Westen jetzt zwar großes Interesse für den Buddhismus und andere östliche Systeme zeige, daß er aber dennoch keine Einsichten durch ein bloßes Übernehmen der Formen gewinnen könne. Sie sagten, daß wir das innerste Wesen neu beleben müßten durch rechtes Verständnis, um es dann in eine neue Form zu gießen. Nun haben wir aber keine entsprechenden Symbole und Bilder in unserer eigenen Kultur, und so frage ich mich, wie können wir dies tun?

Govinda: Wir sollten das Essentielle erfassen, nicht die Oberfläche der Lehre. Die Oberfläche ist nichts anderes als einfach die Anhäufung dessen, was sich vor Jahrhunderten ereignete, was vielleicht in früheren Zeiten bedeutungsvoll war. Ja, sehr wahrscheinlich war es so. Wir aber sollten nicht versuchen, die «Errungenschaften» anderer Zeiten zu imitieren. Wir sollten vielmehr darangehen, das Wesen der Lehre herauszukristallisieren, also das, was für unsere gegenwärtige Zeit relevant ist – diesen Kern der Botschaft des Buddha, der auch in der Vergangenheit immer seine Gültigkeit behielt, wenn man das «Angelagerte» ablegte, das heißt die zeitbedingten, völkisch unterschiedlichen, kulturellen und modischen Beifügungen und Dogmen, die in Konsolidierungsversuchen die lebendige Dynamik des Dharma zu ersticken drohten.

Ich meine, wir sollten unseren eigenen Verstand und unser Fühlen auf die wesentlichen Punkte richten. Denn wichtig ist nicht das, was andere Leute über etwas sagen, sondern vielmehr das, was wir selbst erfahren. Das heißt, wir sollten direkt auf jene zentralen Fragen zugehen, die der Buddha selbst aufgeworfen hat. Der geschichtliche Buddha war der erste religiöse Lehrer, von dem wir wissen, daß er konsequent und logisch dachte. Vor seiner Zeit war alles mehr oder weniger eine Frage des Glaubens, und man konnte praktisch an alles glauben. Der Buddha jedoch erklärte zum ersten Mal: «Nicht das ist wichtig, was du glaubst, sondern das, was du tust und was du bist und was du fühlst. Nur wenn eine Lehre mit deiner eigenen Erfahrung übereinstimmt, sollst du sie annehmen. Du sollst auch nicht meine Lehre vom bloßen Hörensagen akzeptieren, sondern nur dann, wenn du sie von deinem eigenen Standpunkt aus verstehst.» Ich kenne keinen anderen religiösen Führer, der eine ähnlich offene Haltung hatte, ausgenommen vielleicht Laotse.

Weber: Wenn wir eine echte Synthese östlicher Weisheit oder Einsicht oder Geistigkeit mit westlicher Wissenschaft erzielen könnten, würden wir eine sehr in die Tiefe gehende Schau des Universums entfalten. Vielleicht könnten Sie einmal darüber sprechen, Lama.

Govinda: Ich denke, daß wir in der Lage sein sollten, unsere wissenschaftlichen Erkenntnisse mit unserer Selbsterfahrung zu verbinden. Dadurch würden wir unsere Wissenschaft lebensnaher machen und zugleich unser Leben wissenschaftlicher. Wir brauchen beide Seiten. Der Westen braucht den Osten, und der Osten braucht den Westen. Gelingt es, beide zu integrieren, werden wir zu einer Ganzheit gelangen. Denn Westen und Osten sind sozusagen die beiden Pole unseres Denkens: Der eine ist tatsachenbezogen, der andere imaginativ. Die gesteigerte Imagination des Ostens muß die übertriebene Tatsachenbezogenheit des Westens kompensieren und umgekehrt.

Weber: Ich frage mich, ob man diese Überlegungen nicht noch ergänzen sollte. Wie Sie ja wissen, machen heute einige Autoren den Versuch, in den alten östlichen Lehren Parallelen zu den Perspektiven der modernen Physik zu entdecken, zum Beispiel hinsichtlich des Raumes, der Zeit, der Energie usw. Können Sie dazu etwas sagen?

Govinda: Ich denke, daß beispielsweise Capra in seinem Buch *Der kosmische Reigen* völlig recht hat: Moderne Physik steht östlichen Konzeptionen viel näher als einer mechanischen Philosophie. Der Westen kommt dem Osten jetzt durch seine eigenen Anstrengungen näher; eine Integration ist daher möglich, weil keine Widersprüche mehr bestehen. Wenn man tiefer in die moderne Wissenschaft eindringt, findet man, daß sie die alten Erfahrungen bestätigt.

Sellon: Zum Beispiel jene, daß wir in einem Universum leben, das uns ständig neue Probleme aufgibt.

Govinda: Ja, und selbst heute noch ist unsere Vorstellung vom Universum so verschwommen, daß es praktisch unbegreifbar ist. Wir müssen zugeben, daß wir nichts wissen. Das ist wichtig, und in der Tat: Unwissenheit ist hier ein Segen. Ich muß gestehen, daß ich im Widerspruch zur üblichen Anschauung von Avidyā eine solche Unwissenheit manchmal liebe. Zum Beispiel erhält Leben meist seine Bedeutung und seinen Wert nur dadurch, daß wir nicht wissen, was auf uns zukommt. Nehmen Sie an, ein Mensch ginge zum Fußball-spiel. Wenn er das Ergebnis vorher wüßte, würde er nur wenig Freude am Spiel haben. Es ist gerade das Nichtwissen – die Spannung zwischen wissen und noch nicht wissen –, was uns Vergnügen bereitet. Es wäre furchtbar, wenn wir im voraus wüßten, wie sich unser zukünftiges Leben gestalten wird. Es gäbe dann keine Impulse zum Handeln. Deshalb denke ich, man sollte sich genauso intensiv auf die Grenzen seines Nichtwissens konzentrieren wie auf das, was es er-bringt. Nichtwissen als Vorstellung ist viel zu abstrakt. Wir müssen daher versuchen, die Sache klarer herauszuarbeiten: *Nichtwissen von was?* Wir können in jedem Augenblick fest-stellen, daß diese bestimmte Art von Nichtwissen gut oder schlecht *für uns* ist. Nichtwissen an sich muß nicht notwen-digerweise schlecht sein. Das «Nicht-Wissen», was der Bud-dha als Ursache allen Übels sah, war lediglich das Nicht-Durchschauen des Ich-Wahnes.

Weber: Jedoch in dem spezifischen Zusammenhang, in dem man Nichtwissen allzu häufig im Westen zu sehen bekommt, wird Nichtwissen oft zum einzigen Sinn und Zweck des Lebens. Zum Beispiel weiß die junge Generation oft nicht einmal, welchen Beruf sie ergreifen soll, was sie studieren soll. Diese Menschen besitzen kein wie immer geartetes Wert-system. Sie sind verwirrt und lassen sich treiben.

Govinda: Ja, das stimmt schon. Was wir brauchen, sind Werte, und es spielt dabei keine Rolle, ob diese Werte wirk-lich existent oder bloß vorgestellt sind, solange wir unser Leben als etwas verstehen, das selbst einen gewissen Wert besitzt. Wenn einem nichts wert erscheint, dann hat das Le-ben keinen Wert.

Sellon: Aber wie können wir Werte finden, wenn die tradi-tionellen religiösen Normen aufgehoben und beiseite ge-schoben oder in Zweifel gezogen werden?

Govinda: Ich glaube, daß die Menschen heute in gewisser

Weise glücklicher sind als früher, trotz all unserer Probleme. Glücklich sein selbst bedeutet auch schon einen Wert. Wir müssen uns nur entscheiden, worin unser wahres Glück liegt, Glück im wirklichen, nicht in irgendeinem oberflächlichen Sinn. Wir können uns nicht glücklich fühlen, wenn wir beengt und gebunden sind. Sind wir jedoch frei, dann sind wir auch glücklich. Deshalb ist der einzige Wert, den wir uns vorstellen können, der Wert der wahren Freiheit. Aber um das noch einmal zu betonen: Freiheit hat nur dann einen Sinn, wenn wir wissen, wofür wir frei sind.

Weber: Dennoch möchten die Menschen eine gewisse Ordnung, innerhalb der sie sich bewegen und entwickeln können. Aber sie wissen nicht, wohin sie sich wenden sollen, um diese Ordnung zu finden.

Govinda: Ganz recht, man muß eine gewisse Ordnung für sein eigenes Leben finden. Aber nur, wenn wir begreifen, daß wir in einer Welt leben, die sich auf Gesetze gründet, können wir unseren Weg durch eben diese Gesetze finden. Es klingt vielleicht verrückt: Aber es ist das Gesetz, das uns frei macht.

Und deshalb möchte ich sagen, daß der Buddhismus die Welt nicht kontrollieren will, noch daß er versucht, irgend jemanden oder irgend etwas unter Kontrolle zu bringen, sondern daß er vielmehr die Welt und das Individuum selbst zu verstehen trachtet. Das aber erfaßt das Wesenhafte tiefer und ist schwieriger, als die Welt zu kontrollieren oder sie zu beherrschen.

Weber: Sie haben mehrere Male den Gedanken geäußert, daß eine Philosophie unter den Bedingungen der jeweiligen Zeit entsteht. Nun sind die Bedingungen unserer Zeit derart, daß es für die meisten Menschen sehr schwierig ist, einen Weg zu finden, analog etwa dem, der früheren Generationen zugänglich war.

Govinda: Ich meine, wir werden gelenkt von den Notwendigkeiten unserer Zeit. Deshalb sollten wir nicht danach fragen, was die Alten taten, sondern danach, was wir jetzt tun können. Unsere Vorfahren lebten unter Bedingungen, die von den unseren sehr verschieden waren. Und deshalb müssen wir versuchen, unseren eigenen Weg zu entdecken. So müssen wir zum Beispiel, wenn wir in einer Großstadt leben, ihren Lärm ertragen, ebenso ihr Verkehrsgewühl und ihre Hektik. Aber man kann auch ganz still inmitten des Lärms sein. Manchmal, wenn der Lärm unaufhörlich anhält, kann man so davon überflutet werden, daß man ihn gar nicht mehr wahrnimmt. So haben beispielsweise die Mönche in den burmesischen Klöstern die Gewohnheit, alles, was sie auswendig lernen, laut zu deklamieren. Man kann sich keine Vorstellung von dem Krach machen. Der ganze Klosterbezirk ist so davon erfüllt, daß ich mir nichts vorstellen kann, was lärmerfüllter wäre als ein solches Kloster. Aber die Mönche fühlen sich davon gar nicht gestört, wie es westlichen Menschen passieren würde, weil sie den Lärm einfach nicht mehr hören. Er stört ihren Frieden in keiner Weise.

Sellon: Aber Lama, was Sie da gerade herausgestellt haben, zeigt das nicht, daß hier eine Art Training mit ihm Spiele ist? Es ist doch ganz offensichtlich, daß Sie, wenn Sie ganz neu und unvorbereitet in dieses Kloster kämen, von diesem Lärm gestört würden. Die Mönche aber haben gelernt abzuschalten, so daß der Lärm sie nicht mehr belästigt. In allen buddhistischen Klöstern gibt es lange Perioden des Übens, wo die Schüler sich mit bestimmten Praktiken befassen, die ihnen ein tieferes Verständnis vermitteln sollen. Und das trotz all des Lärms!

Govinda: Ich glaube, daß die Leute dort von Anfang an nicht von der Voraussetzung ausgehen, daß es immer still sein müsse. Sie sind immun gegen die Veränderungen in ihrer Umwelt. Wenn es ruhig ist, ist es sehr schön. Ist es aber unruhig, dann achten sie nicht darauf. Denn auch beim größten Lärm wird man nur dadurch gestört, wenn man seine Aufmerksamkeit auf eben diesen Lärm richtet. Wenn Sie durch Lärm gestört werden, versuchen Sie einfach einmal herauszubekommen, welcher Art dieser Lärm ist. In dem Augenblick, wo Sie Ihre Aufmerksamkeit darauf richten, ihn beobachten, in eben dem gleichen Augenblick vergessen Sie Ihre Schwierigkeit, damit fertig zu werden, weil Sie damit beschäftigt sind, die verschiedenen Arten des Lärms um sich herum zu analysieren. Indem Sie aber das tun, werden Sie zunehmend immun gegen die Störquelle. Das klingt wie ein Widerspruch, aber – seltsam genug – einerseits beobachten Sie den Lärm, und zugleich merken Sie, daß Sie unter dem Vorgang des Beobachtens das vergessen, was Sie zuvor störte.

Weber: Zum Problem geworden ist die heutige Suche nach Gurus, denen man folgen möchte. Was junge Menschen sich wünschen, ist jemand, der ihnen sagt, was sie tun sollen – nicht notwendigerweise, was sie denken oder glauben sollen.

Govinda: Ein wahrer Guru ist nicht jemand, der sich anderen aufdrängt, sondern vielmehr einer, der die in einem anderen Menschen angelegten Eigenschaften sich entfalten läßt. Wie denn ein wirklich guter Psychologe seine Schüler zu lehren versucht, von ihm selbst unabhängig zu sein.

Weber: Während Sie das sagen, muß ich an Milarepa denken, der von seinem Meister immer und immer wieder entmutigende Aufgaben gestellt bekam.

Govinda: Ganz recht. Milarepa mußte seine verschiedenen Häuser bauen: ein dreieckiges Haus, ein rundes Haus, ein viereckiges usf. Nun stellen diese verschiedenen Grundrisse die Symbolformen der verschiedenen *Chakras* im menschlichen Körper dar. So wurde Milarepa angehalten, erst ein Chakra aufzubauen und es dann aufzulösen, darauf das nächste zu errichten und auch dieses wieder zu zerstören usw. Und warum? Man ist nur frei von dem, was man sowohl erschaffen wie auch wieder auflösen kann. Das allein ist wichtig. Und dem gleicht der Meditationsprozeß, der sich regel-

mäßig von der Hervorbringung der Formen zu deren Auflösung bewegt.

Weber: Da wir bei dem Thema Meditation angekommen
sind, möchte ich hier eine Frage aufwerfen, die oft gestellt
wird. Im Westen betrachten wir Meditation als etwas, das der
Aktivität bzw. der Tätigkeit entgegengesetzt ist: Wir ziehen
uns zurück, wir meditieren, und dann gehen wir wieder
hinaus, um unserer Tätigkeit nachzugehen. Meinen Sie, daß
es möglich ist, eine meditative Haltung zu bewahren, während man mit alltäglicher Arbeit beschäftigt ist, einbezogen in
all die praktischen Dinge, die wir alle tun müssen?

Govinda: Ich meine, meditative Übungen sollten mit Aktivitäten alternieren, weil eine Meditation, die sich nicht
durch Umsetzung in Handeln bewährt, wertlos ist. In einem
solchen Fall würde man glauben, man hätte etwas erreicht,
obwohl man gar nichts erreichte. Wenn man aber das Ergebnis seiner Meditation im Handeln überprüfen kann, dann hat
man eine Art Kontrolle.

Weber: Befürworten Sie für den Anfang eine Meditation
fern jeglichen Handelns und erst dann ihre Umsetzung in
Aktionen?

Govinda: Ich würde nicht notwendigerweise eine Meditation fern jeglichen Handelns empfehlen, sondern würde eher
sagen, daß Meditation ein unvoreingenommenes Offenstehen sein sollte für alle Möglichkeiten. So wie eine Blume sich
öffnet, um die Sonne aufzunehmen, so sollte alles akzeptiert
werden, was in der Meditation aufsteigt. Man sollte wie ein
Gefäß sein, das neu gefüllt wird, um dann durch die akkumu-
lierte Kraft seine Handlungen auszuführen. Ich meine: Eine
der besten Meditationen ist die über den Atem, weil man hier
den Rhythmus des Hinein- und Hinausgehens hat, des Nehmens und Gebens. Die Prozesse laufen pausenlos ab. Ich
meine, daß dies eine der besten Möglichkeiten ist, um sich
selbst von der Wahrheit des *Anātman* zu überzeugen. Denn
Anātman bedeutet ja nicht, daß es nichts Ewiges in uns gäbe,

sondern vielmehr, daß das «Ewige» in einem ununterbrochenen Fluß von Nehmen und Geben besteht. Sie atmen ein, indem Sie die Luft von außen in sich aufnehmen, Sie transformieren sie in Ihrem Körper, und dann geben Sie sie wieder in ihren natürlichen Bereich zurück. Sie können nichts nehmen, was Sie nicht auch wieder zurückgeben müssen. Alles im Leben, ob es nun Ihr Atem, Ihre Nahrung oder Ihr materieller Besitz ist – alles, was einmal genommen wurde, muß zurückgegeben werden.

Weber: Sie haben immer wieder klar herausgestellt, daß es Tod bedeutet, wenn man an irgend etwas hängt bzw. haftet.

Govinda: Ich glaube, daß die Unbeständigkeit, Nicht-Dauer bzw. die sogenannte «Vergänglichkeit» das ist, was uns frei macht. Wenn alles beständig, immer dauernd und unwandelbar wäre, wäre das eine furchtbare Situation, etwa vergleichbar jenen modernen Plastiksubstanzen, die nicht zerstört werden und die wir deshalb nie loswerden können.

Weber: Der Anātman-Begriff verwirrt einige Leute und bereitet ihnen Schwierigkeiten, besonders wenn sie ihn zum Karma-Begriff in Beziehung zu setzen versuchen. Karma wird so beschrieben, daß ich alles, was ich säe, auch ernten werde: Alles, was ich beabsichtige, hat seine Konsequenzen im Gefolge. Nun haben aber die Leute Schwierigkeiten, diese Konsequenzen zu verstehen und mit der Tatsache in Einklang zu bringen, daß es kein beständiges Agens gibt, das ernten wird.

Govinda: Es gibt ein Agens, aber kein statisches Agens. Jedes lebende Wesen ist die Verkörperung der Lebenskraft. Aber diese Lebenskraft ist etwas kontinuierlich Fließendes, etwas Sichwandelndes, etwas Wachsendes, etwas Sichentwickelndes. So kann man nicht sagen, daß es da ein in sich abgeschlossenes Agens gäbe, das in sich selbst verharrt, getrennt von allem andern. Aber dennoch können wir von unserer Psyche reden.

Weber: Ja, und eben das ist das Problem, Lama: Selbst wenn wir akzeptieren, daß irgend etwas Absichten und Ziele zusammenhält und daß dies weder ein Ding noch eine Substanz ist, dann habe ich doch Schwierigkeiten, dieses Ganze mit dem in Einklang zu bringen, was mit der Vorstellung von Karma und Verantwortlichkeit aus einem vergangenen Leben verbunden wird, das heißt mit Umständen, welche jene Zusammenballung in Bewegung gesetzt hat, die sich jetzt in dem auswirkt, was «mein» Leben genannt wird.

Govinda: Was Sie Ihr Leben nennen, ist sozusagen eine «individuelle Linie» fortschreitender kontinuierlicher Entwicklung, die eine von allen andern Linien unterschiedliche Manifestation der Lebensenergie ist und die sich in einer ganz bestimmten linearen Richtung bewegt. Und in dieser Hinsicht ist sie von allen anderen Linien verschieden, nicht aber als energetische Manifestation. Das aber heißt, daß sie sowohl verschieden als nicht-verschieden ist.

Weber: Sie sehen dann keinerlei Widerspruch zwischen der Idee des Anātman – also daß es keine Seelensubstanz als solche gibt, wie sie beispielsweise von den Hindus postuliert wird – und der gleichzeitigen persönlichen karmischen Verantwortlichkeit jedes einzelnen?

Govinda: Nein. Jeder ist verantwortlich für seine Aktionslinie, für seine Entwicklungslinie, die sich folgerichtig entfaltet. Aber wenn man von «Gerechtigkeit» sprechen will, dann ist das eine andere Frage.

Weber: Sollte man besser «Gleichgewicht» oder «Harmonie» sagen?

Govinda: Vielleicht. Der Begriff der Gerechtigkeit jedoch erscheint mir allzu menschlich und allzu begrenzt. Wir können von Gerechtigkeit nur innerhalb des eigenen engen Bezugsrahmens unserer eigenen Begriffe reden. Aber es ist unmöglich, der Natur moralische Vorstellungen unterzuschieben oder unsere ethischen Begriffe auf die natürliche Welt zu übertragen. Naturkräfte wirken entsprechend ihren eigenen Gesetzen. Sie sind weder gut noch böse, weder gerecht noch ungerecht, sondern sind nur aus dem Gesetz des abhängigen In-Erscheinung-Tretens zu verstehen.

Weber: Das geht parallel zu Spinozas Bemerkung, daß die Natur gerade so ist, wie sie ist. Man fragt: Was ist Gerechtigkeit, was ist Karma? Ich gehe von der Annahme aus, daß in jedem menschlichen Wesen das Gefühl eingeboren ist, daß man nicht betrügen soll, selbst dann, wenn niemand da ist, der unser Handeln beobachtet.

Govinda: Wir können in uns selbst empfinden, ob wir gerecht oder ungerecht sind. Und soweit es uns selbst betrifft, sollten wir das tun. In uns wirkt das Empfinden, was uns sagt, was gerecht und richtig ist. Wir nennen das in der buddhistischen Psychologie: *hiri-ottappa*, das Schamgefühl. Das ist ein schwer erklärbares Phänomen: Wie kommt es, daß Leute plötzlich Scham empfinden, daß etwas in ihnen sagt, daß sie etwas Falsches getan haben?

Weber: Der Ursprung des Gewissens.

Govinda: Ja, *hiri* steht für Gewissen.

Weber: Das bedeutet doch, daß wir als Spezies von unserem Wesen her moralisch orientiert sind. Wir richten uns selbst.

Govinda: Ja. Und unter den Bedingungen, unter denen wir leben, mag das gerechtfertigt sein. Aber wir sollten es nicht von irgendwelchen anderen Arten von Wesen erwarten.

Weber: Es war interessant, was Sie zuvor über die Linie eines Lebens sagten, da Zeit nur auf der Ebene der Erfahrung besteht. In der Physik redet man jetzt von der «Weltlinie eines Partikels», die dessen ganze Geschichte ausmacht, vom Anfang bis zum Ende, was das auch immer heißen mag. Das klingt beinahe so wie das, was Sie sagten.

Govinda: Ich meine, daß die Begriffe der höheren Physik uns zu einem umfassenderen Verständnis dieser ganzen Frage führen können. Es ist zum Beispiel sehr interessant zu sehen, daß man in der modernen Physik um so «falscher» liegt, je logischer man vorgeht. Und hier zeigen sich die Grenzen unserer Logik sehr deutlich. Und tatsächlich: das Universum erscheint uns oft als etwas Irrationales, weil wir die uns eigene Logik auf etwas anwenden, was nicht in diese Kategorie hineingehört. Wir können nie sagen, wo ein Partikel zur Zeit ist und was es zur Zeit tut, und deshalb können wir nur raten. Auch können wir es entweder als Partikel oder als Welle definieren, obwohl es weder das eine noch das andere ist, sondern möglicherweise beides zugleich.

Weber: Einer unserer großen Astrophysiker, John Wheeler, sagte, daß wir erst dann verstehen würden, wie anders das Universum ist, wenn wir erkennen, wie einfach es ist.

Govinda: Das kann schon sein. Vielleicht erschaffen wir die meisten Komplikationen unnötigerweise selbst.

Weber: Bezüglich menschlicher Inkarnation können viele Menschen, die die Reinkarnationslehre als eine logische Lebensanschauung bejahen, nicht verstehen, wie das «Ich» unter den Folgen irgendeines Tuns oder Denkens leiden soll, das eine von ihm völlig verschiedene Person, die man einmal «meine Persönlichkeit» nannte, fünf Inkarnationen vorher beging. «Wo bleibt hier die Logik?» so fragen sie.

Govinda: Nach meiner Meinung kann und sollte man die Idee der Reinkarnation nicht auf einer rein logischen Ebene lösen wollen. Wenn wir eine rationale Annäherung erstreben, so sollten wir erwägen, daß die Anfänge unserer Lebensströme im Dunkel zeitlicher Unendlichkeit liegen und daß die erzeugten Ursachen ebenfalls unendlich sind, weshalb auch die resultierenden, möglichen Kombinationen notwendigerweise ebenfalls unendlich sein müssen. Diese Fülle der Verbindungen aber kann man unmöglich mittels unserer linearen Logik erklären, da Ursache und Wirkung, vom universellen Standpunkt aus gesehen, vieldimensional sind. Wir können deshalb nur von dem sprechen, was hier und jetzt abläuft und geschieht. Unsere gegenwärtige Absicht ist wichtiger als unsere früheren Taten: Sie ist entscheidend für unsere weitere Entwicklung. Nehmen wir zum Beispiel an, daß wir in einer früheren Existenz irgendein Wesen getötet haben: Gemäß der Logik der Jainas, die sehr geradlinig und einfach ist, würde es entsprechend dem Gesetz des Karma nötig sein, daß wir nun unsererseits getötet werden. Doch im gleichen Augenblick, in dem wir die Idee bzw. die Absicht des Tötens aufgegeben haben, haben wir auch den dahinterstehenden, verursachenden Grund für unser Getötetwerden eliminiert. So wird unser Karma von diesem Augenblick an ein ganz anderes sein. In dem Augenblick, wenn unsere Absicht aufhört, besteht auch das damit verbundene Karma nicht mehr. Mich hat ein Ausdruck im *Lankāvatāra-Sūtra* in der Übersetzung der *Buddhist Bible* (hrsg. von Dwight Goddard) sehr beeindruckt, der Karma als «Energie der Gewohnheit» beschreibt: Wenn wir irgend etwas einmal getan haben, verspüren wir den Trieb, unter gleichen Umständen genauso zu handeln. So ist Karma tatsächlich die Energie der Gewohnheit, und in dem Augenblick, wenn wir aus dem Gewohnheitshandeln und -denken ausbrechen, ist es ausgelöscht.

Sellon: Es ist auch eine Frage der Wahrnehmung, nicht wahr? Sobald wir Dinge anders wahrnehmen, sind sie auch anders für uns.

Govinda: Ja, das stimmt. Das Ganze ist eine sehr subtile Angelegenheit. Und eben deshalb identifiziere ich die Karma-Idee mit der Vorstellung vom Charakter eines Menschen: es ist die von seinen willentlichen Absichten, die teils oder ganz gewohnheitsbestimmt sind, geprägte Haltung.

Sellon: So ist das Karma-Gesetz absolut keine mechanische Angelegenheit.

Govinda: Ganz und gar nicht. Aber den meisten Menschen gefällt die Vorstellung, daß es eine Art universeller Vergeltung gibt.

Weber: Könnten Sie uns in diesem Zusammenhang auch etwas über Dharma sagen?

Govinda: Dharma ist ein sehr schwer erklärbarer Ausdruck.

45

Ich würde es in diesem Zusammenhang mit dem Wort «Gesetz» übersetzen. Ein Gesetz kann nun universell sein, moralisch oder persönlich. Es besagt, daß ein gewisses Geschehen oder Tun durch gewisse Gesetzmäßigkeiten geregelt ist. Das ist aber auch wirklich alles, was man darüber sagen kann. Dharma ist das, was die Wirklichkeit stützt und «trägt». Auf unsere religiösen Überzeugungen angewandt, bedeutet Dharma gewisse Lehren. Doch kann es genauso das universelle Gesetz bedeuten. Es gibt also viele verschiedene Schichten des Gesetzes, so daß Dharma praktisch alles bedeuten kann. Das Gesetz hilft uns auf diese Weise in unserem Kampf, frei zu werden; denn wenn die Dinge in dem, was ihre Eigentümlichkeit ausmacht, nicht gleich blieben, würden wir nicht wissen, wie wir uns zu verhalten haben. Die Gesetzmäßigkeit hilft uns, unseren Weg in unserem Leben zu finden.

Weber: Ich würde gern noch einmal auf das Thema Meditation zu sprechen kommen, das ja gerade jetzt im Abendland ein so großes Interesse findet, vielleicht weil es für viele Leute die erste Bekanntschaft mit dem ist, was Sie früher einmal das «Erfahren» anderer Bewußtseinsdimensionen nannten, im Gegensatz zum bloßen «Darüber-Nachdenken».

Govinda: In Wirklichkeit ist Meditation etwas viel Natürlicheres, als wir im allgemeinen glauben. Solange wir bewußte Wesen sind, können wir gar nicht anders als meditieren. Meditation ist sozusagen eine angeborene Eigenschaft. Ich glaube, es ist viel schwieriger, nicht zu meditieren. Die meisten Menschen glauben, Meditation sei ein spezieller Zustand, der sich außerhalb des Alltagslebens und unserer üblichen Tätigkeiten abspielen würde. Aber Meditation bedeutet zunächst nichts als daß man fähig ist, für eine kurze Zeit still zu sein – daß man der inneren Erfahrung die Möglichkeit gibt, sich auszuformen, hochzukommen und sich selbst zu offenbaren. Meist nimmt man sich nicht die Zeit, herauszufinden, wer man ist oder was einem geschieht, bzw. in welcher Situation man sich befindet. Meditation ist lediglich eine Art jenes natürlichen Zustands der Ruhe, in dem all jene Dinge, die gewöhnlich in uns zurückgedrängt und unterdrückt werden, aufsteigen dürfen. Viele Leute geben heute zahlreiche Regeln zur Meditation an: Was man tun soll und was man nicht tun soll und wie man es tun soll. Ich sage immer: Versucht nicht, irgend etwas zu erzwingen, sammelt euch einfach. Seid einfach in euch zentriert für eine kurze Zeit. Dann wird, was immer in euch aufsteigt, was euch zufällt, bedeutsam sein. Und je weniger ihr erwartet, um so mehr werdet ihr erhalten. In diesem Sinn betrachte ich die meditative Einstellung als eine Art vollständig zugewandte Freude. Wenn es keine Freude in euch auslöst, laßt es. Die begleitende Freude ist der beste Beweis für die Tiefe der Meditation. Wenn die innere Stille euch befriedigt, euch vermehrte Freude gibt, seit ihr auf dem rechten Wege. Wenn aber nichts dergleichen geschieht, versucht nicht, es zu erzwingen.

Weber: Ich hörte von einigen Leuten, die selbst beachtlich lange Zeit meditiert hatten, daß sie – als sie jene grenzenlose Bewußtseinsdimension das erste Mal erfuhren – jene Stille, die sie völlig aufnahm, in Furcht versetzte, obwohl sie wußten, daß sie gut und friedvoll war; und zwar einfach deshalb, weil sie plötzlich an einen ihnen so ungewohnten Platz versetzt worden waren. Sie fühlten etwas wie «Auflösung» und als deren Ergebnis ein «Überwältigtsein». Können Sie zu solchen Erfahrungen etwas sagen, oder haben Sie einen Rat, wie man mit diesem Problem fertigwerden kann?

Govinda: Ich empfinde das einfach so, daß Meditierende wie ein Gefäß sind, das gefüllt werden soll: Wenn Sie sich nicht erst einmal leer machen, können Sie weder gefüllt werden, noch können Sie sich der Fülle und des Erfülltseins erfreuen. Deshalb mache ich mich zum Fürsprecher der Aufnahmebereitschaft: Macht euch empfänglich!

Weber: Ist Furcht unvereinbar mit dem Leermachen des Gefäßes?

Govinda: Ich sehe hier überhaupt keinen Grund für irgendwelche Furcht.

Sellon: Könnte man nicht meinen, daß hier die Furcht, das Ego zu verlieren, aufkommt, da sich ja die meisten Menschen durch das Ichempfinden mit dem Ego identifizieren, was die primäre Illusion ausmacht?

Govinda: Die Schwierigkeiten entstehen durch das Nichtwissen dessen, was man selbst ist. Immer wieder kommt es auf diesen gleichen Punkt hinaus. Ich für meinen Teil verstehe zum Beispiel ganz und gar nicht den dänischen Theologen Kierkegaard und sein Konzept der Angst. Ich empfinde ihn als eine höchst unnatürliche Persönlichkeit. Und wenn Leute heute versuchen, ihre Ideen und ihre Theologien auf einem solchen Konzept der Angst und Furcht zu gründen, dann scheint es mir, daß sie alle einer Wahnidee verfallen sind.

Weber: Ja, in seinem System gibt es überhaupt keine Freude. Gott ist sowohl finsterstreng als auch – entsprechend der Definition – unerreichbar. Das aber erinnert mich an etwas. Sie haben einmal geschrieben, daß wenn man in der Meditation durch die schöpferische Imagination fähig ist, die Gegenwart eines *Dhyāni*-Buddha oder die Gestalt eines der barmherzigen Bodhisattvas zu visualisieren, daß dann eben dieser Akt jene Furcht des «Sich-selbst-Verlierens» aufhebt.

Govinda: Ja, weil man sich in gewisser Weise mit seiner Schau identifiziert und im gleichen Grad fähig ist, über sich selbst hinauszuschreiten, sich zu transzendieren. Ich betone auch immer wieder, daß *Shūnyatā* keineswegs eine negative Konzeption ist. Shūnyatā bedeutet Erfahrung der schöpferischen Leerheit, aus der jedwedes Ding in Erscheinung tritt: eine erfüllte Leerheit. Dieser von Evans-Wentz geschaffene Ausdruck ist vielleicht die treffendste Beschreibung. Und hier zeigt sich auch ein Parallelismus zur modernen Wissenschaft.

Sellon: Darf ich jetzt eine andere Frage stellen, bezüglich des Problems «SELBST und ICH»: Gibt es einen fundamentalen und tiefen Gegensatz zwischen der Idee des *Ātman* und des *Anatta* im Buddhismus?

Govinda: Anatta war und ist das Verwerfen und Ablehnen des Atta – (dem im Sanskrit das Wort Ātman entspricht) wobei dieses Wort von den Buddhisten im Sinne eines «Ich» benutzt wurde und wird. Anatta bedeutet in diesem Sinne «Ichlosigkeit». Schließlich, so meine ich, gründet sich alles religiöse Denken auf diesem Prinzip: Man muß seine Ichbezogenheit überwinden. Das heißt aber nun nicht, daß man sein Ich aufgibt, sondern daß man nicht mehr an es oder durch es gebunden ist. Denn in dem Augenblick, wo man sich von der Illusion befreit, daß das Ich etwas unveränderlich Substantielles sei, in eben diesem Augenblick erlangt man Befreiung.

In den *Upanischaden* verstand man ursprünglich unter Ātman ein universelles Zentrum in den Wesen: Ātman ist gleich *Brahman*. In diesem Sinne ist der Begriff akzeptabel. Aber zur Zeit des Buddha war die Idee des Brahman nicht sehr verbreitet. Beim Buddha ist die Rede immer nur von *Brahmā,* dem persönlichen Gott, niemals vom unpersönlichen, universellen Brahman. Das aber zeigt, daß die Idee des Brahman, die durch die Upanischaden propagiert wurde, sehr wahrscheinlich die Menschen in der Umgebung des Buddha nicht erreicht hatte.

Weber: Würde es legitim sein, wenn man den Versuch machte, das, was die Hindus unter Brahman verstehen, mit dem, was der Buddha mit *Dharmakāya* bezeichnete, in Wechselbeziehung zu setzen?

Govinda: Ich meine, das *Brahman* steht einfach für die Einheit der Welt. Eine der damit eng assoziierten Ideen, die vornehmlich durch die Advaita-Philosophie verbreitet wurde, ist die, daß der einzig wahre Wert in der Welt ihre Einheit sei und daß die einzige zentrale Illusion, die man überwinden muß, die der Verschiedenheit und Vielheit ist. Aber es ist natürlich unmöglich, die Einheit zu akzeptieren und gleichzeitig die Vielheit zu negieren, weil beide – Einheit und Vielheit – nur die beiden Pole der Wirklichkeit sind. Wenn Einheit und Vielheit gleichzeitig in Erscheinung treten, ist es leicht zu begreifen, daß es Vielheit in der Einheit geben kann. Aber Einheit «an sich» ist sinnlos. Das wäre wie ein großer Brei – etwas ohne Struktur –, ohne irgendeine Differenzierung. Und deshalb betone ich immer wieder, daß die buddhistische Advaya völlig verschieden ist von der hinduistischen Advaita. Advaya bedeutet «die Nicht-Zwei», anders, die Aufhebung der Objekt/Subjekt-Schranke, während Advaita das Eine gegen das Viele stellt: Nur das Eine ist existent, nicht das Viele, das hier einfach negiert wird. Diese Vorstellung aber ist es, die heute jeden in Indien beherrscht, und ganz gleich, was man diskutiert – immer wieder bekommt man zu hören: «Oh, das ist alles eins, das ist alles dasselbe.» Aber ist es nicht sinnlos, irgend etwas zu diskutieren, wenn der Gesprächspartner die Einmaligkeit und den Wert verschiedener Dinge nicht versteht?!

Sellon: In der jüdisch-christlichen Tradition wurde immer der Wert der Individualität betont, die Einmaligkeit der Persönlichkeit. Vielleicht hat man das im Westen übertrieben akzentuiert.

Govinda: Gewiß. Wir können in uns selbst eine Einheit sein, aber das bedeutet doch keineswegs, daß wir von allen anderen Dingen um uns herum völlig abgetrennt wären. Es besagt lediglich, daß mein Standort einmalig ist aus dem einfachen Grund, weil ich einen ganz bestimmten Punkt im Raum einnehme. Ich betrachte nun die Welt von diesem Standpunkt, und da jeder andere einen von meinem verschiedenen Standpunkt innehat, kann niemand dieselbe Welt so sehen wie ich. Deshalb sage ich, daß es keine «Wirklichkeit-an-sich» gibt, denn gibt es jemanden, der sie erfahren könnte?

Sellon: Glauben Sie, daß die ursprüngliche Idee der Ātman-Brahman-Beziehung die war, daß das All in der Vielheit seinen Ausdruck findet?

Govinda: Ja, das meine ich. Aber sehen Sie, die Upanischaden erklären, daß das menschliche Wesen aus zehn unterschiedlichen «Atemarten» bestehe, wobei der Ātman der Zehnte ist. Das heißt aber, daß die verschiedenen Prinzipien – oder Atemarten, wie sie dort genannt werden – den Ātman als einen von ihnen einschließen oder mitbeinhalten. Und obgleich er der höchste dieser Atemarten ist, ist er dennoch nur eine Art Atem, etwas Dynamisches, das hinein- und hinausgeht, etwas nicht Fixiertes oder Statisches, wozu man den Ātman später machte. Später war es auch, daß Ich und Ātman im Volksverständnis mehr oder weniger synonyme Begriffe wurden. Deshalb mußte der Buddha von Anātman sprechen, denn in dem Augenblick, in dem man sich damit identifiziert, ist er «Nicht-Ātman». So gesehen muß man Anātman mehr als eine psychologische Feststellung ansehen als ein philosophisches Konzept. Und eine psychologische Feststellung ist ein viel sicherer Weg, um mit dem Gegenstand zu arbeiten, weil man selbst dann, wenn man die alte Ātman-Vorstellung im Kopf hat, die wunderbar ist, nicht in den Fehler verfallen kann, das Ātman mit dem Ich zu verwechseln. Und das ist allein wichtig.

Weber: Sie sind also der Ansicht, daß die Gefahr in der Verallgemeinerung liegt, die darin besteht, daß man am Ende mit einer bloßen Abstraktion abgespeist wird?

Govinda: Ja. Nehmen Sie zum Beispiel Ramana Maharishi. Er ist ein bewundernswürdiger Mann, den ich aufrichtig verehre. Was ich aber nicht bewundern kann, sind seine ihm in Büchern zugeschriebenen Aussprüche.

Weber: Und warum?

Govinda: Er sagt darin, seine erste Frage sei gewesen: «Wer bin ich?» Doch wenn man mit dem Ich von vornherein operiert, als sei es ein bewiesenes Faktum, dann besteht die Gefahr, in die Irre zu gehen, weil man nach einem «Ich» sucht, das es ja gar nicht gibt.

Weber: Wie aber hätte er die Frage formulieren sollen?

Govinda: Er hätte fragen sollen: «Wer bin ich nicht?» Das wäre sensibler gewesen – meiner Meinung nach auch psychologischer.

Sellon: Wenn er nun gefragt hätte: «Was ist dieses Ich?», würde das auch zu anderen Ergebnissen geführt haben?

Govinda: Ja. Wenn er gefragt hätte: «Was *ist ein* Ich?», dann wäre er zu dem Ergebnis gekommen, daß niemand es wirklich definieren kann. In dem Augenblick aber, wenn er fragt: «Wer *bin* ich?», setzte er ein «Wer» voraus und projiziert dies in ein fiktives «Ich».

Weber: Mit anderen Worten: Er stellte von Anfang an eine falsche Gleichung auf.

Govinda: Er war ein überzeugter Anhänger des Vedānta, und so paßt sich natürlich alles, was er sagt, in die Vedānta-Lehre ein. Er meinte es gut, darüber besteht kein Zweifel. Und wie ich schon sagte: Ich bewundere ihn als Persönlichkeit sehr. Aber seine menschliche Persönlichkeit war weit bedeutender als seine Lehre. Er verkörperte als Persönlichkeit einige der größten religiösen Ideen. Doch als er dann versuchte, diese Ideen in Worte zu kleiden, wurde das nur eine bloße Wiederholung der Ideen des Advaita – nichts, was wirklich original war.

Weber: Was Sie vorhin über den Mischmasch all jener sagten, die alles in einen Topf werfen, ist interessant. Wir haben im Westen eine etwa analoge Situation, als Hegel Fichte widersprach, in dem er dessen leeres Absolutes «die unendliche Nacht, in der alle Kühe schwarz sind» nannte, da es keinen Inhalt habe und zu allgemein gefaßt war.

Govinda: Ja. Aber Hegel selbst war einer der großen Verallgemeinerer – ein typischer Logiker, der so sehr logisch war, daß er deshalb auch sehr unrealistisch war und so gewissermaßen den Höhepunkt jener Art europäischen Denkens repräsentiert.

Weber: Doch wenn wir schon von Tradition sprechen: Sie sagten, und darüber war ich perplex und beunruhigt, daß, wenn jemand einmal einen Weg gewählt hat – welcher das auch immer sei –, er dann auch dabeibleiben solle. Er soll dann nicht die Traditionen vermischen, etwa indem er ein paar Elemente dem Hinduismus und ein paar dem Buddhismus entnimmt, wobei er sie aus ihrem Zusammenhang reißt. Ist das eine Ihrer Grundüberzeugungen?

Govinda: Ja. Denn selbst wenn Sie einen falschen Weg wählen würden, ist es besser, den bis zu seinem Ende zu gehen, um zu erkennen und zu erfahren, daß er falsch ist, als gar keinen klaren Weg zu gehen. Eklektizistische Wege führen nirgendwohin, weil man keinen richtigen Ansatzpunkt hat. Man beginnt dann einmal hier, dann wieder dort und am liebsten überall zugleich. Immer wieder kehrt man zum Ausgangspunkt zurück, um wieder einen neuen Weg zu beginnen, so daß man am Ende nirgends ankommt. Es ist so, wie wenn jemand ein Gebirge besteigen will: Man kann vom Süden oder vom Osten, vom Norden oder Westen aufsteigen. Jede dieser Himmelsrichtungen ist für einen Angriff auf den Berg geeignet. Aber was soll man von einem Menschen denken, der vom Norden seinen Aufstieg beginnt, auf halbem Wege seine Absicht plötzlich ändert, zur Basis zurückkehrt und erneut vom Osten her zu klettern beginnt, um wieder auf halbem Wege zu denken: «Nein, nein! Das ist auch nicht gut», erneut umkehrt, um dann vom Süden einen Weg zu suchen. Ein solcher Mensch kann auf keiner Route den Gipfel erreichen, da er unfähig ist, einen Pfad bis zu dessen Ende zu gehen.

Sellon: Lama, Ihr Gleichnis beinhaltet Handeln, bzw. Tun, nämlich einen Pfad gehen. Aber es ist doch möglich, daß man zunächst seine Wegeroute im voraus studiert und sie mit anderen Marschrouten vergleicht. Was ist Ihre Meinung betreffs des Nutzens vergleichender Studien?

Govinda: Ich habe im Prinzip nichts dagegen. Nur habe ich immer wieder sehen müssen, daß die meisten Menschen, die vergleichende Religionswissenschaft betreiben, keine echten

Kenntnisse haben. Sie kommen zu nichts, weil man immer weiter und weiter vergleichen kann, ohne zu wirklichen Ergebnissen zu kommen. Es ist ganz in Ordnung, verschiedene Traditionen zu vergleichen, wenn man erst einmal seinen eigenen Weg gewählt hat und in dem Vorangehen in dieser Richtung nicht mehr unsicher gemacht werden kann. Aber wenn Sie versuchen, viele Dinge von hier und dort zu kombinieren und alles einzubeziehen, dann werden Sie am Ende nichts erreichen. Man soll seiner Überzeugung folgen, das heißt den Weg, von dem man fühlt, daß er der eigene ist. Andere Menschen mögen andere Wege gehen, aber selber sollte man immer nur dem Weg der eigenen Überzeugung folgen. Dabei sollen sich die Leute zunächst einmal alles ansehen, sollten alles einer Prüfung unterziehen, damit sie ein ausreichendes Wissen haben, bevor sie ihre Wahl treffen. Es ist eigentlich selbstverständlich, daß man sich erst einmal mit dem Christentum, dem Hinduismus, dem Islam, dem Buddhismus ernsthaft befaßt, bevor man sich für den einen oder anderen Weg entschließt, denn wenn man etwas akzeptiert, ohne irgend etwas anderes zu kennen, dann hat man keine Wahl getroffen, sondern sich dem Zufall ausgeliefert. Deshalb sollte man sich zunächst einer gewissen Vorbereitung unterziehen, sich ein ungefähres eigenes Urteil bilden. Hat man aber seine Wahl einmal getroffen, dann soll man den selbstgewählten Weg auch mit aller Konsequenz gehen. Natürlich fühlen sich die Menschen meist innerhalb ihrer eigenen Tradition vertrauter und wohler. Aber daß man nun einer solchen Tradition folgen *muß,* da muß ich widersprechen. Wenn man von der Tradition, in der man aufwächst, nicht überzeugt ist, dann soll man ihr auch nicht folgen. Doch lösen sich immer nur wenige Denkende aus den sie konditionierenden gewohnten Bahnen.

Sellon: Da muß man sich doch fragen, ob es überhaupt möglich ist, in der Welt zu leben, ohne konditioniert zu sein.

Govinda: Das kann niemand; wir alle stehen in einer Fülle von abhängigen Bedingtheiten, und wir sollten es sehen und zugeben. Die meisten Menschen machen den Fehler, nicht zu sehen, daß sie durch antrainierte Gewohnheiten bestimmt werden. Das ist auch ein «Bedingtsein in Abhängigkeit», aber eines, das man sehr wohl erkennend überwinden und «ausspuren» kann. Der zweite Fehler ist der, daß sie meinen, nur durch ein oder zwei Faktoren konditioniert zu werden, und nicht erkennen, daß das Leben einen jeden von uns in ein Netz unendlich vieler abhängiger Bedingtheiten stellt, die weit über das Individuelle hinausgehen. Nur dann, wenn wir das Ganze dieser unserer Konditioniertheit in allen ihren Varianten erkennen lernen, wachsen wir über alle diese Dinge hinaus, wie wir auch lernen, uns von unseren antrainierten Gewohnheiten und bedingt-reflektorischen Verhaltensmustern zu lösen.

Karma, Schicksal und die Kontinuität des Lebens

Dieses Kapitel bringt eine Auswahl aus den «Chamba-Gesprächen»: Buddhistische Freunde hatten 1977 für Lama und Li Gotami Govinda ein kleines Haus in Larkspur/Kalifornien gemietet. Zur Deckung der Kosten hatten sie das Zentrum «Chamba» gegründet, wo Lama Govinda am Sonntag Vorträge hielt und Fragen aus einem sehr gemischten Zuhörerkreis beantwortete. In diesen Gesprächen tritt uns ein anderer Lama Govinda entgegen: Nicht der alle Tiefen auslotende Gelehrte und Mystiker spricht hier, sondern ein Mensch, der Grundlegendes in einfachen Worten darzulegen versteht, dem Verständnis seiner recht unterschiedlich vorinformierten Zuhörer entsprechend.

Govinda: Ich hoffe, daß Sie sich inzwischen einige allgemein interessierende Fragen überlegt haben, so daß wir darüber in eine lebendige Diskussion und Unterhaltung einsteigen können.

Frage: Welche Beziehung besteht zwischen *Samādhi* und *Nirvāna*?

Govinda: Samādhi ist im Prozeß innerer Eins- und Ganzwerdung ein kurz andauernder Moment völligen Integriertseins. Nirvāna dagegen ist ein Begriff, der einen Zustand umschreibt, der durch völlige Aufhebung von Gier, Haß und Nichtwissen charakterisiert ist. Hierzu müssen wir allerdings einschränkend hinzufügen, daß der Nirvāna-Begriff im Hinduismus und Buddhismus unterschiedlich interpretiert wird: Im Hinduismus ist Nirvāna mehr oder weniger ein metaphysisches Konzept, im Buddhismus dagegen ein rein psychologischer Ausdruck für das, was wir erfahren, wenn Gier, Haß und Nichtwissen eliminiert sind. Dabei stehen Gier und Haß für jene beiden extremen Gefühle, die unsere Einstellung und Haltung gegenüber den Dingen und Wesen durchweg bestimmen, so daß wir uns von den einen angezogen fühlen, die anderen aber zurückweisen wollen. Nichtwissen dagegen ist jene falsche Betrachtungsweise, die uns vorgaukelt, daß wir ein «ewiges», von allen anderen Wesen völlig isoliertes Eigensein, bzw. Ich oder Selbst hätten. Die Überwindung dieser Hindernisse bzw. dieser falschen Ichvorstellung, wie der daraus resultierenden Illusion, daß wir etwas besitzen oder etwas zurückstoßen können: Das ist Nirvāna.

Frage: Sie erwähnten einmal, daß sich dann, wenn ein Mensch jene spielerische innere Haltung entwickelt, die die Inder *Līlā* (Spiel) nennen, keine karmischen Folgen entwickkeln, da jegliches Spiel eine spontane Handlung sei. Können Sie das näher ausführen? Ich habe viel darüber nachgedacht und meine, daß doch an sich jede Handlung Karma schaffen müßte und es dann auch das Problem meditativ geschaffenen Karmas gäbe…

Govinda: Nicht jede Handlung erschafft Karma! Was Buddha unter «Karma» versteht, ist allein ein bewußtes, vom Willen bzw. von Absicht (*Cetanā*) getragenes Handeln. Eine spontane Handlung aber geschieht ohne Vorsatz, ohne bewußte vorangegangene Absicht und hat weder ein egozentrisches Fühlen noch Erwägen zur Ursache, geschieht also ichfrei und ist daher karmisch neutral. Anders ausgedrückt: Erst wenn ein Handeln vom Ich motiviert wird, dann entsteht reflektorisch in Ihrem Bewußtsein Karma.

Frage: Aber wie steht es in diesem Fall mit Ärger und Wut?

Govinda: Es ist nur zu natürlich, daß ein Mensch gelegentlich ärgerlich wird, zum Beispiel wenn er von einem anderen verletzt oder beleidigt wurde. Ein solcher Ärger und die daraus entstehende Wut schaffen zweifellos Karma, und zwar zunächst in Form eines Wiederholungszwanges: In jeder ähnlichen Situation werden Sie wieder ärgerlich, und je häufiger das passiert, um so mehr neigen Sie dazu, schneller wütend zu werden. Doch wenn es Ihnen einmal gelingt, innerlich Abstand zu nehmen und sich zu sagen: «Warum soll ich ärgerlich werden? Dadurch ändere ich keinen!», dann werden Sie ruhig und haben in diesem Augenblick eine Marschrichtung eingeschlagen, die Ihnen in ähnlichen Situationen helfen wird, Ihren Ärger von vornherein beiseite zu lassen.

Frage: Aber bedeutet das nicht Karma schaffen, wenn man den Ärger bewußt stoppt, statt jenes spontane Gefühl zuzulassen, das ohne Absicht aufkam?

Govinda: Ärger kann schon einmal völlig spontan auftreten, aber ist trotz seiner Spontaneität regelmäßig ichzentriert. Unser Ichsein fühlt sich angegriffen und verletzt und reagiert. Mit anderen Worten, die scheinbare Spontaneität ist nur eine schnelle absichtsgetragene Reaktion unserer Egozentrik zur Abwehr eines Angriffes auf die Ichbezogenheit. So ist nicht jedes Handeln, das spontan erscheint, wirklich spontan und damit karmafrei. Man muß hier immer zwischen einer rein intuitiven, selbstfreien Handlung und dem sogenannten spontanen Handeln unterscheiden, das durch unser Ichsein ausgelöst wird: Damit Karma entstehen kann, muß stets ein fiktiver Ich-Bezugspunkt bestehen. Und wie spontan ein Handeln auch aussehen mag, solange es sich auf dieses fiktive Ich bezieht, ist es absichtsgetragen und hat damit karmische Auswirkungen zur Folge.

Frage: Ist es gut, dem Ärger Ausdruck zu verleihen?

Govinda: Ja, manchmal ist es gut, wenn Menschen die Äußerung ihres Ärgers nicht unterdrücken und ihn herauslassen. Wenn sie ihn unterdrücken, so bleiben sie doch unverändert vom Ärger erfüllt: Sie lassen ihn einfach nicht heraus.

Doch er wirkt in ihnen weiter, und weil er keinen Abfluß hat, wirkt er sich manchmal viel schädlicher aus, als wenn man ihn herausgelassen hätte. Andererseits, wenn man seinem Ärger allzu freien Lauf läßt, so trägt er einen oft weiter, als man es ursprünglich beabsichtigte. Es gibt hier keine Patentrezepte. Der Buddhismus stellt jeden Menschen in die Selbstentscheidung, weil er weiß, wie sehr alles situationsabhängig ist. In gewissen Fällen ist es besser, den Ärger frei zum Ausdruck zu bringen, jedoch sollte man dabei andere nicht verletzen. In anderen Fällen soll man sich seines Ärgerlichwerdens bewußt sein und erkennen, daß hier beispielsweise die eigene Eitelkeit verletzt wurde. Man sollte in diesem Fall die Kraft des Ärgers in Selbsterkenntnis umwandeln.

Frage: Viele Menschen reden heute über das «In-Harmonie-Sein mit der Natur». Was ist darunter zu verstehen?

Govinda: Das hängt im wesentlichen davon ab, was der einzelne unter «Natur» versteht. Für gewisse Menschen ist Natur lediglich das, was wir sehen, fühlen, hören bzw. das, was wir anfassen können. Für meinen Teil neige ich im allgemeinen zu jener Naturerfassung, wie sie die Japaner entwickelt haben: Sie empfinden sie als Manifestation der einzigartigen Schönheit des Friedens und der Stille und weisen immer wieder auf jene wunderbare Harmonie von ineinander übergehenden Farben und Tönen hin, die uns überall begegnen, wenn wir dafür Augen und Ohren haben; und wenn wir mit dieser so erlebten Natur in Harmonie sind, dann sind wir auch in Harmonie mit unserem eigenen Körper und mit dem Leben um uns herum. Wir erkennen dann das allgemeine Aufeinander-bezogen-Sein allen Lebens. Um uns dieser Erkenntnis anzunähern, müssen wir Natur nicht ausschließlich im Sinne der Wissenschaft verstehen, sondern besser entsprechend dem Allgemeinverständnis. Und in diesem Sinne ist Natur dann alles, was sich einem bestimmten Menschen entsprechend dem ihm eigenen Wesen entwickelt, bzw. was im Einklang ist mit den ihm eigenen Gesetzen. So sollten wir weder der Gesetzmäßigkeit unseres menschlichen Körpers noch der unserer Umwelt Widerstand entgegensetzen.

Dann sind wir ganz selbstverständlich in Harmonie mit der Natur. Die Kulturgeschichte zeigt, daß viele Religionen immer wieder den Versuch gemacht haben, den Gesetzen des Körpers oder gar der Natur in ihrer Gänze sich entgegenzustellen, indem sie die Welt als einen Ort betrachten, der dem Göttlichen und dem Geistigen entgegensteht und der ein Tal des Jammers und der Disharmonie ist. Nun, unsere Weltschau ist immer abhängig von unseren Voreingenommenheiten: Gelingt es uns, uns von der Verzerrung der Wirklichkeit durch unsere negative Einstellung freizumachen, dann finden wir überall die natürliche Harmonie. Wenn wir aber unsere fixen Ideen von einem «Gefangensein» in einer antigöttlichen Welt über die Dinge und über unser «In-der-Welt-Sein» stülpen, dann scheint uns alles verkehrt und falsch zu sein: Wir wollen dem fiktiven selbsterschaffenen Gefängnis entkommen. Der Mensch ist es mit seinem sich von allem Natürlichen isolierenden Denken, der alles in Disharmonie bringt. Wenn wir beispielsweise das Verhalten von Tieren beobachten, so werden wir erkennen, daß sie genau wissen, was sie zur rechten Zeit tun müssen, und zwar entsprechend den in ihnen angelegten Gesetzen. Wenn wir sie jedoch domestizieren und dementsprechend auf menschliche Verhaltensvorstellungen trainieren, dann korrumpieren wir das innere Wesen der Tiere und machen sie zu Karikaturen ihrer selbst.

Frage: Wenn Tiere in vollkommener Harmonie mit der Natur sind und menschliche Wesen dieser Harmonie entfallen sind, warum wird dann trotzdem die Chance einer menschlichen Geburt als besser betrachtet als die im Reich der Tiere?

Govinda: Ich würde hier nicht von «besser» und «schlechter», «höher» und «niedriger» sprechen. Ich würde sagen, daß sie verschieden sind. Tiere folgen, solange sie nicht vom

Menschen umerzogen werden, dem Naturgesetz. Wenn menschliche Wesen ihrem innewohnenden Gesetz folgen würden, würden sie genauso vollkommen sein wie Tiere, denn Tiere sind in vieler Weise vollkommener als Menschen: Sie können besser sehen und hören, haben einen viel besseren Geruchssinn und besitzen oft Fähigkeiten, die den Menschen vollkommen abhanden gekommen sind. So gesehen sind Tiere tatsächlich Wesen, die in sich vollkommen sind. Der einzige Unterschied dürfte sein, daß die Vollkommenheit der Tiere statisch ist, während die dem Menschen mögliche Vollkommenheit sich in einer kontinuierlichen Entwicklung zeigt. Mit anderen Worten, ein Tier in seiner natürlichen Umwelt ist vollkommen. Ein Mensch dagegen, der konstant das bleibt, was er gerade jetzt ist, wird niemals vollkommen sein. So muß sich beispielsweise der Mensch in jedem Lebensstadium, in dem er sich befindet, kontinuierlich neu anpassen: Als Kind muß er sich anders benehmen als später, wenn er erwachsen ist und wieder anders als alter Mensch. So entwickeln wir uns kontinuierlich und bleiben dennoch in Harmonie mit den sich wandelnden Bedingungen unseres Lebens.

Frage: Warum ist dann die menschliche Geburt besser als irgendeine andere?

Govinda: Sie wird deshalb als besonders glücklich betrachtet, weil wir als menschliche Wesen Entscheidungen treffen können. Tiere sind da weit mehr festgelegt. Obwohl sie in ihrer Eigengesetzlichkeit vollkommen sind, können sie diese nie überschreiten. Menschliche Wesen aber können sich ständig weiterentwickeln, und da sie die Fähigkeit haben, sich zu entscheiden, können sie aus ihrem Leben etwas machen – etwas, was weitergeht, was die Tiere, die an ihre Eigengesetzlichkeit gebunden sind, nicht können.

Frage: Wollen Sie damit sagen, daß der Mensch die Natur beherrschen kann, während die Tiere das nicht vermögen?

Govinda: Die «Natur beherrschen zu wollen» ist eine gefährliche Vorstellung, und ich glaube, daß sogar heute noch die meisten Menschen meinen, daß sie die Natur beherrschen könnten, und dabei nicht sehen, wie sehr sie von der Natur beherrscht werden: Wo sie zu sehr in deren Gefüge eingreifen, schaffen sie die Bedingungen ihrer eigenen Vernichtung. Im Grunde genommen können wir nur das, was uns die Natur gibt, in rechter Weise nutzen. Ohne sie beherrschen zu wollen, müssen wir lernen, uns ihren Bedingungen entsprechend anzupassen, und wir sollten nicht versuchen, ihr unseren Willen aufzuzwingen.

Frage: Wir sprechen hier über Buddha und seine Lehre. Nun hörte ich, daß einige Wissenschaftler an seiner historischen Existenz zweifelten. Vieles, was ich las, war offensichtlich Legende. Was wissen wir wirklich über die Historizität Buddhas?

Govinda: Über die Geschichte des Buddha wissen wir – obwohl der Nachweis seiner historischen Existenz erbracht ist – sehr wenig. Wir wissen, wo er geboren wurde, daß er Erleuchtung erlangte und starb. Aber wir wissen praktisch nichts über die vielen Jahre, die er wandernd und lehrend im nördlichen Indien verbrachte. Dagegen ist uns seine geistige Abstammung bekannt, das heißt über seine persönlichen Erfahrungen hinaus wissen wir um jene Erfahrungen, die allen Buddhas der Vergangenheit, der Gegenwart und Zukunft gemeinsam sind. Und unter diesem Aspekt ist beispielsweise das feierliche Begehen des Gedenktages an die Geburt des Buddha keine Feier, die sich nur auf den historischen Buddha *Shākyamuni* bezieht, sondern eine, die zugleich auch alle Buddhas der Vergangenheit wie der Gegenwart und Zukunft einschließt, mit anderen Worten, die dem Prinzip der Buddhaschaft schlechthin gilt. Auffallend ist es, daß wir – wie im südlichen Buddhismus üblich – die Geburt, die Erleuchtung und das Eintreten des Buddha in das *Parinirvāna* an ein und demselben Tag, dem Vesakfest, feiern. Es ist doch sehr unwahrscheinlich, daß alle diese Ereignisse im Laufe der Jahre immer wieder auf den gleichen Tag fielen. Der Grund ist, daß diese drei Geschehnisse den Inhalt des ganzen Lebens eines Buddha ausmachen. Und so ist dieser Tag im Grunde genommen der Tag der Vergegenwärtigung der Buddhaschaft selbst, also eines Ideals, um dessen Verwirklichung wir in uns selbst stets bemüht sein müssen. Dabei sollten wir uns daran erinnern, daß der Buddha niemals den Anspruch erhob, etwas anderes zu sein, als ein Mensch. So ist der Buddha auch für uns der ideale Mensch, den wir im eigenen Leben verwirklichen müssen. Wir sollen daher als Buddhisten weder nach weltlichem Besitz noch nach dem Himmel streben, sondern danach trachten, in uns selbst vollkommen zu werden, denn nur wenn wir in uns vollkommen sind, können wir das erreichen, was Erleuchtung genannt wird. Erleuchtung aber ist keine Vorstellung, die irgendwo im Raume schwebt, sondern ein Wunsch, der sich in diesem menschlichen Leben erfüllen kann. Der Buddha selbst hat sich immer als Mensch betrachtet, obwohl er insofern über das Menschsein hinausgegangen ist, als die Masse der Menschen diesen Grad der Vollkommenheit noch nicht erreicht hat.

In den Pali-Texten wird erzählt, daß der Buddha eines Tages in tiefer Meditation unter einem Baum saß. Ein vorübergehender Mann war erstaunt über seinen Gesichtsausdruck und fragte ihn, ob er ein Gott sei. «Nein», erwiderte der Buddha, «ich bin kein Gott.» – «Bist du dann ein Geist?» fragte der Mann. – «Nein, ich bin auch kein Geist.» – «Was bist du dann?» – «Ich bin ein Mensch», sagte der Buddha, «und mehr: ich bin ein Erwachter». Dieses Erwachtsein stellt ihn aber über die Götter und Menschen, da es die Vollkommenheit verkörpert – eine Vollkommenheit, die nur dem menschlichen Geist zu verwirklichen möglich ist.

Von solchen Ereignissen berichten uns die buddhistischen Texte. Aber von den allgemeinen Daten und Fakten seines Lebens wissen wir so gut wie nichts: nicht einmal den richtigen Namen seiner Frau. Die Namen, die ihr zugesprochen wurden, dürften auf Spekulationen beruhen. Wir wissen auch nichts über das exakte Datum seiner Geburt und seiner Erleuchtung, auch wissen wir nicht, ob es ein oder mehrere Mädchen waren, die ihm die Milch brachten, mit der er sein Fasten brach. Aber wir wissen viel von dem, was er lehrte, und eben das ist der entscheidende Punkt. Und diese seine Lehren legte er in einer so klaren und so unmißverständlichen Weise dar, daß selbst wir im 20. Jahrhundert verstehen, was er vor mehr als 2500 Jahren den Menschen seiner Zeit nahebringen wollte. Seine Lehre ist zeitlos, und so ist auch der Streit, wann er nun wirklich gelebt hat, für uns Buddhisten ohne Bedeutung. Daß er gelebt und gelehrt hat, ist allein entscheidend, nicht geschichtliche Daten.

Andererseits ist es interessant, die Lehre des Buddha im Verbund mit den religiösen Praktiken seiner Zeit zu betrachten. Wir wissen, daß damals die Hauptfunktion der Religion in Indien das Darbringen von Opfern und die Anbetung von Göttern war. Buddha erklärte, man könne die Götter – wenn man mag – ruhig verehren und dabei seine Dankbarkeit zum Ausdruck bringen, indem man sich gleichzeitig seine Abhängigkeit von den Elementen der Natur vergegenwärtigt. Denn die verschiedenen Götter waren mehr oder weniger Personifizierungen der Naturgewalten – des Feuers, des Regens, des Sturms und des Windes sowie der Sonne und des Mondes –, und man betrachtete die Naturkräfte als höhere Wesenheiten. Die Vorstellung, daß man den Elementen, die unsere Körperlichkeit ausmachen, Dankbarkeit zu erweisen hat, ist an sich sehr schön. Der große Unterschied zwischen Buddhismus und Brahmanismus (und dem viel später entstandenen heutigen Hinduismus) besteht nun darin, daß der Brahmanismus glaubte, man könne über Opfer, Gebete und dergleichen diese Kräfte sich günstig stimmen und beeinflussen, während der Buddha erklärte, kein Gott oder Götter könnten in unser Leben eingreifen und unser Schicksal beeinflussen: dies hänge allein von unserem eigenen Handeln und den dahinterstehenden Absichten ab. So lehrte er öffentlich etwas, das bis dahin als Geheimlehre von Mund zu Mund weitergegeben wurde: das Gesetz vom Karma. Dieses Gesetz aber besagt, daß jeder für sein eigenes bewußtes Tun verantwortlich ist. Auf diese Weise befreite er die Menschen von der illusorischen Vorstellung, von der Macht der Götter abhängig zu sein und verwies auf jene Kraft, die in jedem von uns wirksam ist. Anders ausgedrückt: Ob Götter existieren oder nicht, sie bestimmen unser Schicksal nicht. Deshalb sind alle Opfer an sie nutzlos, sind leer, denn die Natur und ihre Gesetzmäßigkeit sind unbestechlich. Wir ernten immer, was wir säen.

Wie gesagt, das Gesetz des Karma wurde in jenen Tagen als Geheimlehre betrachtet und nur in «vertrauter Sitzung» (Skrt.: *Upanishad*) vom Guru dem Chela (Schüler) mitgeteilt. Diese Lehre vom Karma nun war zur Zeit des Buddha eine neue Einsicht. Sie war gefährlich, denn sie machte alles, worauf der Brahmanismus basierte, sinnlos. Vorstellungen vom Opferkult, von Kaste, Gottesdiensten, Gottesverehrung wurden durch sie zu etwas Sekundärem, ja Überflüssigem. Vielmehr festigte sich die Gewißheit, daß ein Mensch im Grunde genommen – als Charakter wie als Gestalter seines Schicksals – das ist, was er selbst erschuf, und nicht das, was ihm von einem Gott oder von Göttern auferlegt wurde.

Und das stellte die gesamte alte Gesellschaftsordnung und Religionsausübung in Frage. Der Buddha wies auf diese Diskrepanz hin, jedoch ohne die alten Formen anzugreifen. KARMA, so lehrte er, ist eine Gesetzmäßigkeit, die jeder, der bewußt lebt, an sich selbst erfahren kann. Von der Karma-Gesetzmäßigkeit ausgehend lehrte der Buddha, daß jedes Wesen in unterschiedlichsten Daseinsbereichen wiedergeboren werden könne: in Bereichen der Götter wie in Bereichen, die wir als höllisch bezeichnen, in tierischen Bereichen wie im Bereich begehrender und vom Begehren gequälter Geister. Und so fragte er, warum sollte man Brahmā, den höchsten Gott, verehren, wo man doch aufgrund eines entsprechenden Karmas Brahmā werden kann, indem man jene Eigenschaften erwirbt, die er hat. Um dieser Verwirklichung willen lehrte er jene «Hervorbringungen» (*Bhāvanā*), die er «Verweilungen in Brahmā» nannte: Liebe, Mitempfinden, Mitfreude und jene Unparteilichkeit, die zugleich eine Gleichmütigkeit gegenüber allem ist, was einen selbst betrifft. Wer aber meint, ohne ein solches Tun, allein durch Opfer und Gebete, die unbestechlichen Kräfte des Weltalls zu korrumpieren, wird nichts erreichen. Doch mit dieser Darlegung leugnet der Buddha keineswegs die Macht des GEBETES: Ein Gebet kann hilfreich sein, wenn es spontan aus unserem Herzen kommt und uns hilft, unseren Geist zu konzentrieren und innerlich die rechte Richtung zu finden. Ein solches Beten ist zu bejahen, und man kann es als eine Art Meditation betrachten, solange unser Geist nicht auf selbstische Wünsche fokussiert ist. Auch sollten wir sehen, daß der Buddha immer tolerant war und niemals sagte, daß der religiöse Glaube irgendeines Menschen falsch sei. Er forderte nur, daß unser Glaube mit unseren eigenen selbstgemachten Erfahrungen übereinstimmen müsse und nicht ein bloßes Fürwahrhalten von Allgemeinvorstellungen, Vorurteilen und dergleichen sein dürfe. Wer aber einen Weg zur Befreiung gehen wolle, der müsse erkennen, daß er selbst Himmel und Hölle schaffe: Himmel, indem er sich von sich selbst weg und dem Wohl anderer Wesen zuwende, Höllen, indem er ständig Wollungen gestalte, die ihn in eine Richtung drängen, die seinem Wesen fremd ist und die nicht seiner inneren Gesetzmäßigkeit entspricht, das heißt die ihn in Disharmonie mit sich selbst bringt.

Frage: Im Buddhismus betont man also die Bedeutung des Karma und daß wir heute so sind, weil wir früher entsprechend gehandelt haben. Wie ist das zu verstehen?

Govinda: Es gibt viele falsche Vorstellungen von dem, was man Karma nennt, und häufig genug wird der Karma-Begriff mit der Vorstellung vom «Schicksal» in einen Topf geworfen. Das aber ist nicht korrekt, weil Schicksal höchstens etwas sein kann, was uns durch Naturereignisse – also durch äußere Umstände, die sich unserer Kontrolle entziehen – auferlegt wird. Karma aber ist etwas, was man sich selbst erschafft durch eigenes Wollen. Der entscheidende Punkt ist, daß man kein Karma ohne willentliche Absicht entwickelt, was weitgehend der modernen Gesetzgebung entspricht, die beispielsweise keinen Arbeiter für schuldig erklären würde, wenn diesem, während er auf einem Gerüst steht, ein Ziegelstein entgleiten und einen Menschen töten würde, der unter dem Gerüst steht: Es wäre ein Unfall, kein Mord und deshalb nicht strafbar. Würde aber derselbe Mann einen Ziegel mit Absicht auf jemand werfen, der unten steht, so würde man ihn, selbst wenn er nicht trifft, wegen seiner «Mordabsicht» bestrafen. Die gleiche Vorstellung verbindet der Buddhist mit Karma. Wenn man im Wald spazierengeht und versehentlich, ohne Absicht, auf ein kleines Insekt tritt, hat man keine karmisch wirksame Handlung vollzogen, ist also schuldfrei. Anders, wenn wir bewußt ein Insekt zertreten und töten, dann haben wir eine karmische Folgen auslösende Tat vollzogen. Mit anderen Worten: Die Vorstellung vom Karma ist eng mit unseren Absichten und Intentionen, das heißt mit unserem Wollen verbunden, so daß man sagen kann: Wo kein absichtsvolles Tun ist, da kann kein Karma entstehen.

Frage: Könnten Sie noch etwas näher auf den Unterschied von Schicksal und Karma eingehen?

Govinda: Schicksal ist etwas, was einem durch äußere Umstände oder Einwirkungen «auferlegt» wird. Karma dagegen ist eigenes, von Willen und Absicht getragenes Tun, was adäquate Folgen zeitigt. Im Buddhismus werden nicht abstrakte Denkvorstellungen als wichtig erachtet, sondern das, was wir bewußt tun. Die Grundlage des Buddhismus ist vollkommen praxisorientiert und basiert auf dem Wissen von aufeinander bezogenen und voneinander abhängigen Bedingtheiten.

Doch um die Frage «Schicksal» oder «Karma» zu klären, müssen wir darüber hinaus einen Blick in die Geschichte tun.

Die Brahmanen in der Zeit vor Buddha glaubten an eine Art Seele oder Ich, und zwar in einem abgrenzenden Sinn: hier ich und dort alles andere. Ich selbst habe nichts gegen die Vorstellung von einer Seele, wenn man unter «Seele» etwas im Laufe der Zeit Wachsendes, sich Entwickelndes und Wandelndes versteht, das uns zu vertieftem Erleben befähigt. Das wäre zu akzeptieren und dürfte auch ursprünglich die Vorstellung des Seelischen gewesen sein: ein bewegtes Hauchartiges, dem Atem vergleichbar und wie dieser ständigem Wandel unterworfen – nicht greifbar, nicht fixierbar. Aber im Lauf der Zeit wandelte sich diese ursprüngliche Vorstellung radikal. Man konzipierte «Seele» als eine von allem anderen abgetrennte Einzelseele, die nichts mit dem Rest der Welt zu tun hatte: Sie war sozusagen ganz allein unser Eigentum und sollte nach dem Tode des Körpers in ein anderes Leben treten, um dann nach dessen Beendigung wieder in ein anderes überzugehen.

Der Buddha erinnerte daran, daß dies nicht die ursprüngliche Vorstellung von dem war, was man Ātman nannte, also «Lebensatem», was aus den alten Schriften ersichtlich sei. In ihnen wurde der Ātman nicht als ein stagnierendes Etwas verstanden, sondern als etwas Dynamisches, vergleichbar dem Prozeß des Ein- und Ausatmens, des Gebens und Nehmens, des von innen nach außen Strömens und des von außen nach innen Fließens. Diese Vorstellung von Ātman entsprach der Wirklichkeit weitaus mehr als das, was die Menschen später darunter verstanden: die Vorstellung von einem personengebundenen Ich oder Selbst. Der Buddha wandte sich gegen die Verfälschung der Ātman-Vorstellung, indem er erklärte, daß der, der die alten Lehren wirklich versteht, die Anschauung von einem persönlichen Ich, das durch alle Zeiten unverändert bleibt, verwerfen muß. Was wir vielmehr sehen müssen, ist, daß alles Lebendige ständigem Wandel unterworfen ist und daß dieser Wandel nichts Willkürliches ist, sondern daß er einer innewohnenden Gesetzmäßigkeit folgt.

Wenn wir ein Samenkorn in die Erde geben, und dieses Samenkorn bleibt darin liegen, ohne sich zu wandeln, so geschähe nichts: es würde verfaulen. Wenn es aber richtig gesät und gewässert wurde, wird es anfangen zu keimen und zu wachsen, Wurzeln und Triebe, Blätter und Blüten zu entwickeln. Dann erkennen wir, daß der Lebensprozeß eingeleitet ist, in dem nun alles seinen ihm eigenen Gang geht, um am Ende neue Samen hervorzubringen. Auch der Mensch ist so einem Samen vergleichbar. Jedes menschliche Wesen ist ein kontinuierlicher Prozeß des Wachsens und des Sichentwickelns, ein Prozeß des Lebens: Anderenfalls wäre er tot. Und so wird deutlich, daß die geistige Konstruktion von einem unwandelbaren Selbst de facto unseren Tod bedeuten würde. Je mehr und je schneller wir uns von dieser aller Wirklichkeit widersprechenden Vorstellung lösen, um so glücklicher werden wir. Dann nämlich kreisen wir nicht mehr ständig um unsere «Sicherheit», unsere Vorstellungen von Besitz und besitzen können. Haben wir gelernt, hier loszulassen, wird unser Leben einfacher und zunehmend leichter.

Und auch dies: Von unserem Karma können wir uns nicht durch Schmerzensaskese und dem Versagen von gewissen Dingen befreien. Nur in einem normalen und voll gelebten menschlichen Leben, das alle Extreme vermeidet, können wir zur Befreiung durchbrechen. Als der Buddha in der Zeit seines Suchens sich allen Arten der Askese unterzog, stellte er fest, daß er seinen Körper dadurch nur schwächte und damit auch seinen Geist und daß ein gesunder Geist sich nur in einem gesunden Körper entfalten kann. Darum gab er die Askese auf und nahm wieder eine normale Lebensführung auf, unter der er erstarkte und nun fähig war, die Wahrheit bzw. die Wirklichkeit zu entdecken und anderen aufzuzeigen.

Frage: Was aber ist «Wirklichkeit»?

Govinda: Die Frage nach dem, was «wirklich» ist, ist eine heikle Frage. Wenn wir von «Realität» sprechen, dann setzen wir im allgemeinen voraus, daß die Dinge (lat.: *res*), die uns umgeben, so sind, wie sie uns erscheinen. Nur was wir sehen, ist für uns existent, was wir fühlen, gilt uns als wirklich, und das, wogegen wir mit unserem Kopf stoßen, ist etwas Reales. Doch wenn man mit seinem Kopf gegen etwas stößt, ist das eine ganz persönliche Erfahrung mit Dingen, die in Wirklichkeit ganz und gar nicht das sind, was sie zu sein scheinen: «Das Ding», an dem man sich den Kopf stieß, besteht wahrscheinlich aus Billionen von Atomen und Molekülen, und diese bewegen sich in riesigen leeren Räumen mit gewaltigen Distanzen dazwischen. Und so ist das Gebilde, gegen das wir da stießen, in Wirklichkeit «transparent»: Röntgenstrahlen können durch es hindurchgehen. Anders ausgedrückt, die von uns als real wahrgenommene Welt ist es nur für uns, und zwar bedingt durch unsere spezifisch ausgebildeten Sinnesorgane. Nun bedeutet «real» dinghaft; eine reale Welt wäre eine Welt der Dinge, und es ist zweifelhaft, ob man davon reden sollte.

Ich ziehe vor, von einer «wirklichen» Welt zu sprechen, wobei wirklich das ist, was auf uns wirkt. Anders ausgedrückt: Etwas wird für uns wirklich, wenn es auf uns einwirkt, was aber nicht notwendigerweise besagt, daß es «real», also dinghaft ist. Wenn wir das verstanden haben, begreifen wir auch, warum in der Meditation Dinge plötzlich ganz anders gesehen werden. So entwickelt man zum Beispiel ein Raumgefühl, wobei man sich von einem inneren Zentrum ausgehend in den Raum ausdehnt. Obgleich man sich in einem eng begrenzten Zimmer befindet, fühlt man, daß der Raum überall ist, auch in den Wänden und in den Objekten, die uns umgeben. Konzentriert man sich dann in einem solchen Augenblick auf die Vorstellung des unbegrenzten Weltenraumes, dann wird der Weltenraum zum Bewußtseinsraum.

Anders ausgedrückt: Bewußt gewordener Raum wird Bewußtsein selbst und führt zur Erweiterung des Bewußtseins
und dessen Intensivierung. Das aber bedeutet, daß unser Bewußtsein nur solange auf unsere Körperlichkeit begrenzt ist,
wie wir es auf diesen Körper richten. Öffnen wir es dem
unbegrenzten Raum, dann wird es selber unbegrenzt. Doch
solche Erfahrungen sind von jenem Stadium der Meditation
abhängig, das man jeweils erreicht hat. Man kann etwas Derartiges fühlen, wenn man fähig wurde, sich ganz in seiner
Meditation zu öffnen, was wiederum voraussetzt, daß man
seinen Intellekt hinter sich gelassen hat. Denn intellektuelle
Prozesse können nur den mathematischen Raum erkennen,
wodurch die daraus resultierende Erkenntnis begrenzt ist.
Gelegentlich hört man Leute berichten, daß sie in bestimmten Meditationszuständen Gefühle entwickeln, als flögen sie
durch die Luft. Das heißt natürlich nicht, daß sie mit ihrem
Körper durch die Luft geflogen wären: Wenn unser Geist
fliegen kann, so besteht kein Grund, unseren Körper mit
herumzuschleppen. Um ein Beispiel zu geben: Wenn ich jetzt
an Indien denke, bin ich in einer Sekunde dort; ich kann mir
alles vorstellen, alles fühlen und es auch in jeder Weise erleben. Aber ich weiß zugleich, daß mein Körper hier in
Larkspur ist. Ich verrenne mich nicht in dem Wahn, daß
mein Gefühl «reales» Geschehen widerspiegele, das man vielleicht sogar mit wissenschaftlichen Methoden verifizieren
könne.

Anders ausgedrückt: Ich betrachte psychische Erfahrungen
und Erlebnisse als wahr und auch als «wirklich», weil sie auf
mich als den Erlebenden wirken, und zwar so einwirken
können, daß sie mich in meinem gesamten Verhalten und
Fühlen wandeln. Aber wir sollten solche psychischen Erfahrungen nicht mit einem räumlichen Transfer unseres Körpers
in einen Topf werfen. Buddha war ein Mensch, der vor allem
praktische Durchführbarkeit in den Vordergrund rückte, und
war sehr wahrscheinlich der erste, der so konsequent auch

darauf bestand, daß man alles andere, was nicht zur Befreiung und zum Durchbruch verhilft, beiseite lassen soll.

In diesem Zusammenhang möchte ich noch einmal erwähnen, daß das 6. Jahrhundert vor der Zeitrechnung eine Zeit war, wo sich die Menschen zum ersten Mal ihrer selbst voll bewußt wurden: Es war die Zeit der griechischen Naturphilosophen, des Heraklit, des Laotse, des Zarathustra und vieler anderer Heiliger und Denker. Bis zu dieser Zeit glaubten die Menschen an Götter und alle Arten übernatürlicher Wesen, waren sich aber ihrer eigenen Kräfte nicht bewußt. Und nun trat plötzlich ein Mensch auf – der Buddha – und lehrte, daß man an nichts glauben solle, was sich nicht im eigenen Leben als richtig erwiesen habe. Nur wenn wir seine Lehre wirklich aus eigenem Verstehen und auf der Grundlage unserer eigenen Erfahrungen bejahen können, könne er uns als seine Schüler akzeptieren. Keineswegs aber wolle er, daß wir uns zu seiner Lehre aus Respekt oder Liebe bekennen: Das wäre kein Ausgangspunkt. Wenn wir nicht verstehen, was er lehrte, ist es sinnlos, ihm zu folgen.

So dürfte der Buddha der erste Lehrer gewesen sein, der herausstellte, daß jede Religion in dieser Welt nur dann von Wert ist, wenn sie persönlich erfahren und erlebt wird und daß wir zugleich das verstanden haben müssen, von dem wir sagen, daß wir davon überzeugt sind, daß wir es glauben. Anders ausgedrückt: Unser Glaube muß auf einer allen Menschen zugänglichen Erkenntnis basieren, und diese Erkenntnis muß Ausdruck der voll genutzten geistigen Fähigkeiten sein, die wir in diesem Augenblick besitzen. Dabei ist jedoch die andere Forderung des Buddha zu beachten, daß es sich bei diesen Erkenntnissen nicht um rein abstrakte oder logische Schlußfolgerungen handeln sollte, sondern um Erkenntnisse, die auf selbst Erfahrenem beruhen und die einer ehrlich-kritischen Hinterfragung standhalten. In seinen Diskussionen war der Buddha im allgemeinen sehr tolerant. Sein einziger Maßstab war: «Dies ist heilsam für andere, dies ist heilsam für mich, dies ist heilsam für beide. Dies ist unheilsam für andere, dies ist unheilsam für mich, dies ist unheilsam für beide.» Andererseits ging er zunächst immer auf die Anschauungen anderer Leute ein, ob sie nun heilsam oder unheilsam waren, und führte dann seine Gesprächspartner langsam zur Wahrheit, das heißt, zur Erkenntnis der Wirklichkeit. Wahrheit kann man anderen Menschen nicht verordnen. Was wir können, ist lediglich, andere Menschen und ihren Ausgangspunkt verstehen, um sie dann verstehend zu führen. Ob der andere es annimmt oder nicht, das ist dann allein seine Sache. Doch ein Grundsatz muß festgehalten werden: Ohne das Verstehen der Ausgangslage eines anderen Menschen gibt es keinen Buddhismus.

Ich bin in meinem Leben mit vielen buddhistischen Schulen in Berührung gekommen und habe viele von ihnen studiert. Darunter gibt es einige, die an alle möglichen Wunder glauben und auch viele Dinge für wahr halten, die sich unserer Erfahrung entziehen: Sie schleppen Reste magischen Denkens mit sich herum. Doch auch sie sind Facetten des Buddha-Dharma, die sich in den großen geschichtlichen Zusammenhang einordnen. Und nur wenn wir alle diese Facetten zusammennehmen, gewinnen wir einen Überblick über die historische Entwicklung des Dharma bis zur Gegenwart. Dann sieht man den ganzen Dharma in seiner vollen Entfaltung, einem Baum vergleichbar mit allen seinen Wurzeln, seinem Stamm, seinen Zweigen und Ästen, seinen Blüten und Blättern. Wer nur auf einen der Teile schaut, kann den Baum als Ganzes nicht erfassen, erfährt nicht seine lebendige Dynamik im Wechsel der Zeiten. Es ist die Aufgabe des Menschen der Gegenwart, den Dharma als ein wachsendes, blühendes, lebendiges Ganzes zu sehen, dessen Wurzeln im 6. Jahrhundert vor der Zeitrechnung liegen, aber dessen Blüten jetzt und hier zu finden sind. Und wir müssen das Prinzip verstehen, das den Buddhismus immer lebendig gehalten hat und erhält. Dieses Charakteristikum, das die verschiedensten

Schulen vereint, zu erfassen, ist die Aufgabe, auf die wir hinarbeiten müssen.

Frage: Erlauben Sie noch eine Frage zum Karma – gibt es so etwas wie ein «nationales Karma»?

Govinda: Leute reden von einer Art «nationalem Karma», aber das ist eine recht gefährliche Vorstellung. Wo sind die Grenzen einer Nation oder eines Volkes zu finden? Menschen, die die gleiche Sprache sprechen, haben manchmal auch ein ähnliches Denken, können aber auch sehr verschieden sein. Solange wir uns im Bereich des Allgemeinen bewegen, kann man vieles leicht hineinprojizieren. Aber innerhalb einer solchen Ganzheit dann Gruppierungen zu definieren, ist oft sehr schwer. Wir bewegen uns dann in einem Bereich unklarer, vieldeutiger Begriffe. Man redet von einem amerikanischen, europäischen oder indischen Karma. Vielleicht gibt es auch tatsächlich gewisse länger fortbestehende Charakteristika in diesen Gruppen. Doch diese sind nie so scharf und klar zu definieren wie beim persönlichen Karma. Hinzu kommt, daß viele Leute ihr eigenes Karma damit zu entschuldigen versuchen, daß sie sich als Opfer ihres «nationalen Karmas» betrachten. Hier muß man fragen, warum sie dann bei einer solchen Nation bleiben?

Die Karma-Vorstellung verwirrt die Menschen immer wieder. Ich meine, man sollte sie mehr von der psychischen Seite her betrachten, nämlich als Förderung oder Herabminderung des Charakters durch geistige Intentionen. Und wenn man dann unbedingt solche Begriffe wie richtig und falsch einführen will, dann würde ich sagen: Der falsche Weg ist immer charakterisiert durch alles, was uns bindet – der rechte Weg durch alles, was uns frei macht. Legt man diesen Maßstab an, so liegt man in seinem Verhalten regelmäßig richtig. Es gibt aber noch einen anderen Weg, sich zu orientieren: Jede Handlung, die einen glücklicher macht, ist im allgemeinen richtig, und jede Handlung, die uns unglücklich werden läßt, zeigt, daß etwas verkehrt liegt. Und all das ist keine Frage der Moral, sondern etwas, was unser innerstes Wesen betrifft, unser innerstes Gesetz, mit dem wir in Harmonie sein müssen.

Frage: Im Zusammenhang mit Karma habe ich eine Frage: Wie ist es möglich, daß Karma bzw. seine Folgen von einem Leben auf das nächste übergehen?

Govinda: Buddhisten glauben an die Kontinuität des Lebens. Doch das bedeutet nicht, daß man mit der gleichen Persönlichkeit, die man zur Zeit hat, wiedergeboren wird. Aber unsere nächste Form wird durch unseren gegenwärtigen Charakter, durch das, was wir denken, und das, was wir in diesem Leben sind, bestimmt. Und entsprechend unserem Tun und Denken schaffen wir uns eine Form, die unserem Entwicklungsstand im Augenblick des Todes adäquat ist – eine Form, die optimal dazu geeignet ist, das zu verwirklichen, was an Tendenzen in uns vorherrscht. Die dem Ganzen zugrundeliegende Vorstellung ist, daß alles Leben nach Vollkommenheit strebt, nach Befreiung. Dazu aber ist ein Leben zu kurz. Wir benötigen viele Leben, um alle unsere Fähigkeiten zu entwickeln.

Andererseits: Schon aus psychologischen Gründen brauchen wir Hilfsvorstellungen, die uns motivieren, nicht nur in den Tag hinein zu leben und die kleine Spanne dieses Lebens in jeder Weise auszukosten. «Leben im Hier und Jetzt» ist die Forderung eines bewußten Erfahrens des Daseins und ein Muß auf dem geistigen Pfad. Diese Haltung aber darf nie pervertiert werden zu einer Bewußtseinsverengung, sondern muß von dem Gefühl eines unendlichen noch vor uns liegenden Lebens getragen werden, in dem alle unsere momentanen Situationen in etwas Übergreifendem – in etwas über unser Ich-Sein Hinausweisendem – integriert sind. Auf diese Weise erschaffen wir in uns das Gefühl, daß unser Leben ein gewisses Ziel, einen gewissen Sinn beinhaltet, der realisiert werden muß. Ohne solche Hilfsvorstellungen würden die meisten Menschen in Depressionen und in totaler Inaktivität landen. Denn wenn man denkt, daß man nur geboren wurde, um eines Tages zu sterben, und daß mit dem Tode alles vorbei sei: Warum sollte man dann irgendwelche Anstrengungen machen? Es wäre doch sinnlos. Gegen diesen Hintergrund können wir die psychologische Bedeutung der Reinkarnation abschätzen. Speziell in Tibet (aber auch in Indien, Burma und Ceylon) gibt es viele Leute, die um ihre vorangegangenen Geburten wissen und die sich ihrer erinnern. Aber auch jene, die sich nicht erinnern können, sind davon überzeugt, daß dieses Leben nicht ihr erstes und nicht ihr letztes ist. Und sie alle sind bereit, ihre eigene Zukunft aus diesem hintergründigen Wissen zu gestalten. Die Vorstellung aber, daß man hier und jetzt seine eigene Zukunft gestalten kann, ist so inspirierend, so ins Gewicht fallend, daß sie – gleich, ob man die Wiedergeburt beweisen kann oder nicht – zu einer gewaltigen Triebkraft wird, um das beste aus diesem Leben hier zu machen, um so die Zukunft in immer größerer Vollkommenheit vorzubereiten.

Frage: Lama, wie soll man sich verhalten, wenn Insekten in unsere Wohnung eindringen? Wir sollen ja Leben nicht verletzen: Würde es schlechtes Karma ergeben, wenn man versucht, sie loszuwerden?

Govinda: Buddhas Lehre besagt, daß man von vornherein sein Haus sauberhalten soll, damit Kakerlaken und andere Insekten sich nicht einnisten können…

Frage: Und wie soll man sich verhalten, wenn es Mäuse sind?

Govinda: Nun, wenn man sein Haus richtig sauberhält, dann dürfte man eine Mäuseplage im allgemeinen vermeiden können. Aber wenn Mäuse trotz aller Sorgfalt ins Haus eindringen, dann sind sie sozusagen an einem falschen Platz. Natürlich kann man sie mit nichttötenden Fallen fangen und in der Natur wieder aussetzen. Aber es bleibt in jedem Fall ein belastendes Problem, und besonders in den Tropen, wo es so viele Insekten, Mäuse und Ratten gibt, daß es in den Armenvierteln oft schwer ist, an ihnen vorbeizukommen.

Als Buddhisten sind wir Realisten, und wir erkennen jedem Lebewesen ein Recht auf Leben zu. Andererseits hat auch jedes andere Lebewesen ein Recht, sich zu verteidigen. Der Buddhist ist in seine Eigenverantwortung gestellt, und er allein kann entscheiden und muß entscheiden, was zu geschehen hat. Er wird immer bemüht sein, die Tiere in ihrem Kampf um das Dasein zu verstehen und Mitgefühl aus diesem Verständnis zu entwickeln. So wird er alles versuchen, daß sie nicht in gefährliche und schwierige Situationen kommen. Wichtig erscheint vom buddhistischen Standpunkt, daß man immer sein Bestes tut, um zu verhindern, daß andere Wesen in Konflikt mit unseren eigenen natürlichen Bedürfnissen kommen. Und wenn man das tut, so meine ich, sind wir auf dem rechten Wege. Etwas ganz anderes ist es natürlich, wenn es sich um Menschen handelt, die Lust am Töten finden und dadurch rückwirkend den eigenen Charakter verderben. Menschen, die so leichtfertig Not über andere Wesen bringen, erschaffen in sich selber durch ihr Handeln eine Tendenz zur Grausamkeit. Und diese Grausamkeit wird früher oder später auf sie zurückfallen. Jede gemeine Tat führt letztendlich zur Erniedrigung des Täters. Dabei ist nicht die Handlung selbst so sehr von Bedeutung als vielmehr die innere Einstellung und Haltung. Wenn ein Mensch das Leben anderer Wesen schützen will und achtet, dann erzeugt diese Intention wie von selbst eine richtige Einstellung, und aus dieser fließt ein rechtes Handeln.

Die innere Haltung, Leben zu schützen, wird nun von einigen Jainas in Indien in ein anderes Extrem verkehrt. Sie streuen Zucker um und in ihre Häuser hin, damit die Ameisen ein gutes Mahl haben. Ein Teil ihrer *Munis* (also ihrer Mönche) trägt darüber hinaus Masken vor Mund und Nase, um so das Einatmen von kleinen Insekten zu vermeiden. Doch all das wird getan, um Verdienste für sich zu erwerben.

Mir scheint es besser, durch entsprechende Maßnahmen, wie zum Beispiel Sauberkeit des Hauses, Insektenbefall von vornherein zu verhindern, als in falsch verstandener «Liebe zu allen Wesen» Probleme zu schaffen, derer man nachher nicht Herr wird.

Frage: Mein Gefühl für geistige Realitäten wird oft getrübt und verwirrt durch egoistische Wünsche, die zur Befriedigung drängen. Was soll ich dagegen tun?

Govinda: Wir mißverstehen oft den Sinn unseres Daseins. Das verunsichert uns im Leben. Alles, was unserem emotionalen Bereich Befriedigung gibt und nahegeht, scheint uns von großer Bedeutung. Und alles, was weiter weg liegt, erscheint uns als sehr, sehr fern. Aber wir sollten nicht irrtümlicherweise unsere augenblicklichen Absichten und Ziele für etwas besonders Wichtiges erachten. Wir sollten immer versuchen, uns einen breiteren Ausblick zu schaffen. Deshalb betonte der Buddha immer wieder, daß wir uns nicht nur als Wesen besonderer Umstände fühlen sollten, sondern daß wir erkennen müssen, daß wir mit dem ganzen Universum verbunden sind und daß wir Verantwortung tragen – universelle Verantwortung.

Wenn es uns gelingt, eine konstante Verbindung mit dem Universellen, das über unser enges Ich-Sein hinausgeht, herzustellen, dann erfahren wir, daß unser ganzes Wesen sich erweitert, und wir erfahren, daß höhere Aufgaben unserer harren denn die, derer wir uns jetzt bewußt sind. Das aber wird uns das Kleine vergessen lassen um des Größeren willen. Und wo jetzt noch Zweifel betreffs unseres Tuns und Handelns bestehen, wird dann unsere Frage heißen: Hilft das auf lange Sicht gesehen anderen und mir? Bringt es nur eine momentane Befriedigung und verstärkt noch mein Verlangen und meine Bindung?

Frage: Oft sieht man in Filmen die Tibeter GEBETSMÜHLEN drehen. Das Ganze erscheint mir recht mechanisch, und wenn dann solche Gebetsmühlen noch durch Wasser oder

Wind betrieben werden, so frage ich mich, wie so etwas eine religiös fördernde Praxis sein soll. Können Sie dazu etwas sagen?

Govinda: Das, was man im Westen so herabsetzend «Gebetsmühle» nennt, heißt im Tibetischen *Mani Khorlo*, wörtlich «Juwelenrad», was gleichbedeutend ist mit «Rad des Dharma». Es ist im Grunde ein Hilfsmittel, um die Konzentration des Praktizierenden während der Mantra-Rezitation wachzuhalten. Denn zu leicht nur werden Menschen abgelenkt, wenn andere äußere Eindrücke auf sie zukommen oder wenn sie – statt dem Sinn der Mantra-Rezitation Raum zu geben – es monoton wiederholen und sich so in einen hypnoiden Schlafzustand versetzen. Dann aber vergessen sie, die Hand zu bewegen, wodurch das kleine, an einer Kette befestigte, Schwung gebende Gewicht herabfällt: das Mani Khorlo steht.

Das Sūtra vom «Löwenruf» ist der Ruf des Buddha, wach zu werden. Und hier vergleicht er seine Lehre einem Rad, um die das Wesen des Dharma ausmachende Dynamik zum Ausdruck zu bringen. Und so heißt denn auch die erste Lehrrede, die der Buddha vor seinen Jüngern in Sārnāth bei Benares hielt, *Dharmachakra-pravartāna Sūtra*, oder das Sūtra des «In-Bewegung-Setzens des Rades der Lehre».

An dieses Ereignis soll das Mani Khorlo erinnern. Es soll die Bekenner des Buddha-Dharma daran erinnern, daß dieses «In-Bewegung-Setzen» des Rades der Lehre kein einmaliges Ereignis bleiben darf, sondern von jedem Buddhisten immer wieder neu erfolgen muß. Der Buddha gab nur ein Beispiel, dem wir zu folgen haben. Das aber bedeutet, daß wir nicht einfach an Äußerlichkeiten und Worten kleben sollen oder etwas wiederholen, das für uns keine Bedeutung oder keinen Sinn hat.

Frage: Wenn wir hier in der Gruppe meditieren, höre ich manchmal ein inneres Singen in den Ohren, das irgendwie mit dem «OM» in Verbindung zu stehen scheint. Was ist das?

Govinda: Dieses Klingen nennt man in Indien *Shabda*: Shabda heißt einfach «Klang». Es ist eine allgemeine Erfahrungstatsache, daß wir, wenn es um uns ganz ruhig und still ist, unterschiedlichste Töne hören können. Die alten Sanskrittexte weisen darauf hin, daß diese Klänge den Tönen einer *Vina* (ein indisches Saiteninstrument) oder des Donners, einer Flöte oder eines Vogelrufes ähnlich sein können. Von der Erfahrung ausgehend, daß alle diese verschiedenen Klänge gehört werden können, entwickelte man in Indien einen speziellen Meditationstyp: den *Shabda-Yoga*, wo man auf diese inneren Töne als Mittel der Konzentration lauscht, etwa so wie man sich in einigen anderen Yoga-Arten auf ein Sehobjekt konzentriert, zum Beispiel auf eine Flamme, eine bestimmte Göttergestalt oder den weiten blauen Himmelsraum. Mit anderen Worten, alle Objekte sinnlicher Erfahrung können als Konzentrationsmittel benutzt werden. Und im Shabda-Yoga benutzt man nun jene inneren Klänge, von denen es heißt, daß die unterschiedlichen Tonqualitäten unterschiedliche Bewußtseinsebenen charakterisieren. So tritt verhältnismäßig häufig der Klang von Glocken auf, der zu einem hellwachen Bewußtseinszustand führt. Und dieser Glockenklang kann so intensiv werden, daß man nach einer gewissen Zeit nicht mehr sagen kann, ob er von innen oder von außen kommt: Man hört wunderbare Glocken und stellt plötzlich fest, daß niemand außer einem selbst diese Glocken hört.

Frage: Können Sie uns etwas sagen zur Bedeutung und zur Wirkkraft von MANTRAS?

Govinda: Ich bin oft gefragt worden, ob Mantras eine Kraft in und aus sich selbst heraus hätten, die sich allein durch das Aussprechen des Lautes manifestiert, unabhängig davon, ob man ihren Sinn kennt oder nicht. Nun, eine solche Annahme widerspricht völlig der alten buddhistischen Vorstellung. Der Buddha vertrat – im Gegensatz zur brahmanischen Religion – den Standpunkt, daß man sich nicht auf Magie oder magische Vorstellungen stützen solle, sondern vielmehr auf die umgestaltende und verwandelnde Kraft des eigenen Herzens.

Wenn man sich Übungen oder Mantras verschreibt, die man nicht versteht, dann mag das eine fromme Beschäftigung sein oder etwas, was einen einfach beruhigt wie eine Schlaftablette. Aber eine geistige Entwicklung kann man auf diese Weise nicht erzielen. Es ist eine Art Selbsttäuschung, wenn man ein Mantra übt, das einem ohne Erklärung der Richtung gegeben wurde, und zu dem man auch keine direkte Beziehung hat.

Damit will ich nicht sagen, daß man verstandesmäßig den ganzen Inhalt eines Mantras erfaßt haben muß, noch daß man die Bedeutung jedes Wortes kennen muß. Es ist gut, dergleichen zu wissen. Aber wichtiger ist es, eine innere Verbundenheit mit dem Mantra entweder durch den Guru oder durch die entsprechende Visualisierung eines inneren Bildes herzustellen. Dann nämlich bekommt man eine Ahnung von dem, was die innere Richtung dieses Mantras ist, und steht mittels des Mantras mit seinem Schaubild in Verbindung, gleich ob man geht oder spricht oder seiner allgemeinen Tagesbeschäftigung nachgeht.

Um jedoch dahin zu gelangen, ist es zunächst einmal nötig, einen spirituellen Hintergrund zu erschaffen, einen Hintergrund, der zum Beispiel in Indien so allgemein ist, daß ihn auch die einfachsten Menschen von klein auf mitbekommen. Sie sind mit ihm und den zugehörigen Mantras und Vorstellungen aufgewachsen und leben in einer entsprechenden religiösen Atmosphäre. So hat beispielsweise das Wort *Rāma* für sie von vornherein eine tiefe Bedeutung. Es bedeutet ihnen soviel wie dem Abendländer das Wort «Gott», mit dem dieser aufgewachsen ist. So entsteht im Inder, der dem religiösen Gefühl noch nicht entfremdet ist, beim Hören und Denken an das Wort «Rāma» spontane Hingabe, Verehrung und ein Aufdämmern der Sphäre des Heiligen. Wenn man aber nun einem Menschen des Westens, der diesen Hintergrund nicht mitbekommen hat, das Wort «Rāma» als Mantra gibt, dann ist das für ihn ein leeres Wort, etwas ohne Sinn und hat deshalb – weil die innere Ausrichtung des Meditierenden fehlt – keinen Effekt: Das Rezitieren bleibt ein rein mechanischer Vorgang.

Frage: Mantras sollen doch Schutz gegen Gefahren bieten. Wie steht es damit?

Govinda: Die Leute wissen oft nichts über die Bedeutung von Mantras. Sie wissen nur, daß es für irgend etwas gut sein soll. Da sie innerlich verunsichert sind und Angst haben, meinen sie, daß das «Für-etwas-gut-Sein» Schutz ist. Aber Schutz vor was? Es gibt da beispielsweise das Mantra der zehn Mächtigkeiten, das in einer Blockkalligraphie über fast jedem tibetischen Tempel steht. Über die Bedeutung dieses Mantras könnte man ein ganzes Buch schreiben, da seine Formel alle Lehren des Mahāyāna beinhaltet, ja sogar all das, was in all den Jahrhunderten nach Buddha erarbeitet wurde. Und wenn man sich das meditativ innerlich erarbeitet, dann gelangt man zu dem, was unaussprechlich ist – man gewinnt die große Freiheit, wo alle Angst und alle Unsicherheit enden.

Frage: Als wir uns hier das erste Mal trafen, rezitierten Sie einen Palitext. Was besagte er?

Govinda: Er besagt: «Alle Buddhas der Vergangenheit, alle Buddhas der Gegenwart, alle Buddhas der Zukunft verehre ich.» Damit bringen wir zum Ausdruck, daß wir nicht meinen, es gäbe nur den einen historischen Buddha. Wir glauben vielmehr, daß es vor ihm Buddhas gab, wie es auch in der Gegenwart und Zukunft solche gibt und geben wird. Mit anderen Worten: Die Vorstellung von Buddhaschaft ist nicht an eine bestimmte Zeitepoche gebunden. Erleuchtete hat es immer gegeben und wird es immer geben.

Frage: Kann es auch Mantras in unserer alltäglichen Muttersprache geben?

Govinda: Ich meine, es wäre möglich. Doch das würde dann eben in unserer Sprache «Dichtung» heißen. Ein Gedicht berührt etwas in uns aufgrund der Unmittelbarkeit seiner Vorstellungen und hat durch seine Gerichtetheit beschwörende Eigenschaften. Und das, was uns in einem Gedicht anspricht, das könnte in gewisser Weise und in bestimmten Fällen das sein, was einem Mantra ähnlich ist. So könnte beispielsweise für einen Christen das «Vaterunser» ein Mantra sein, das durch den Gebrauch über Jahrhunderte im menschlichen Geist eine Heiligung erfuhr. Es löst das Gefühl des Heiligen, der Verehrung und des Glaubens aus. Das aber heißt, daß bestimmte Formen Mantras werden können, wenn man sie als solche längere Zeit benutzt. Andererseits ist es schwer, im Westen Mantras in unserer Sprache zu erschaffen, es sei denn, man wäre ein großer Dichter.

Frage: Noch eine ganz andere Frage: Wollen Sie nicht einmal eine Autobiographie schreiben?

Govinda: Der Weg der weißen Wolken ist eine Autobiographie. Die Verleger forderten mich auf, eine Autobiographie zu schreiben. Ich dachte, meine Lebensgeschichte ist nicht wichtig für andere Leute: Das ist sie nur für mich. Und so schrieb ich nur über jene Periode meines Lebens, die mit dem Dharma eng verbunden ist.

Frage: Haben Sie jemals mit den Jungianern zusammengearbeitet?

Govinda: Ja, ich stand einmal zeitweise mit dem Jung-Institut in Zürich in Verbindung, zumal ich ein großer Verehrer von C. G. Jung bin. Seine Vorstellungen von den Archetypen sind meines Erachtens eine der wichtigsten Entdeckungen dieses Jahrhunderts. Allein dieses Konzept ist von solcher Bedeutung, daß man von ihm ausgehend östliches Denken und östliche Mystik besser verstehen kann. So bin ich der Meinung, daß menschliche Psychologie sich nicht nur auf das einzelne menschliche Individuum bezieht, sondern eine Psychologie des Menschlichen schlechthin ist.

Frage: Als ich vor einigen Jahren zu meditieren begann, hatte ich eine interessante Erfahrung. Sie war beeindruckend schön, und ich habe immer herumgerätselt, was sie wohl bedeutet: Ich war in einer Kristallhöhle, und um mich herum waren überall Kristalle. Auch war dort ein indigoblauer Teich am Grunde der Höhle und ein wunderbar weißes Licht in der Mitte – ich habe niemals ein Licht wie dieses gesehen.

Govinda: Das ist eine sehr bedeutsame Erfahrung, weil – entsprechend dem Mandala-Symbolismus – das weiße Licht die positive Seite der Shūnyatā zum Ausdruck bringt, also die aktive Seite des Universums. Das Indigoblau des Teiches dagegen ist ein «negatives» Shūnyatā-Symbol, und da Blau und Weiß somit als die zwei höchsten Farbsymbole anzusehen sind, bedeutet das in einem Traum oder einer Schau, daß man eine Art innerer Befreiung gefunden hat oder zumindest einen gewissen Fortschritt in dieser Richtung erzielt hat. Blau und Weiß reflektieren die kosmische Wirklichkeit. Und was den Kristallsymbolismus betrifft, so heißt es beispielsweise in der buddhistischen *Kegon*-Schule (Schule des japanischen Mahāyāna), daß die Lehren der verschiedensten buddhistischen Schulen die Facetten eines großen Kristalls sind.

Vielleicht kennt auch der eine oder andere von Ihnen die Legende von «Maitreyas Turm», in dem sich zahllose Spiegel befinden und wo jeder Spiegel all die anderen Spiegel reflektiert. Und obwohl diese Reflexion in jedem Spiegel vollständig ist, weil jeder Spiegel alle anderen Spiegel reflektierend in sich aufnimmt und somit beinhaltet, so ist sie doch in jedem anders, weil jeder Spiegel all die anderen von seinem speziellen Standort reflektiert, wodurch seine Reflexion einmalig ist und damit – obwohl gleich – doch unterschiedlich von allen anderen. So reflektieren auch alle Schulen des Buddhismus das eine Licht des Dharma, und doch ist keine für sich allein im Besitz «der ganzen Fülle dieses großen Lichtes», das allein im Insgesamten der Schulen – dem Turm Maitreyas – sich reflektierend offenbart.

Die Lehren der Kegon-Schulen wurden fast vollständig von der *Tendai*-Schule in deren weitaus umfassendere Darstellung des Dharmas integriert. Diese Sekte, die heute über keine große Anhängerschaft mehr verfügt, war neben der *Shingon* einmal eine der mächtigsten Schulen Japans. Ihre Lehre ist eine tiefgründige Interpretation und umfassende Darstellung des Buddha-Dharma, aber sie ist so schwer verständlich, daß nur wenige sich ihr heute annähern. Das moderne Japan neigt mehr zu der populären *Jōdo-shin-shū*, die einen leichteren Weg zur Befreiung zu lehren scheint.

In Kegon und Tendai wird Studium gefordert: Man muß all die verschiedenen Schulen kennen, die unterschiedlichen philosophischen Darstellungen sich zu eigen machen und die verschiedensten Zweige des Buddhismus studieren. Das erfordert das Bemühen um den Erwerb eines großen Wissens und macht diese Schulen natürlich nicht sehr populär. Tendai hat auch eine große Ähnlichkeit mit Shingon: Sie entstanden etwa zur gleichen Zeit. Doch Shingon – das japanische Vajrayāna – erreichte nie die Verbreitung wie Tendai, obwohl beide zu Beginn die größten Schulen Japans waren, die schließlich in den nachfolgenden Jahrhunderten von Jōdoshin überflügelt wurden. Die Tendai-Tempel aber, mit ihren Bibliotheken und anderen so schönen Gebäuden, bestehen noch in Japan und repräsentieren die universalste Schule des Buddhismus. Das alte zentrale Kloster der Schule liegt am Fuße des Berges Hiei und beinhaltet die wichtigsten religiösen Objekte. Die anderen Tempelanlagen, die wohl zu den schönsten Japans zählen, liegen weiter oben tief im Gebirge.

Ich kam hier auf Tendai und Shingon zu sprechen, weil diese Schulen des japanischen Buddhismus einen ausgeprägten Sinn für Farben haben: Alles erscheint in einem wunderbaren Blau-, Rot- und Goldton. Der Unterschied wird einem besonders bewußt, wenn man hinterher in ein Zen-Kloster geht, wo alles düster wirkt, obwohl sie dort nur naturfarbene Hölzer in wirklich künstlerischer Form gebrauchen. Aber für mich haben die Shingon- und Tendai-Tempel mehr Leben: Die hellen Farben vermitteln Freude, und das leuchtende Rot und Gold der Säulen läßt das Gefühl des Festlichen in uns entstehen.

Frage: Aber, Lama, warum habe ich diesen Traum gehabt?

Govinda: Sie müssen damals eine gewisse innere Entwicklung durchgemacht haben. Wenn dem so war, dann müssen Sie sich damals sehr glücklich gefühlt haben. Menschen fragen mich immer wieder nach dem Zeichen für den Fortschritt in der Meditation ... Ich weise immer wieder auf die FREUDE und das GLÜCKSGEFÜHL hin. Empfindet man das nach einer Meditation oder nach einem Erlebnis, so ist es ein Zeichen, daß man vorangekommen ist. Menschen, die verbissen in der Meditation nach «Ergebnissen» streben und diese «erarbeiten» wollen, nehmen sich das Beste – die Freude – und blockieren sich das Voranschreiten.

Buddhismus und die Psychologie C. G. Jungs

Während seiner Gastprofessur an der *Southern Methodist University* in Dallas (1972) führte Lama Govinda auch öffentliche Diskussionen mit Fachwissenschaftlern.* Zu dem Thema Buddhismus und die Psychologie C.G. Jungs** hier ein Gespräch mit Dr. James Hall, einem Psychiater und Jungschen Therapeuten.

Hall: Wir wollen versuchen, Buddhismus und Jungsche Psychologie zu vergleichen, um zu sehen, wo es Ähnlichkeiten gibt und wo Unterschiede bestehen. Vielleicht ist das Mandala ein guter Ausgangspunkt dafür. Ich habe mir gedacht, daß wir zuerst über die Vorstellung dessen sprechen, was Menschsein ist, und dann über die Vorstellung, die man in der Jungschen Psychologie den «Prozeß» nennt: den Prozeß der Individuation, der möglicherweise derselbe ist wie ein Entwicklungsprozeß im Buddhismus oder in gewisser Weise mit ihm verwandt sein könnte, um dann über die Techniken und den Vergleich von Techniken zu sprechen.

Govinda: Nun, in diesem Fall meine ich, wir sollten zuerst einmal über die Jungsche Psychologie sprechen, denn wenn wir mit dem Mandala beginnen, dann dürfte uns das weit von unserem Thema wegführen, und es ist dann schwierig, darauf

*   Siehe auch «Gespräche über Meditation», S. 100 ff.
** Siehe auch «Chamba-Gespräche», S. 56 ff.

wieder zurückzukommen. Wenn Sie Ihre Ausführungen mit der Jungschen Schule beginnen, kann ich darauf eingehen und versuchen, eventuelle Parallelen dazu im Buddhismus beizusteuern.

Hall: Ganz allgemein gesprochen besteht eine der grundlegenden Anschauungen, mit denen man sich in der Jungschen Psychologie und allen anderen Arten der Tiefenpsychologie auseinanderzusetzen hat, darin, die Persönlichkeit als etwas zu betrachten, das irgendwie aus Teilen besteht, aber zugleich auch als Ganzes gesehen werden muß. Es ist so, als ob dieses Etwas in uns, welches «ich», «ich denke», «ich fühle» usw. sagt, zugleich eine innere Welt kennt, die für dieses Etwas in eben der gleichen Weise Realitätscharakter besitzt wie die äußere Welt mit ihren Menschen, Büchern und anderen Objekten. So befaßt sich das Ego – der «Ichsager» – simultan mit zwei Welten. Und so gibt es innen wie außen gleichermaßen Dinge, die als «objektiv» empfunden werden. Verglichen mit der allgemein menschlichen Betrachtungsweise, für die die Welt einfach das ist, was man außen sieht, ist das aber eine sehr radikale Anschauung. Und eben das unterscheidet meiner Meinung nach die Psychologie C. G. Jungs und auch andere Formen der Tiefenpsychologie von den mir oberflächlich erscheinenden Anschauungen der Hochschulpsychologie.

Govinda: Ja, Jung betrachtet Bewußtseinsinhalte als ebenso real existierend wie die äußere Wirklichkeit. Und das ist ganz richtig. Tatsächlich legt man im Buddhismus sogar einen größeren Nachdruck auf die inneren Realitäten, weil das, was wir außen sehen, in Wirklichkeit nur Ausdruck jenes Abbildes ist, das uns durch unsere Fähigkeit, die Dinge zu verstehen, vermittelt wird.

Hall: Wir nehmen auch in der Jungschen Psychologie an, daß die Dinge aus den verschiedensten Teilen der Psyche kommen können. Es gibt Inhalte, die vom «Schatten» her resultieren und die dann auf irgendeine Person in der Außenwelt projiziert werden, obwohl sie in Wirklichkeit Bestandteil der eigenen Person sind, aber aus irgendeinem Grund abgespalten wurden. Und es mag auch etwas dem eigenen «Selbst» Zugehöriges sein, das man nicht wahrnehmen möchte. Dabei handelt es sich gewöhnlich um etwas Negatives oder etwas, das man nicht akzeptieren will. Aber es kann auch manchmal etwas sehr Positives sein. Es könnte beispielsweise eine sehr gute Eigenschaft sein oder etwas, was man braucht, aber das man aus irgendeinem Grund, der vielleicht in der Kindheit oder in vergangenen Erfahrungen liegt, unterdrückt hat. Gibt es nun im Buddhismus irgendeine Parallele zur Jungschen Vorstellung vom «Schatten»?

Govinda: Ja, in einer gewissen Weise. So sagt man zum Beispiel besonders im tantrischen Buddhismus, daß wir uns durch eben das, was uns zu Fall gebracht hat, auch erheben können. Anders ausgedrückt: Uns bringt das zu Fall, was wir als unsere Schwächen verwerfen, bzw. jene Fakten, die wir uns nicht eingestehen wollen. Akzeptieren wir sie aber und lassen sie zu, so können wir sie in Aktivposten verwandeln. Und das, so meine ich, wäre eine Art Transformation des «Schattens» in eine positive Eigenschaft. Überhaupt ist die Vorstellung des Schattens sehr schön. Sie ist nicht nur sehr bildhaft, sondern auch sehr überzeugend, als eine Möglichkeit, die Dinge neu und anders zu betrachten. Ich bin überzeugt, daß dieses Bild vom Schatten eine der genialsten Formulierungen Jungs ist. Es war doch seine Idee? Soweit ich mich erinnere, hat Freud nie solche Worte und Symbole verwendet. Freud spricht von einem «Es», aber mehr im negativen Sinn. Auch sein «Unbewußtes» ist, nach meinem Verständnis, etwas sehr Negatives, da es nur eine Art Ansammlung all jener Dinge ist, die wir verdrängen und negieren. In Jungs Psychologie dagegen ist das Unbewußte, soweit ich verstanden habe, eher ein Speicher all der göttlichen und universellen Kräfte in uns, ohne daß damit irgendeine negative Vorstellung verbunden wird. Es wird vielmehr zu dem, was wir daraus machen.

Hall: Es vermag sich zu wandeln, abhängig davon, welche Beziehung man dazu eingeht. So kann beispielsweise etwas im Unbewußten in einer dämonischen Form erscheinen oder auch in einer anderen furchterregenden Gestalt. Doch das besagt nicht notwendigerweise, daß dies gefährlich ist. Es kann auch ganz einfach bedeuten, daß sie die Aufmerksamkeit des Ego auf sich ziehen will.

Govinda: Nun, hier bestehen wieder Parallelen zum Buddhismus, denn wir glauben an die «göttlichen» Kräfte in den dämonischen Gestalten. Das aber bedeutet, daß selbst die furchterregendsten «Dämonen» in Wirklichkeit nur die uns abgewandte Seite der «Götter» sind, das heißt der göttlichen Eigenschaften, die uns deshalb furchterregend erscheinen, weil wir sie nicht verstehen. Das, so meine ich, kommt den Jungschen Ideen sehr nahe.

Hall: Sie erwähnten dies im *Weg der weißen Wolken* – ich glaube, das war im Zusammenhang mit dem Bericht, als Sie und Li heimlich den Tempel aufsuchten, um den *Yamāntaka*, eine furchterregende Gestalt, zu sehen. Doch wenn ich mich recht erinnere, so befand sich ganz oben auf der Pyramide der Köpfe dieser Gestalt das Haupt des *Mañjushrī*. Was bedeutet das?

Govinda: Mañjushrī ist die Verkörperung der göttlichen Weisheit. Die Gestalt des Yamāntaka ist in Wirklichkeit eine Darstellung all der verschiedenen Schichten der menschlichen Persönlichkeit: von den animalischen über die menschlichen bis hin zu den göttlichen. Sie alle sind ständig da, ständig in uns präsent. Sehen Sie, das Tier ist in uns genauso gegenwärtig wie das Göttliche, und nur durch die Weisheit können wir diese verschiedenen Eigenschaften immer neu integrieren. Denn auch die animalischen Eigenschaften sind Ausdruck der Vitalität bzw. gewisser «Lebensgeister», die verstanden und gezähmt oder durch höhere Erkenntnis und Wissen in eine aufwärtsweisende Richtung gebracht werden müssen. Und so deutet das Haupt des Mañjushrī als oberstes auf der Pyramide von Köpfen auf die letztendliche Verwirklichung der Integration aller Schichten unseres Menschseins hin.

Hall: Muß man nun alle diese Gestaltungen als unterschiedliche Manifestationen einer archetypischen Eigenschaft betrachten?

Govinda: Ich würde sagen, sie sind Manifestationen vieler archetypischer Eigenschaften, weil die ursprüngliche Form Yamāntakas *Yama***** ist. Yama aber ist der Gott des Todes. Und der Herr des Todes wiederum ist eine Gestalt, die uns schrecklich erscheint, weil wir den Tod fürchten. In Wirklichkeit aber ist er eine andere Form des Göttlichen. Denn Tod, recht verstanden, bedeutet Wandel, und Wandel ist für die Entwicklung, ist für das Erreichen höherer Bewußtseinsstadien unerläßlich. Die Überwindung des Todes wird daher als ein furchterregendes Symbol dargestellt, als dessen Wesenskern sich Mañjushrī offenbart. Der Name Yamāntaka setzt sich zusammen aus *Yama* und *Antaka*. Antaka bedeutet Eroberer, Überwinder. Yamāntaka ist also der Überwinder des Todes. Da der Tod aber als etwas Furchterregendes empfunden wird, muß Yamāntaka noch furchterregender sein, um ihn zu überwinden. Aber über allem Furchtbaren erblickt man das gütige, wohlwollende Haupt Mañjushrīs. So ist diese Gestalt Ausdruck einer sehr schönen und sehr tiefen Symbolik, denn sie ist in der Tat ein Abbild der gesamten menschlichen Psyche in all ihren verschiedenen Formen, dargestellt durch die vielen Gesichter, die sich zwischen dem Tierkopf und dem Haupt Mañjushrīs befinden. Da sieht man viele dämonische Köpfe in verschiedenen Farben und Formen und mit unterschiedlichem Gesichtsausdruck. Und alle weisen auf die verschiedenen Bewußtseinsdimensionen hin.

---

* Yama war ursprünglich der erste Mensch, der dann zum Herrscher im Bereich des Todes und im Buddhismus zum Herrn über die «Höllen» wurde.

Hall: In der Jungschen Psychologie gibt es die Vorstellung von der *Anima*. Dies ist ein schwieriger Begriff: Es ist die weibliche Imago im Geist des Mannes, während die männliche Imago im Geist der Frau *Animus* genannt wird. Bei dem wenigen, was ich vom Buddhismus weiß, kenne ich nichts, was dazu eine Parallele wäre.

Govinda: Es gibt im Buddhismus so etwas wie eine Parallele, die im gleichen Sinn zu deuten wäre: die Gestalt der *Prajñāpāramitā*, die Verkörperung der höchsten transzendenten Weisheit, die als weibliche Gottheit dargestellt wird. Und neben ihr gibt es noch viele andere weibliche Gestalten, die «Anima»-Charakter haben: teils als «dämonisch» auftretende Initiations- und Intuitionsgottheiten (*Dākinīs*), teils als überwiegende Verkörperungen von Liebe und Mitleid, wie die *Tārā* in ihren verschiedenen Erscheinungsformen, die im Buddhismus partiell eine ähnliche Rolle spielt wie die Madonna im Christentum. Der Mythos besagt, daß sie aus einer Träne des Mitleids des *Avalokiteshvara* entstanden sei. Von diesem aber, der als die höchste Verkörperung des Mitleids gilt, sagt der Mythos, daß er – eben zur Erleuchtung durchgebrochen – von einem Notschrei bewegt noch einmal auf die Welt hernieder schaute. Was er sah, erschütterte ihn so, daß er vor Trauer und Verzweiflung nur den einen Wunsch verspürte, allen Wesen zu helfen. Und er fragte sich: «Wie kann ich, der ich nur einen Kopf und zwei Hände habe, dies vollbringen?» Und – so heißt es – in diesem Moment tiefster Verzweiflung sei ihm sein Kopf in tausend Stücke zersprungen, und jedes Stück wurde ein neuer Kopf auf seinen Schultern. Aus seinem Leibe aber schossen tausend Arme und Hände. «Tausend» aber will besagen «unzählbar viele» und bedeutet, daß seine Hilfe allgegenwärtig ist, wo Wesen in ihrer Not ihn anrufen. Doch noch eins läßt uns der Mythos wissen: in jeder Hand erschien ein Auge!

Hall: Warum ein Auge in jeder Hand?

Govinda: Weil geben ohne Weisheit sich oft als schädlich

erweist. Liebe und Mitleid müssen immer mit Weisheit und Wissen zusammengehen. Denn Liebe ohne Wissen verfehlt oft ihre beabsichtigte Wirkung, verkehrt sie ins Gegenteil. Wissen ohne Liebe aber ist kalt, bleibt an der Oberfläche. Nur wenn Liebe und Wissen zusammengehen, dann kann man – nach buddhistischer Ansicht – wirklich helfen. Wenn man sich Statuen von Avalokiteshvara anschaut, so sieht man bald, daß es verschiedene Formen von ihm gibt. Manchmal wird er mit tausend Armen und Händen dargestellt, und die Arme sind so angeordnet, daß sie seinen Körper wie eine Aura umgeben. Und wenn man diese Aura etwas näher betrachtet, dann sieht man, daß sie tatsächlich aus tausend Armen und Händen besteht und daß jede Hand deutlich fünf Finger hat und ein Auge in der Innenfläche. Von weitem aber sieht das wie eine wunderschöne goldene Aura aus. Daneben gibt es auch Darstellungen mit acht, vier oder zwei Armen, von denen jede eine unterschiedliche Bedeutung hat, je nachdem, ob sie dem *Dharmakāya*, dem *Samboghakāya* oder dem *Nirmānakāya* zugeordnet wird, bzw. der universellen, der idealen oder der menschlichen Ebene. Und jedesmal haben alle diese Arme und Hände eine spezifische Bedeutung – das ist das Komplizierte an der Ikonographie. Die Ikonographie aber kann man ohne die Kenntnis des entsprechenden *Sādhana* – also ohne Meditationspraxis – nicht verstehen.

Diese meditativen Übungen (Sādhana) wurden in vielen Werken aufgezeichnet, und es gibt für jeden Sādhana eine genaue Anweisung, wie man vorzugehen hat. So wird das *Bīja-Mantra* beschrieben – die Keimsilbe, aus der man die jeweilige Gestalt entstehen läßt –, ferner die Farbe, der Klang und das Bild, das man Stück für Stück aufbauen muß. Und hier wird deutlich, daß Imagination im Buddhismus kein wildes Phantasieren ist, wo man tun und lassen kann, was man will, sondern vielmehr eine Art «geführte Imagination». Man benützt die Vorstellungskraft, um das Bild oder das Symbol

Stück um Stück aufzubauen, bis es für einen selbst eine wirkende Wirklichkeit wird.

Hall: Unter «wirklich» verstehen Sie wohl, daß Sie das Bild jederzeit, wann immer Sie wollen, vor sich entstehen lassen können?

Govinda: Ja. Und dazu benötigt man das Mantra, weil das Mantra den Prozeß der Visualisierung einleitet: Es ruft ein bestimmtes Empfinden in uns wach, und über dieses Gefühl ruft es ein bestimmtes Bild hervor, eine bestimmte Farbe, einen bestimmten Klang und so fort. Und da dies alles so ausführlich beschrieben und anschließend noch bis ins kleinste Detail durch den Guru erklärt wird, ist man dann tatsächlich in der Lage, den ganzen Prozeß ablaufen zu lassen. Dazu aber braucht man lange Meditationsperioden: Man fängt mit ganz einfachen Dingen an, konzentriert sich vielleicht nur auf ein einziges Symbol und geht erst dann zum nächsten weiter, wenn man diese erste Übung gemeistert hat. Man beginnt mit den abstrakten Formen, geht dann über zu den Symbolen und nähert sich schließlich dem menschlichen Bereich. So geht man stufenweise vorwärts.

Hall: Man beginnt also mit dem Abstrakten und nähert sich allmählich dem Konkreten?

Govinda: Nun, man beginnt mit einem Klang. Dieser Klang stellt sich dar durch eine Farbe und ein Bīja-Mantra, das ebenfalls eine bestimmte abstrakte Form hat. Aus ihm entsteht ein Lotus, der sich öffnet und dessen Fruchtboden als eine Mond- oder Sonnenscheibe sichtbar wird. Und dann schaut man schöpferisch-gestaltend gemäß ikonographischen Vorgaben eine Gestalt, die aus dem Lotus hervorwächst. Währenddessen wiederholt man innerlich das Mantra, das mit der jeweiligen Übung verbunden ist, wobei auf jeder Stufe der Übung unterschiedliche Mantras anzuwenden sind. Bei der Schaubildentfaltung wird man zunächst nur einen sehr schwachen Umriß der Gestalt sehen. Dann muß man alle Schmuckstücke visualisieren, die die verschiedenen Tugen-

den und Kräfte des erstrebten Geisteszustandes darstellen.
Und wenn man diese ganz deutlich vor Augen hat, muß man
eines nach dem andern auf die Gestalt übertragen und solange
daran arbeiten, bis die ganze Gestalt vollständig und vollendet
vor dem geistigen Auge steht. Dies ist nur eine sehr grobe
Erläuterung. Wie kompliziert das Ganze sein kann, sehen Sie
daran, daß ein vollständiges Mandala, wie zum Beispiel das
Demchok-Mandala (skrt.: *Chakrasamvara*- oder *Mahāsukha*-
Mandala), bis etwa 160 Gestalten umfaßt. Für jede von ihnen
soll man – gemäß der Tradition – ihr Mantra hunderttausend-
mal wiederholen. Nun können Sie sich vorstellen, daß man
für die 100 000 Wiederholungen dieser 160 verschiedenen
Mantras – rein technisch gesehen – sehr lange, sicherlich
mehrere Monate braucht. Doch die bloße Wiederholung
reicht nicht aus. Viel entscheidender ist es, daß man während
der Rezitation den Geist vollkommen darauf konzentriert,
sonst muß man wieder von vorne beginnen. Die Intensität ist
wichtiger als die Quantität. Ich bin daher nicht der Meinung,
daß es auf die Zahl der mechanisch schnell «herunterge-
beteten» Mantras ankommt, denn der alleinige Sinn der Man-
trarezitation ist, das innere Bild der damit verbundenen
«Gottheit» vor dem inneren Auge zu festigen.* Sie können
sich vorstellen, daß das bei komplizierten Mandalas eine Auf-
bauarbeit ist, die über Monate, ja über Jahre geht, ehe man
sich ausreichend innerlich vorbereitet hat. Natürlich gibt es
auch einfachere Mandalas, die beispielsweise nur neun Sym-

---

* Lama Govindas Übungsanweisung an seinen engeren Schülerkreis
  lautet: «Was immer du tust: tue es voll bewußt! Keine Routine und
  Automatik bei Wiederholung von Mantras und eventuellen physi-
  schen Begleitübungen: Sie sind keine Gymnastik! Zähle nicht die
  Mantras und Übungen, sonst bist du mehr auf das Zählen konzentriert als auf die bewußte ganzheitliche und sinnbewußte Gestaltung des mantrischen Vollzugs. Nicht die Anzahl der rezitierten
  Mantras oder Übungen ist entscheidend, sondern allein die Intensität der Konzentration deines Bewußtseins.»

bole oder Gestalten beinhalten. Ob man Symbole verwendet oder göttliche Gestalten, ist an sich ohne Bedeutung. Doch ob greifbar erscheinende oder abstrakte Form: Man muß sich jederzeit ihrer Bedeutung voll bewußt sein. Sie können sich vielleicht vorstellen, daß diese Praxis schöpferische Bewußtseinszustände und Kräfte hervorgebracht hat, die, so meine ich, in anderen Kulturen kaum vorstellbar sind. Diese Methode bewies über 1500 Jahre lang besonders in Indien und Tibet ihre Brauchbarkeit für den meditativen Prozeß. Tausende und Abertausende haben sie geübt, und man hätte sie bestimmt längst fallenlassen, wenn sie den in sie gesetzten Erwartungen nicht entsprochen hätte.

Hall: Welche Praxis in der westlichen Psychologie käme Ihrer Meinung nach dieser Übungsart am nächsten?

Govinda: Sehen Sie, die westliche Psychologie hat in gewisser Weise diese Fähigkeiten des Geistes vernachlässigt; denn wenn man beispielsweise gedruckte Bücher bekommen kann, muß man sich nicht mehr auf sein Gedächtnis verlassen. Man hat Wörterbücher und Lexika, in denen man alle Fakten nachschlagen kann – jede chemische Formel, jedes historische Ereignis, einfach alles! Uns stehen heute riesige Mengen an Informationsmaterial zur Verfügung. So hat der Mensch des Westens durch mangelnde Übung weitgehend die Fähigkeit verloren, sich zu erinnern, während man im Osten noch immer diese geistige Funktion pflegt und trainiert, so daß man dort noch Menschen findet, die wandelnde Bibliotheken sind.

Hall: Als Sie vorhin darüber sprachen, wie man Bilder im Geiste aufbaut, fragte ich mich, ob es irgend etwas Adäquates in der Jungschen bzw. in der analytischen Psychologie gibt. Doch mir fällt nichts dergleichen ein. Es gibt natürlich den Prozeß des aktiven Imaginierens, in dem man auch so etwas wie Bilder aufbaut. Dürfte das dasselbe sein wie der Aufbau einer Mandala-Struktur?

Govinda: Nun, in der von der ikonographischen Vorlage

geführten Imagination der Mandala-Meditation wissen Sie genau, was Sie tun, und können Stück für Stück das Schaubild ganz bewußt aufbauen.

Hall: Offensichtlich baut man sich hier etwas auf, das man sich selbst ausgewählt hat, und nicht etwas, was einem vorgegeben wurde?

Govinda: Nicht ganz. Sicherlich wird es durch die Tradition in seiner Richtung bestimmt und wurde auch nach allen Seiten ausprobiert. Mit anderen Worten: Man arbeitet hier nicht mit einer persönlichen Vorstellung oder mit individuellen Symbolen, sondern mit Symbolen, die supraindividuell oder archetypisch sind. Sie sind archetypisch, weil sie durch viele Generationen hindurch über mehr als tausend Jahre immer erneut erzeugt wurden und sich so akkumulierten.

Hall: Aber nehmen wir an, Lama, daß ein archetypisches Symbol in Ihren Träumen auftaucht. Meditieren Sie dann darüber?

Govinda: Das kann man tun, aber darin liegt eine Gefahr. Wenn man den Leuten gestattet, ihre sehr persönliche, individuelle Imagination zu gebrauchen, ihren eigenen Archetypen nachzugehen, so wie sie gerade aufsteigen, dann können sie unter Umständen in die Irre gehen, weil sie nicht wissen, wie sie diese Archetypen bewerten sollen. Wenn Sie hingegen in dieser vorgegebenen Imagination etwas visualisieren, was psychologisch ausprobiert wurde und das sich aufgrund der Erfahrungen von Tausenden von Menschen als brauchbar erwiesen hat, dann kann man das Ergebnis ziemlich genau voraussagen, etwa so wie in der Wissenschaft.

Hall: Gibt es im Buddhismus so etwas wie Traumdeutung? Kann man zum Beispiel, wenn im Traum ein Bild aufsteigt, das man nicht verstehen kann, zu jemandem gehen, der einem helfen könnte?

Govinda: Oh, ja, besonders in Tibet hält man Träume für etwas sehr Wichtiges. Und obwohl es dort darüber keine Theorie gibt wie in der westlichen Psychologie, so haben die

Menschen dort doch ein sehr sicheres Verfahren, die Dinge zu identifizieren. Ich war immer wieder überrascht über ihr sicheres Urteil. Und ganz offensichtlich war ihr Urteil richtig, wenn ich von den wenigen Fällen ausgehen darf, die ich beobachten konnte. Ich muß sagen, daß es mich immer wieder in Erstaunen setzte, wie genau diese Menschen ihre Träume verstanden.

Hall: Was ist Ihrer Meinung nach vom buddhistischen Standpunkt aus Sinn und Zweck des Träumens?

Govinda: Ich glaube, daß die Vorstellung von einem «Zweck» hier nicht mit hereinspielt. Das Träumen wird hier mehr als eine natürliche Sache betrachtet.

Hall: Ich will anders fragen: Ich würde meinen, daß das Träumen denselben Zweck erfüllt wie die Verdauung oder das Atmen. Welche Funktion hätte dann der Traum in der Ganzheit des Lebens eines Menschen zu erfüllen?

Govinda: Nun, er erfüllt die Funktion, uns Dinge von Bedeutung klarzumachen.

Hall: Das könnte den Jungschen Konzepten entsprechen. Er spricht vom Traum als «kompensierendem Bewußtsein», das Einseitigkeit korrigiert.

Govinda: Nun ja, im Buddhismus wird das zwar nicht auf diese Weise definiert, aber es läuft auf dasselbe hinaus. Denn es gibt ganz allgemein Träume von Bedeutung und solche, die ohne Bedeutung sind. Die bedeutungsvollen Träume steigen aus unserem Tiefenbewußtsein auf, dem *Ālaya-Vijñāna*, und dieses Ālaya-Vijñāna ist – im späteren Buddhismus – das universelle Bewußtsein, das unser persönliches Denken inspiriert und uns Fingerzeige gibt, die über unser gewöhnliches Denkvermögen hinausgehen.

Hall: Ich frage mich, ob dies so etwas Ähnliches wie das kollektive Unbewußte ist?

Govinda: In einer gewissen Weise ist das universelle Bewußtsein dem kollektiven Bewußtsein der Jungschen Psychologie ähnlich, nur würden wir dem Wort «kollektiv» widersprechen, weil «kollektiv» etwas Zusammengeworfenes bezeichnet, ohne Rücksicht darauf, ob es zusammenpaßt. Wir aber meinen, das universelle Bewußtsein ist mehr als das.

Hall: Es gibt jetzt ein besseres Wort dafür. Jung hat in seinen späteren Lebensjahren den Begriff «objektische Psyche» vorgezogen, und das soll heißen, daß der Traum ebenso objektiv in der Psyche ist, wie andere Dinge objektiv sind in der Außenwelt.

Govinda: Das ist schon wahr, aber ich denke doch, daß man sofort in die Dualität von subjektiv und objektiv gerät, wenn man den Begriff «objektiv» erst einmal einführt. Deshalb sollte man besser einfach nur vom universellen Tiefenbewußtsein sprechen, zumal das Wort «universell» ja darauf hinweist, daß es uns mit anderen bewußten Wesen gemeinsam ist, die auch fähig sind, es zu erkennen.

Über Meditation

Es folgen Gespräche, die Lama Govinda im Rahmen seiner Gastprofessur von Januar bis Mitte Mai 1972 an der *Southern Methodist University* in Dallas führte. Er gab dort Vorlesungen an der Theologischen Fakultät über «Grundanschauungen des Buddhismus und seine (indischen) Schulen». Daneben hatte er aber auch viele Gespräche mit Theologen und Religionswissenschaftlern, Psychologen und Psychotherapeuten, die zum größten Teil auf Video- und Tonbandkassetten festgehalten wurden. An diesen fachwissenschaftlichen Diskussionen nahmen die Studenten als Zuhörer teil.

In all seinen Gesprächen an dieser christlich orientierten Universität war es Lama Govindas Bestreben, Standpunkte zu klären, ohne eine Konfrontation aufkommen zu lassen: Er akzeptierte die Vorstellungen seines Gesprächspartners stets als mögliche Konzepte. Daneben versuchte er, parallele Entwicklungen im Buddhismus aufzuzeigen, wobei er sich aber entschieden gegen Gleichsetzungen verwahrte. Religiosität – so erklärte er – wurzelt zwar in einem Erleben, das allgemein menschlich ist, aber das von jedem Individuum aufgrund seiner unterschiedlichen Anlagen und Prägungen individuell anders erfahren wird: vielleicht ähnlich, aber nicht gleich. Im gleichen Maße wird auch die religiöse Grunderfahrung in den großen Weltreligionen in teilweise ähnlichen und doch verschiedenen Erlebnisformen realisiert, wobei für den Menschen in unserer Zeit, die ihm breiteste Informationen erschließt, die Möglichkeit besteht, sich jene Formen und Wege zu wählen, die ihm am adäquatesten sind. Lama Govinda bemühte sich immer wieder, seinen westlichen Zuhörern vergleichbare Möglichkeiten der Verinnerlichung im Christentum näherzubringen, ihnen aber auch zugleich die Grundlagen buddhistischer Meditation aufzuzeigen.

Vom Wesen der Meditation

Frage: Menschen im Westen sind zunehmend an Meditation interessiert. Doch nun werden unterschiedlichste Methoden angeboten. Da der einzelne aber nur ein sehr verschwommenes Bild davon hat, was Meditation ist oder sein sollte, wäre es gut, wenn Sie uns sagen könnten, was Meditation von ihrem eigentlichen Anliegen her ist und uns auch vielleicht einige Techniken der Meditation vorstellen würden.

Govinda: Es ist schwer, einem nicht Meditierenden kurz das Wesen der Meditation zu erklären, denn es handelt sich hier um eine sehr persönliche Sache. Meiner Meinung nach gibt es auch nichts, was man eine allgemeingültige Meditationstechnik nennen könnte. Man kann lediglich feststellen, daß Meditation viele verschiedene Formen haben und annehmen kann, deren jede durch die jeweilige psychische Ausgangslage des Menschen bestimmt sein sollte, der sie übt. Meditation ist immer eine individuelle Angelegenheit im Buddhismus, auch da, wo viele Übende in einem Raum schweigend zusammensitzen.

Frage: Glauben Sie, daß die individuelle Meditation einen anderen Geisteszustand erzeugt als die Meditation in einer Gruppe?

Govinda: Die Meditation in einer Gruppe kann leicht zu Täuschungen führen, weil wir in das Gruppenbewußtsein eingebunden werden. Das führt dann unter Umständen dazu, daß wir uns stimmungsmäßig «erhoben» fühlen und uns manchmal in ein fast rauschartiges Gefühl der Zugehörigkeit zur Gruppe hineinsteigern. Das kann zunächst etwas Günstiges sein, da es die Beziehung zu anderen Mitwesen herstellt. Kommt es aber zu vertieften Meditationszuständen und speziell zu meditativen Zuständen, in denen man zum Tiefenbewußtsein vorstößt, dann – so meine ich – sollte spätestens der Punkt erreicht sein, wo jeder für sich allein meditiert. Aus diesem Grund ziehen sich indische *Sādhus* in Höhlen zurück, während tibetische *Sādhakas* sich freiwillig für längere Zeitperioden in kleine Zellen einschließen lassen – teilweise über Monate und Jahre.

Frage: Welchen Zweck haben diese langen Meditationsperioden?

Govinda: Sie zielen in erster Linie auf eine vollkommene Umformung der gesamten Persönlichkeit ab. Menschen, die sich dieser sehr strengen Form der Zurückgezogenheit unterziehen, legen oft bei Beginn der Meditationsperiode ihren alten Namen ab – niemand kennt sie mehr, wenn sie herauskommen. Sie sind eine andere Persönlichkeit geworden und nehmen einen neuen Namen an, der dieser gewandelten Persönlichkeit entspricht: Ihr Leben gehört nun ganz dem Dienst und der belehrenden Hilfe anderer.

Frage: Wenn nun jemand, der heute und hier im amerikanischen Kulturbereich lebt, den Wunsch hat zu meditieren, würden Sie ihm dann raten, täglich zur selben Zeit zu meditieren, oder ist es besser, lediglich eine bestimmte Zeitdauer einzuhalten? Welche Regeln würden Sie empfehlen?

Govinda: Das hängt ganz vom Lebensstil des einzelnen ab. Damit möchte ich zum Ausdruck bringen, daß jemand, der morgens ins Büro gehen muß und abends müde von der Arbeit heimkommt, am besten die Morgenstunden wählen sollte, wenn er noch frisch ist, und das selbst dann, wenn er vor dem Frühstück nur eine kurze Zeit zur Verfügung hat. Andererseits können Menschen, die in einem weniger angespannten Berufsleben stehen, ebensogut ihre Meditation in die Abendstunden verlegen, wenn die Tagesarbeit hinter ihnen liegt. Der Abend ist die Zeit der größten Ruhe in der Natur und damit auch für den Menschen, was uns bei der Meditation und Selbstfindung helfen kann. Mit anderen Worten, all diese Äußerlichkeiten hängen von der Art der Lebensführung und Meditation ab.

Frage: Sind Sie der Meinung, daß man über ein traditionelles Symbol meditieren solle, oder ist es besser, über Dinge zu meditieren, die für den Meditierenden von Bedeutung und Interesse sind?

Govinda: Es gibt bestimmte Meditationen, wo man mit solchen Objekten beginnt, die für den Betreffenden von besonderem Interesse sind. Man kann sich beispielsweise jene Menschen vergegenwärtigen, die man liebt, andererseits aber auch jene, die man nicht liebt, um herauszufinden, warum man sie nicht liebt. Oder man fragt sich, warum bestimmte Menschen einem gleichgültig sind. Alle diese Betrachtungen sind nützlich, um Einsicht in die Funktion des eigenen Geistes zu gewinnen.

Was die religiösen Symbole betrifft, so sind diese meiner Meinung nach Dinge von größter Bedeutung für die meditative Praxis, da sie uns von rein materiellen Vorurteilen, die wir gegebenenfalls haben, befreien. Sie sind der Ausdruck einer größeren Vision, einer größeren Idee und damit Ausdruck von etwas, das viele Jahrhunderte überdauerte. So würde ich den Christen das Symbol «Christus» vorschlagen. Wenn ich von diesem Symbol «Christus» spreche, so meine ich damit die Erfahrung Christi als menschliches Wesen, in dem sich göttliches Bewußtsein offenbarte. Ich bin der Überzeugung, daß diese Menschlichkeit etwas ist, was sehr inspirierend wirken kann; denn wir können uns nichts vorstellen, was über das Menschsein hinausgeht. Natürlich könnte man andererseits auch an das Kreuz als Symbol denken, obwohl ich da gewisse Bedenken habe, ob man mit einem so abstrakten Symbol wie dem Kreuz wirklich eine innere Erfahrung hervorrufen kann. Aber am Ende hängt das von dem ab, was man mit dem Kreuz assoziiert. So assoziieren die meisten Menschen im Westen mit dem Kreuz den Tod. Ich glaube aber, daß das Christentum keine Religion des Todes ist. Warum also ein Symbol benutzen, das mit Tod assoziiert wird? Und wenn man dann noch einen Schritt weitergeht und sich vorstellt, was das Kreuz in Beziehung zu Christus bedeutet, so steht es nicht nur für Tod, sondern für Folter, schreckliches Leiden und all die anderen furchtbaren Begleitumstände der Kreuzigung. Das aber würde meiner Meinung nach zu einer einseitigen Vorstellung von Christentum führen. Für mich ist das Symbol des Christentums das der Auferstehung und des Lebens: Das ist der inspirierendste Bestandteil der christlichen Lehre.

Ich erinnere mich noch, wie wir 1960 die Mysterienspiele in Oberammergau sahen. Wir beide – Li Gotami und ich – waren überwältigt von dem Eindruck, der uns vom Leben und Leiden Christi vermittelt wurde. Was ich persönlich als besonders befreiend empfand, nachdem man uns durch all das Leiden Jesu geführt hatte (wir beide weinten wirklich, so realistisch war es dargestellt), war die Auferstehung und das *Licht*; denn erst diese Erfahrung der Auferstehung ist die Synthese des Lebens und des Leidens Christi. Und allein unter diesem Gesichtswinkel erscheinen mir solche Symbole äußerst bedeutungsvoll. Die Mysterienspiele haben zweifellos auf den Menschen des Mittelalters einen weitaus tieferen Eindruck gemacht als die Predigten in den Kirchen. Ja, ich habe heute noch das Gefühl, daß die Predigt in einer Kirche uns vom Wesentlichen ablenkt. Meiner Meinung nach sollte eine Kirche ein Ort der Meditation sein, ein Ort für die Feier der Eucharistie oder des großen Mysteriums, nämlich das der Transformation des menschlichen Wesens in ein göttliches.

Frage: Sind Sie der Meinung, daß Rituale wie die rituellen Spiele oder die Eucharistie oder der Gottesdienst im Christentum dasselbe Ziel anstreben wie Meditation – oder sind beide verschieden?

Govinda: Ich meine, daß Rituale eine Art dramatisierte Meditation sind – eine nach außen verlagerte Meditation. Sie können zur Meditation führen, weil Menschen dadurch einen Ausgangspunkt für ihre Meditation gewinnen können und etwas erfahren, was in ihnen lebendig werden kann, wenn sie erst einmal durch solche Dramatisierungen hindurchgegangen sind und diese wirklich emotional erlebt haben.

Ich bin auch der Überzeugung, daß Farben in diesem Zusammenhang etwas sehr Wichtiges sind. So glaube ich, daß die mittelalterlichen Kirchen einen enormen Einfluß auf die Menschen durch den Gebrauch von gefärbtem Glas ausübten. Man kann das heute noch erleben, wenn man sieht, wie die Sonne durch das gefärbte Glas hindurchscheint und das Gefühl von etwas Metaphysischem erfahren wird.

Ähnlich geht es einem, wenn man die wundervollen Fresken betrachtet oder jene berühmten Christus-Mosaiken in den mittelalterlichen Kathedralen: Der gewaltige Eindruck, der von der gigantischen Gestalt in der Apsis ausgeht, läßt einen fühlen, wie Christus mit seinen ausgebreiteten Armen die ganze Gemeinde umarmt. Wäre Christus am Kreuz dargestellt, so würde dieses Gefühl nicht aufkommen: Er wäre dann an etwas fixiert und damit ohne Bewegung. In der Geste der weitgeöffneten Arme ist eine Bewegung dargestellt, die uns das Kreuz in einer anderen Form erleben läßt: der des lebendigen Kreuzes eines menschlichen Körpers. In den mittelalterlichen Mosaiken haben die Gesichtszüge Christi eine gewisse Strenge. Aber dieser Ernst im Ausdruck des Gesichtes erinnert daran, daß Liebe eine gewisse Strenge und Härte hat. Denn wenn Liebe nur etwas Dahinschmelzendes, lediglich eine sentimentale Form des Liebens ist, dann ist sie kraftlos. Und Liebe muß von Kraft getragen sein, um wirken zu können. Und eben das bringen jene mittelalterlichen Chri-

stusgestalten, in denen die christliche Kunst ihre höchste Ausformung erfuhr, zum Ausdruck.

Frage: Meditieren Sie immer über Bilder, oder meditieren
Sie manchmal auch über ein Gefühl oder ein Drama?

Govinda: Nicht notwendigerweise über eines der genann-
ten Objekte. In der Ihnen sicher bekannten Satipatthāna-
Meditation beispielsweise beginnt man zunächst mit der
Realisation von Körper- und Atemverbewußtung. Und
wenn Sie dann die Funktionen Ihres Körpers als Ausdruck
universeller Kraft betrachten, so ermöglicht Ihnen dies, am
Leben in seiner Fülle teilzuhaben und vollbewußt zu sein.
Und allein das ist schon etwas sehr Wesentliches. Denn solange wir beim Atmen nicht denken, daß wir hier etwas tun
– etwa im Sinne «ich atme» oder «ich atme in dieser oder
jener Form» –, sondern wenn wir uns einfach nur dessen
bewußt sind, daß etwas durch uns «hindurchatmet», dann
atmet das Bewußtsein durch uns, und wir können unsere
ganze Aufmerksamkeit auf jenes universelle Bewußtsein
richten.

Vielleicht hat die Tatsache unserer Individuation allein den
Sinn einer Bewußtwerdung des Universellen in uns; denn
was könnte sonst das Werden individueller Formen als berechtigt erscheinen lassen? Wären wir «alles», so wären wir
nichts, da man sich eines «Allesseins» nicht bewußt sein kann.
Es ist daher die Polarisierung, die sich selbst kontinuierlich im
Universum immer neu erschafft, die Bewußtsein ermöglicht.
Aus diesem Grund ist die Vergegenwärtigung des Körpers
und der körperlichen Funktionen besonders für den Anfang
eine der wichtigsten Meditationen. Von dieser Basis ausgehend betrachtet man dann die geistigen Funktionen, die Welt
um sich herum, wie man sie empfindet und wie man sie
erfährt. Und so kommt man schließlich zur Frage: Wie kann
ich jenes Universum, das ich durch meine Sinne erfahre, der
Wirklichkeit gemäß und vollkommen widerspiegeln? Wie
kann ich Ganzheit und Vollkommenheit erreichen?

Frage: Sie erwähnten, daß man das Universum in sich selbst erschaffen müsse. Was heißt das?

Govinda: Jeder von uns ist ein Ebenbild, eine «Kondensation des Makrokosmos». Was wir Universum nennen, ist das, was wir durch unsere Sinne wahrnehmen, und diese erlauben uns in Wirklichkeit nur eine sehr beschränkte Sicht. Wir können die Dinge nur entsprechend der Kapazität unserer Sinne erkennen. Wenn wir die Augen eines Adlers hätten, so könnten wir vieles weitaus besser im Detail erkennen als mit unseren Augen. Hätten wir dagegen die Augen eines Pferdes, so würden wie vielleicht nur wenige Einzelheiten erkennen, vielleicht nur Bewegungen. Doch das weiß ich nicht genau. Ich habe lediglich gehört, daß unterschiedlich gebaute Augen unterschiedliche Eindrücke vom gleichen Ding vermitteln. Wenn wir die Fähigkeit der Ausstrahlung von Röntgenstrahlen hätten, so würden wir nicht die festen Formen materieller Objekte sehen, weil wir sie einfach durchdringen würden. Unter diesen Bedingungen würden viele Dinge, die wir im augenblicklichen Zustand als feste Objekte betrachten, einfach nicht existieren. Wir würden nur verschwommene Umrisse der Dinge sehen. Und in diesem Sinne ist die Welt, wie wir sie sehen, nur eine Welt, wie sie sich unseren Sinnen darbietet. Und wenn unsere Sinne auch nur ein wenig auf andere Schwingungen eingestellt wären, so würden wir eine vollkommen andersartige Welt wahrnehmen. Und eben deshalb können wir nicht von der Welt «so wie sie ist» sprechen, sondern nur von der, die uns erscheint.

Frage: Ist Meditation etwas, was Sie jedermann zu jeder Zeit empfehlen würden?

Govinda: Ich denke ja. Meditation hat so viele unterschiedliche Formen, daß es eigentlich niemanden geben dürfte, der nicht meditieren kann.

Frage: Wie kann nun jemand, der sich um Meditation bemüht, erkennen, ob er auf dem rechten Weg ist? Gibt es irgendwelche Anzeichen, die ihm sagen, was falsch ist?

Govinda: Sobald man auf der richtigen Spur ist, fühlt man sich glücklich. Und wenn man falsche Wege geht, so fühlt man sich unglücklich und gelangweilt. Ein Mensch, der sich zum Meditieren hinsetzt und sich dazu zwingt und sich dabei schrecklich langweilt und hofft, daß die Zeit nur schnell vorübergehen möge, meditiert in Wirklichkeit nicht. Ein Mensch jedoch, der stillsitzt und Ruhe empfindet und in sich selbst friedvoll ist, hat schon den ersten Schritt getan.

Frage: Wenn man nun so vorgeht und ruhig dasitzt und eine Vorstellung im Geiste festzuhalten versucht und sich ein anderes Vorstellungsbild oder ein anderer Gedanke einschleicht, was ist dann zu tun?

Govinda: In diesem Falle sollte man den Gedanken einfach anschauen; denn wenn man ihm erlaubt aufzusteigen und wahrnimmt, wie er aufsteigt, dann wird man bemerken, daß er sehr schnell wieder verschwindet. Versucht man aber, sein Aufsteigen zu verhindern, stärkt man ihn, weil Unterdrückung Gegenkräfte mobilisiert.

Frage: Wie Sie es hier darstellen, klingt das fast so, als wäre Meditation ein Weg, uns den besseren Kräften in uns anzuvertrauen.

Govinda: Völlig richtig. Im Sanskrit nennen wir dieses innere Vertrauen *Shraddha*. Es ist das, was man «Glauben», richtiger «Gewißheit» nennt, nämlich jene Gewißheit, daß es in uns etwas gibt, das wert ist, entwickelt zu werden. Hätten wir diese innere Gewißheit nicht bzw. das Vertrauen in jene göttliche Kraft, die uns den Weg zeigt, so wäre Meditation sinnlos. Dieses Vertrauen oder diese Gewißheit ist die einzige Art des Glaubens, die der Buddha erwartete. Er forderte niemals, daß man ihm glauben oder nachfolgen solle, weil er der Buddha, der vollkommen Erwachte sei. Er sagte vielmehr, daß jeder für sich selbst die Wahrheit herausfinden müsse, und um sie herauszufinden, muß man Selbstvertrauen entwickeln und die Fähigkeit, das zu entdecken, was wahr und wertvoll ist. So ist die Vorstellung von einem höheren Wert die Voraussetzung für jede Art der Meditation.

Frage: Hier nun eine praktische Frage: Ist es von irgendwelcher Bedeutung, welche Haltung man in der Meditation einnimmt? Soll man liegen oder aufrecht sitzen?

Govinda: Wenn man sich hinlegt, besteht die Gefahr einzuschlafen, besonders wenn man es sich bequem gemacht hat. Wenn man steht, kann man sich nicht richtig konzentrieren. Wenn man herumwandert, ist man abgelenkt. Ich bin der Meinung, daß die Körperhaltung, in der der Buddha regelmäßig abgebildet ist – sitzend mit gekreuzten Beinen –, die einzige Haltung ist, in der der menschliche Körper sich in vollkommenem Gleichgewicht befindet, in der man seinen Schwerpunkt findet. Man kann es leicht herausfinden, wenn man sich auf einen Stuhl setzt, wo die Beine herunterhängen oder wo man sich hinten anlehnen muß: Man ist dann so gut wie nie in der Lage, für eine längere Zeit zu sitzen, ohne sich zu bewegen. Die Ursache dafür ist, daß der Körper nicht zentriert ist. In der Haltung mit gekreuzten Beinen aber ist der Körper vollkommen zentriert, und die Tatsache, daß man in dieser Haltung Stunden um Stunden sitzen kann, ohne zu ermüden, beweist, daß sich jeder Teil des Körpers in der richtigen Lage befindet. Selbst von außen her gesehen ist er völlig zentriert.

Frage: Wenn nun jemand Arthritis hat oder aus einem anderen Grund diese Haltung nicht einnehmen kann, würden Sie dann empfehlen, daß ein solcher Mensch für sich die Haltung herausfinden muß, die ihm das Gefühl der Ausgewogenheit vermittelt?

Govinda: Selbstverständlich. Wenn man die günstigste Haltung nicht einnehmen kann, muß man die nächstbessere wählen. Es gibt Menschen, die auf einem Stuhl sitzend meditieren können. Es ist also nicht unmöglich. Ich möchte hier nur betonen, daß es eine große Hilfe ist, wenn durch eine entsprechende Haltung Körper und Geist in vollkommener

Übereinstimmung sind und dadurch zugleich auch in Harmonie mit der meditativen Vorstellung. Im Zen- Buddhismus benutzen zum Beispiel gewisse Leute, die nicht in dieser Haltung sitzen können, den japanischen Stil des Fersensitzes mit dicken Kissen. Ich ziehe eine glatte Unterlage vor. Für Menschen, die es schwierig finden, sich auf den Fußboden zu setzen, kann man zunächst zwei Kissen hinlegen, die man nach einer gewissen Zeit auf eins reduziert und schließlich wegläßt.

Frage: Wird die aufrechte Haltung deshalb eingenommen, um so die Nervenzentren und Chakras zu unterstützen?

Govinda: Ja. Die Wirbelsäule muß geradegehalten werden, aber man soll sie nicht künstlich überstrecken. Wenn man richtig sitzt, ist man im allgemeinen leicht nach vorn geneigt, ohne daß die Wirbelsäule gebeugt wird. In Japan bemerkte ich, daß die Menschen in einer ganz bestimmten gekünstelten Haltung sitzen, so als hätten sie einen Ladestock verschluckt. Ich glaube nicht, daß dies die rechte Art ist. Die Japaner lieben es zweifellos, eine sehr aufrechte Haltung einzunehmen. Vielleicht ist dies eine Art militärischer Haltung.

Ich war eines Tages mit einer Gruppe von Zen-Buddhisten zusammen, und wir besuchten den berühmten Buddha von Kamakura. Als ich diese Buddha-Darstellung sah, sagte ich zu meinen Freunden: «Sehen Sie sich das an, das ist die Haltung, in der man sitzen muß. Er sitzt nicht überstreckt, sondern sehr bequem.» Sie waren sehr erstaunt. Sie hatten niemals bemerkt, daß die Buddha-Statue eine sehr lockere und entspannte Meditationshaltung zeigte. Sie mußten zugeben, daß diese vollkommen von der extrem geraden Haltung verschieden war, in der sie im Zendō saßen.

Frage: Und der übrige Körper? Ist es von irgendeiner Bedeutung, wie der Kopf und die Hände gehalten werden?

Govinda: Die Hände sollen, sofern sie nicht aktiv sind, in einer vollkommenen Ruhelage sein. Dabei ruhen sie ganz natürlich im Schoß. Und hier bemerkte ich in Japan wiederum etwas, was ganz außerhalb der buddhistischen Tradition liegt: Bei allen buddhistischen Bildnissen, gleich ob auf dem indischen Subkontinent, in Tibet, der Mongolei oder anderswo, liegt die linke Hand als die «passive», rezeptive unter der rechten, die als «aktive» Hand oben aufliegt. Die Japaner machen das gerade umgekehrt beim Meditieren, obwohl ihre Buddha-Bildnisse die klassische Form zeigen. Ich habe niemals verstanden, warum sie das machen. Es muß etwas im japanischen Charakter geben, was sie so empfinden läßt. Ich persönlich würde mich in dieser Haltung sehr unwohl fühlen. Für mich ist das Ruhen der Hände im Schoß etwas absolut Natürliches und Entspannendes.

Andererseits sollten wir uns vergegenwärtigen, daß die Hände in allen Religionen als wichtige Zentren psychischer Kraft betrachtet werden. Wenn die Handteller nach oben weisen, so wird über diese Zentren eine Beziehung zu etwas hergestellt, was über uns hinausgeht. Wenn die nach oben weisenden Handflächen leicht zum Körper zeigen, so deutet dies auf Introspektion und Bewußtwerdung hin. Sind die Handflächen dagegen nach außen gewendet, so würde dies eine unmittelbare Beziehung zu anderen erkennen lassen, wie beispielsweise im Fall der Tārā, deren rechte Hand in der Geste des Gebens und deren linke in der Geste der Furchtlosigkeit und des Segnens nach außen weisen. Dabei wird deutlich, daß das Geben auf der erdnahen Ebene vor sich geht, während das Segnen von den oberen Zentren seinen Ausgang nimmt. Schließlich wäre hier noch die Geste zu nennen, wo beide Hände sich in einer gegenläufigen Bewegung genau vor dem Herzzentrum berühren, die wir die *Dharmachakra-Mudrā* (die Geste des In-Bewegung-Setzens des Rades der Lehre) nennen, eine Geste, die das Herzzentrum als den Ort der Verwirklichung des Göttlichen oder Transzendenten ausweist. Die Kenntnis der *Mūdras* (Gesten) ist ebenso wie die der verschiedenen *Āsanas* (Sitzpositionen) ein Schlüssel, der uns die Tiefen menschlichen Seins erschließt. Die Āsanas sind Haltungen im Stehen oder im Sitzen mit gekreuzten Beinen oder in der Weise, wie sie der Buddha Maitreya, die Verkörperung der Liebe und des Mitleids, einnimmt: Im Begriff, von seinem erhöhten Sitz aufzustehen, setzt er beide Beine auf den Boden, um den Wesen zu helfen. Einen ähnlichen *Āsana* finden wir bei Tārā, der buddhistischen «Madonna», die sich gerade aus ihrem Lotossitz (*Padmāsana*) erheben will und bereits einen Fuß auf die Erde gesetzt hat. Während diese beiden Āsanas Ausdruck einer der Welt zugewandten Aktivität sind, wird der *meditierende Maitreya* immer mit gekreuzten Beinen sitzend dargestellt.

Frage: Werden Mantras in der Meditation gebraucht?

Govinda: Ja, vorwiegend in der Meditation des Vajrayāna, das heißt des «diamantenen Fahrzeuges». Hier wird man vor allen Dingen zu Beginn einer Meditation den jeweils geübten Sādhanā mit einer entsprechenden Invokation einleiten. Dazu kann man beispielsweise die Zufluchtsformeln zum Buddha, Dharma und Sangha benutzen. Damit fängt man im allgemeinen an. Wenn man dann über einen speziellen Aspekt der Buddhaschaft meditiert, so muß man ein spezifisches Mantra gebrauchen, wie beispielsweise das OM MANI PADME HUM des Avalokiteshvara. Wenn der Geist des Anfängers noch nicht voll konzentriert ist, kann man das Mantra laut wiederholen. Doch das muß nicht sein. Die Wiederholung des Mantras soll einem dabei helfen, den Geist zu konzentrieren. Es hält alle unerwünschten Inhalte unseres Bewußtseins fern und ist einer Kette vergleichbar, an der man sich zu seinem Ziel zieht.

Mantras haben unterschiedliche Bedeutungen und sehr verschiedene Funktionen. Einerseits verhelfen uns Mantras zur Konzentration, haben aber andererseits auch einen emotionalen Inhalt. So wird ein Mantra den Meditierenden, der durch die Initiation und viele daraus erwachsende Erfahrungen damit eng verbunden ist, bei der Rezitation unmittelbar in die Gegenwart seines Gurus bringen, so wie uns die Zufluchtnahme in die Gegenwart des Buddha bringt. Denn in dem Augenblick, wo man zum Buddha Zuflucht nimmt oder mittels des Initiationsmantras sich mit seinem Guru verbindet, wird dieser in einem selbst gegenwärtig, wenn man es ernsthaft tut. So führen Mantras in die Meditation und können im Rahmen meditativer Schulung genutzt werden.

Frage: Können Sie noch detailliertere Angaben über den Gebrauch von Mantras in der Meditation machen?

Govinda: Mantras werden in der Meditation gebraucht. Aber sie müssen nicht notwendigerweise hörbar sein: Ein Mantra ist ein Klang, der hörbar beginnt, aber dann verinnerlicht werden muß.

So ist beispielsweise im OM das O der Grundklang, der vom Hörbaren in das Unhörbare, nämlich in das nasale M, übergeht. Beim Übergang des hörbaren Klanges in das Unhörbare wird dieser unhörbare Klang zu einem *inneren Klang*, und das *muß* vollzogen werden. Menschen, die über Mantras lesen, mögen versuchen, sie auszusprechen oder zu benutzen. Doch bleibt das ohne jede Wirkung, da sie erstens nicht wissen, womit ein Mantra in Verbindung gebracht werden muß, und zweitens betrachten sie es so wie eine gewöhnliche Vokal- und Konsonantenverbindung, die keine besondere Bedeutung hat.

Mantras aber haben sowohl eine bestimmte Richtung als auch spezifische Charakteristika. So ist der Laut OM Ausdruck des Allbeinhaltenden, und im O manifestiert sich auch zugleich das Gefühl universellen Geöffnetseins. Andere Mantras, speziell die als Keimsilben (Bīja) bekannten, haben unterschiedliche Bewegungsrichtungen. Denn jedes dieser Mantras repräsentiert eine gerichtete Bewegung. So hat das I eine aufwärtsgerichtete Bewegung, während das U in die Tiefe geht. Das A weist in eine horizontale Ausbreitung. Hinzu kommt noch, daß jedem dieser Bīja-Mantras eine spezifische Farbe zugeordnet ist. So erscheint das *Om* in Weiß, das *Hūm* in Dunkelblau und das *Hrīh* in Rot, wie eine aufleuchtende Flamme, charakterisiert durch ihre Aufwärtsbewegung.

Jedes Mantra hat eine dreifache Wirkungsebene oder Wertigkeit: eine klangliche, eine emotionale und eine «farbliche». Darüber hinaus hat es noch in gewisser Weise einen begrifflichen Wert.

So ist der Laut *Om* ein kosmischer Laut. Und geradeso wie es in der Musik einen Kontrapunkt gibt, ist der Kontrapunkt des *Om* das *Hūm*. *Om* und *Hūm* entsprechen einander: Das *Om* muß als universeller Laut im menschlichen Herzen durch das *Hūm* verwirklicht werden, denn das *Hūm* ist die Realisation des *Om* im Individuum. So gehören diese beiden Bījas zusammen. Das *Āh*, das zwischen beiden liegt, ist die Verkörperung des Sprachzentrums, und «Sprachzentrum» bedeutet in diesem Zusammenhang nicht nur das Zentrum, das Laute produziert, sondern das, was Sprache erschafft, und «Sprache» bedeutet in diesem Fall intellektuelle oder gedankliche Aktivität. Es weist uns auf jene Fähigkeit hin, die den Menschen vom Tier unterscheidet. Das *Āh* liegt somit auf der Ebene des Denkens und des Intellekts, das *Om* hingegen auf der allbeinhaltenden universellen Ebene und das *Hūm* auf jener der Verwirklichung universeller Erfahrung im menschlichen Herzen.

Es sind also *Om – Āh – Hūm* die drei heiligen Laute, die einem ganz bestimmten Bewegungsablauf entsprechen. Dabei gehen Bewegung, Klang, Bedeutung und Gefühle – das heißt das ganze begleitende Emotionale – in eins zusammen. Und wenn man dann diese Mantras in einem Mandala betrachtet, stellt man fest, daß sie genau mit den Farben im Mandala übereinstimmen. So kann man auch, wenn man ein Mantra mit einem Pinsel schreibt, drei verschiedene Farben gebrauchen. Andererseits wird das *Om Mani Padme Hūm* in allen sieben Farben des Regenbogens dargestellt. Daraus wird deutlich, daß man die verschiedenen Ebenen eines Mantras

nicht nur kennen, sondern sie sich auch ganz zu eigen gemacht haben muß, bevor man sie wirklich anwenden
kann.

Im allgemeinen gilt, daß das *Om* immer am Anfang steht,
das *Āh* die zentrale Stelle einnimmt und das *Hūm* den Schluß
bildet. Doch manchmal findet man *nach* dem *Hūm* noch
einen anderen Laut: das PHAT, ein Klang, der etwas von außen
Kommendes abwehrt. Wenn zum Beispiel Leute gewisse
Mantras benutzen, um sich selbst vor üblen Einflüssen, Fein-
den oder Schwierigkeiten zu schützen, dann wiederholen sie
das *Phat* nach dem *Hūm*.

Zwischen *Om* und *Āh* und *Hūm* kann man nun jedes
Mantra einschieben, weil das *innere* Mantra auf seiner universellen wie sprachlichen Ebene verwirklicht werden muß,
welches immer auch sein Inhalt sein mag. Anders ausgedrückt: Es muß realisiert werden sowohl im Bereich des Denkens und Verstehens als auch auf der Ebene des Herzens, dem
Bereich des Emotionalen. Entsprechend diesen drei Ebenen
hat jeder der in der Meditation geschauten Buddhas drei
unterschiedliche Emanationsformen. Wenn man beispielsweise eine Buddha-Darstellung in einem Mandala sieht, die
nicht bekleidet ist, also nackt oder nur in einen Schal gehüllt,
wobei die rechte Schulter entsprechend der südlichen Tradition frei ist, dann handelt es sich hier um eine Darstellung
der universellen Ebene oder, anders ausgedrückt, des Dharmakāya. Die zweite Ebene ist die des Samboghakāya, wo
die gleiche Gestalt erscheint, aber ausgestattet mit reichen
Schmuckstücken. Eine solche Darstellung deutet immer auf
den Samboghakāya, die Ebene geistigen Genusses. Sieht man
schließlich eine Gestalt in menschlicher Form, die manchmal
reich geschmückt und zugleich in aktiver Form dargestellt ist,
beispielsweise Avalokiteshvara, dann handelt es sich um den
Nirmānakāya oder Wandlungskörper; denn Handeln ist
gleichbedeutend mit Wandlung.

So wird man beispielsweise *Amitābha* als roten Buddha in

Meditationshaltung, ohne Schmuck, ganz einfach dargestellt finden. *Amitāyus* dagegen, der auch eine Form des Amitābha ist, trägt eine Krone, kostbaren Schmuck, wobei diese Schmuckstücke die Tugenden darstellen, die dem geistigen Auge sichtbar werden. Auf der dritten Ebene finden wir Avalokiteshvara, die Manifestation der aktiven Kraft in diesem Leben und in dieser Welt: die Verkörperung der befreienden Kraft unterscheidender Schauung, die sich auf der menschlichen Ebene mit dem Handeln aus Liebe und Mitleid gepaart hat.

Neben den in der Meditation geschauten Buddhas – den *Dhyāni*-Buddhas oder *Tathāgatas* – gibt es noch die *Manusa*-Buddhas, wobei *manusa* «menschlich» bedeutet und auf historische Persönlichkeiten deutet. Nehmen wir beispielsweise den Dalai Lama. Er ist ein Mensch wie jeder andere, jedoch hat er im Laufe seiner vielen Wiedergeburten die Realisation Avalokiteshvaras durch Meditationen in vielen vorangegangenen Leben erworben. So ist er zu einer Emanation Avalokiteshvaras geworden. Dahinter steht nun keineswegs die Vorstellung, daß Avalokiteshvara eine Person sei, die einen menschlichen Körper annahm, vielmehr ist es so, daß ein menschliches Wesen durch seine meditative Verwirklichung den Status Avalokiteshvaras erreichte. Mein eigener Guru beispielsweise wurde nicht als eine solche «Wiedergeburt» betrachtet und war also ursprünglich kein *Tulku*. Denn Tulku ist jemand, der sich an seine vorangegangene Geburt erinnert und der bewußt in einer anderen Gestalt wiedergeboren wurde – mit der gleichen Ausrichtung auf das Ziel, was er im vorangegangenen Leben erstrebt hatte. Das aber besagt, daß wir – obwohl wir alle wiedergeboren sein mögen – keine Tulkus sind. Wir werden Tulkus dann, wenn wir die Kontrolle über Leben und Tod erreicht haben und unsere nächste Inkarnationsform selbst bestimmen können.

Frage: Eine andere Frage noch: Ist es notwendig, einen Lehrer oder einen Guru zu haben, um Meditation zu lernen?

Govinda: Unerläßlich notwendig ist es nicht. Aber es ist gewiß meist sehr hilfreich. Sehen Sie, es ist so wie im gewöhnlichen Leben: Wenn Sie selbst, auf sich allein gestellt, die Gesetze der Arithmetik entdecken müßten, so wäre das möglich, aber es könnte ein ganzes Leben in Anspruch nehmen. Wenn Sie jedoch in der Schule von einem Lehrer lernen, dann lernen Sie all das in einer verhältnismäßig kurzen Zeit, was sonst ein ganzes Leben gebraucht hätte.

Frage: Sind Bücher oder andere schriftliche Abhandlungen hilfreich?

Govinda: Ich denke schon. Und zwar deshalb, weil Bücher zumindest unsere Aufmerksamkeit auf gewisse Möglichkeiten und Gegebenheiten lenken können. Sie vermitteln uns auch die Erfahrungen von Menschen, die uns vorangegangen sind, und ich bin der Überzeugung, daß uns dies viel Zeit und Anstrengung erspart. Aber wir dürfen uns keineswegs allein auf Bücher verlassen, so wie man sich auch nicht nur auf den Lehrer stützen kann: Der Lehrer kann uns nur das Wesen gewisser Dinge vermitteln, aber wir müssen sie selbst herausarbeiten.

Frage: Ist Meditation bzw. der Zustand der Meditation ein natürlicher Geisteszustand des Menschen, oder ist er etwas, das man so lernen kann wie Klavierspielen?

Govinda: Ich bin der Meinung, daß sie innerhalb gewisser Grenzen ein natürlicher Zustand ist, zumindest sein sollte. Allerdings ist in unserer heutigen Welt Meditation zu einer Aufgabe geworden, weil wir ständig abgelenkt werden und unsere Aktivitäten so vielfältig sind, daß wir kaum Zeit finden, in uns selbst zu ruhen. Die meisten Menschen fallen heute sofort in einen tiefen Schlaf, wenn sie sich nur für einen Augenblick entspannen.

Ich bin der Überzeugung, daß früher, als das Leben noch einfacher und nur auf die Notwendigkeiten der Lebenserhaltung ausgerichtet war, die Menschen weitaus mehr Zeit zum Meditieren hatten. Und wenn man nur in ein kleines Dorf ging, konnte man jeden Abend die Leute ruhig vor dem Haus sitzen sehen. Das konnte ich noch vor kurzem in Mexiko beobachten, wo jeder am Abend offensichtlich völlig entspannt auf seiner Veranda saß. Nun ist das zweifellos nicht dasselbe wie Meditation, aber es läßt erkennen, daß die Menschen dort auch heute noch die Gewohnheit haben, sich völlig zu entspannen. In katholischen Ländern sieht man auch heute noch viele Menschen tagsüber in die Kirchen gehen, um dort einfach in stiller Kontemplation zu sitzen. Und selbst wenn dies nur eine Art inneren Ruhigwerdens ist, so kann dies doch langsam zu einem meditativen Zustand führen. Solange Menschen denkende Wesen sind, wird in dem Augenblick, wo sie in sich Ruhe finden, wie von selbst etwas in ihnen vor sich gehen. Bei religiösen Menschen wird sich dann ganz natürlich eine religiöse Kontemplation entwickeln.

Frage: Sie erwähnten einmal, daß Instruktionen, die ein Guru – ein Lehrer – seinem Schüler gibt, nicht aufgezeichnet werden können. Ich frage deshalb, weil ich nirgends gute Bücher über Meditation gesehen habe.

Govinda: Sie sprechen von Instruktionen. Aber ein Guru muß nicht notwendigerweise Instruktionen geben. Es gibt Gurus, die überhaupt keine Instruktionen geben. Denn ein Guru im besten Sinn des Wortes ist ein Mensch, der durch seine Persönlichkeit inspiriert und der Mut macht, seinem Beispiel zu folgen. Ein Guru, der durch seine eigene Persönlichkeit kein Beispiel gibt, ist kein wirklicher Guru. Er mag ein Lehrer sein, aber er ist kein Guru. Darüber hinaus wird ein Guru im Gegensatz zum Lehrer von seinem Chela ein großes Maß von ernsthafter, eigener Vorbereitung erwarten, was aber heißt, daß der Schüler zunächst einmal den Hintergrund kennen muß, daß er sich also zum Beispiel alles zu einem Sādhana Gehörende erarbeitet haben muß, so daß er bei der Erteilung der Initiation weiß, was die Dinge bedeuten.

Die Initiation selber ist weder ein ästhetisch-formaler Vollzug, noch eine bloße Zeremonie oder dergleichen. Sie ist vielmehr ein Vollzug, in dem der Guru sein eigenes Bewußtsein dem Chela überträgt. Vielleicht wäre es korrekter zu sagen, daß es dem Chela gestattet ist, in einem solchen Moment größter innerer Öffnung an den geistigen Errungenschaften des Guru teilzuhaben.

Frage: Der Chela muß also *vor* einer Initiation, und bevor der Guru diese Kräfte oder Energien überträgt, eine beträchtliche und anstrengende Vorbereitung auf sich genommen haben.

Govinda: Ja, denn wenn man nicht den geistigen Hintergrund und die allem zugrundeliegenden Lehren erarbeitet hat, kann man das, was der Guru einem zu sagen hat, nicht verstehen. Man braucht eine gewisse Vorbereitung, und der Geist des Chela muß offen sein, um das zu empfangen, was der Guru zu geben hat. Der Geist aber kann sich nur dann öffnen, wenn man von dem Wert dessen, was einem gegeben wird, überzeugt ist.

Körperhaltung, Mudrās und Mantras

Frage: Wir sprachen zwar schon über Körperhaltungen und Gesten. Darf ich Sie dennoch bitten, noch etwas Genaueres über die verschiedenen Haltungen und unterschiedlichen Āsanas, die als Grundlage für die Meditation anzusehen sind, zu sagen?

Govinda: Die Grundhaltung ist der Padmāsana oder die Lotoshaltung, weil man in der Meditation – wie ich schon erwähnte – einen völlig ausbalancierten und zentrierten Körper haben muß, damit man auch den Geist zentriert halten kann. Wichtig dabei ist, daß man beim Sitzen keine Stütze benützt, und bei der richtigen Haltung braucht man sie auch

nicht. Im Lotossitz kann man sich bewegen, hin- und her-
schwingen, bis man durch die natürliche Bewegung schließlich seinen Schwerpunkt gefunden hat. Ähnlich ist es mit den
Händen und deren Haltung. Unsere Hände drücken unsere
Gefühle aus. Auch wenn wir uns dessen nicht bewußt sind:
Wir bewegen unbewußt rhythmisch unsere Hände entsprechend unseren Gefühlen, so daß sie zum Ausdruck unserer
Emotionen werden. Die Gesten der Hände – die Mudrās –
haben sich im Verlauf von Jahrtausenden entwickelt und die
meisten von ihnen zweifellos ganz natürlich. So versteht jeder
beispielsweise die Gebegeste, die dadurch, daß man seine
Hand nach außen und vorwärts bewegt, zum Ausdruck
bringt, daß man eine Gabe anbietet. Das ist auch Menschen
unmittelbar verständlich, die nichts von den Mudrās wissen.
Und genauso verständlich ist die Geste des Segnens: Hier
wird die Hand auf einer höheren Ebene nach außen gewendet, was ebenfalls ein natürliches Ausdrucksverhalten
ist.

Die Dynamik der Hände nun muß in der Meditation zur
Ruhe gekommen sein. Das geschieht dann, wenn sie sich im
Schwerpunkt der Körpermitte befinden, unterhalb des Solar-
plexus. Dieser aber ist das Zentrum unserer vegetativen bzw.
unserer vitalen Energien. Unsere Hände bilden nun im
Schwerpunkt gewissermaßen einen geschlossenen Strom-
kreis, indem sie ineinander ruhen. Die nach oben gerichteten
Handflächen drücken aus, daß wir etwas empfangen und daß
wir zugleich auch etwas ausstrahlen, was über uns hinausgeht.
Dies geschieht beides zur gleichen Zeit, denn wir können
nichts ausstrahlen, was wir nicht vorher von irgendwoher
empfangen haben – sei es nun aus der Tiefe unserer selbst oder
von etwas, das dieses Zentrum in uns immer erneut nährt.
Innen und außen sind nur scheinbare Grenzen, und alles
Geschehen weist vielfache Zwischenverbindungen auf.

Im Buddhismus werden die verschiedenen Mudrās benutzt, um unterschiedliche Geisteszustände auszudrücken,

die der Buddha während und nach seiner Erleuchtung erfuhr. Ich erwähnte schon die *Dharmachakrapravartāna-Mudrā*, die «Geste des In-Bewegung-Setzens des Gesetzesrades», die ihn als den großen Lehrer darstellt. *Dharmachakra* heißt «Rad des Gesetzes». Das Gesetz aber, von dem hier die Rede ist, ist kein juristisches Gesetz, das von Menschen geschaffen wurde und das sie anderen auferlegten, sondern ist vor allem jenes universelle Gesetz, das wir in uns selbst immer wieder bestätigt finden können. Indem wir das universelle Gesetz in uns realisieren, akzeptieren wir es als sittliches Gesetz bzw. als das Gesetz, das unsere ethische Haltung bestimmt. So gesehen sind universelle und ethische Gesetzmäßigkeit dem Wesen nach nicht verschieden. Verschieden sind sie nur in dem Sinne, daß sie verschiedenen Erlebnisebenen zuzuordnen sind.

Als der Buddha zum ersten Mal seine Lehre in Sarnath darlegte, bezeichnete man dies als den Moment, wo er das «Rad des Gesetzes in Bewegung gesetzt» habe, und zwar in dem bereits oben aufgezeigten Doppelsinn: als Offenbarung des universellen Gesetzes in seiner Bezogenheit auf den Menschen und seiner Beziehung zum Menschen. Die Geste, die dies zum Ausdruck bringt, ist die des In-Bewegung-Setzens oder Drehens von etwas und wird charakteristischerweise vor dem Herzzentrum ausgeführt, das heißt vor dem wichtigsten Zentrum menschlichen Daseins, in dem sich die menschliche Befähigung zu Liebe und Verstehen offenbart.

Wenn wir nun die verschiedenen Mūdras, die wir hier aufführten, betrachten, so erkennen wir, daß es eine ganz natürliche Ab- und Aufeinanderfolge gibt, die sie verbindet. Es handelt sich hier um die fünf Mūdras, die mit den fünf Bīja-Mantras der Dhyāni-Buddhas (in deren Aufeinanderfolge *Om Hūm Tram Hrīh Ah*) verbunden sind. Dabei besteht diese Verbindung nicht nur in der Verknüpfung von Laut und Geste, sondern auch in bezug auf die innere Bedeutung und Richtung.

So ist *Om* der universelle Laut. Aus diesem Grunde wird er

in Beziehung gesetzt zu dem «In-Bewegung-Setzen des Rades des Gesetzes». Der zweite Laut ist das *Hūm*: Er führt uns
in die Tiefe und findet daher seinen Ausdruck durch die
«Erdberührungsgeste» (*Bhumīsparsha-Mudrā*). Daß nach der
Geste der Lehrverkündung diese Geste folgt, hat seinen
Grund darin, daß wir, bevor wir mit unserer Meditation
anfangen, zunächst einmal den «Grund» erkennen müssen,
auf dem wir stehen, symbolisiert durch die Erde als der Verkörperung unserer eigenen Vergangenheit. Daß dies so zu
verstehen ist, wird durch eine mythische Erzählung, angesie-
delt im Leben des Buddha, zum Ausdruck gebracht: Es heißt,
daß *Māra* (wörtl.: Tod, Mörder), der «Böse», der alle welt-
lichen Wünsche, sinnlichen Begierden usw. verkörpert und
damit den Bereich des Sterbens und Wiedersterbens, dem
Buddha, als er unter dem Bodhi-Baum saß, das Recht streitig
machte, Erleuchtung zu erlangen. Er forderte ihn heraus und
fragte: «Welches Recht hast du, Erleuchtung zu beanspru-
chen?» Worauf der Buddha ihm antwortete: «Durch meine
Übung der Entsagung in vergangenen Leben über viele Äo-
nen.» Māra entgegnete ihm: «Das habe ich auch getan, denn
ohne dies wäre ich nicht Herr dieser Welten geworden.» Hier
aber wird eine Besonderheit des Buddhismus deutlich: Selbst
ein «böses» Wesen muß, um Macht zu erlangen, zunächst
Opfer und Entsagung geübt haben. Ist aber durch diese Mittel
erst einmal Macht gewonnen, so kann dieses Wesen nach
freier Entscheidung rechten Gebrauch davon machen oder
aber sie mißbrauchen. Māra ist, nach buddhistischer Anschauung, eine Personifizierung jener Macht, die befähigt ist, Wesen an dieses Weltsein zu binden, und die dadurch ihre Befreiung zu verhindern versucht. Nach einer anderen Version des
Mythos fragte der Buddha nun Māra, wie er seine Entsagung
beweisen könne. Dieser beschwor das Heer seiner Dämonen,
die alle für seine Askese Zeugnis ablegten. Māra fragte nun
den Buddha seinerseits, wer sein Zeuge sei, worauf der Erwachte, der einsam unter dem Bodhi-Baum saß, mit den

Fingern die Erde berührte und sagte: «Diese große Erde ist mein Zeuge.» Und es heißt, daß in diesem Augenblick sich die Erde spaltete, und aus ihrer Tiefe scholl die Stimme der Erdgöttin: «Ja, ich bin dein Zeuge.» Und mit furchtbarem Grollen und Donnern schloß sich die Erde wieder. Māra aber erfuhr seine Niederlage eben aus dem Bereich, dessen Herr er sich wähnte.

Diese symbolträchtige Geschichte läßt uns den inneren Kampf erkennen, der sich in dem noch vor der Erleuchtung stehenden Bodhisattva abspielte. Gleichzeitig zeigt sie uns den tieferen Sinn dieser Erdberührungs-Mūdra, weil in der Tat jeder, der zu meditieren wünscht, erst einmal mit seiner eigenen Vergangenheit ins reine kommen muß! Und wenn wir das in einem umfassenderen Sinn verstehen, dann begreifen wird, daß unsere individuelle Vergangenheit nicht nur das ist, dessen wir uns als «unserer eigenen Vergangenheit» erinnern, sondern daß es in Wirklichkeit jene unendliche Vergangenheit ist, die durch diesen Planeten Erde, auf dem wir leben, symbolisiert wird.

Soviel zu dieser Mudrā, die im allgemeinen für jenen Meditationszustand steht, in dem wir uns zum ersten Mal selbst ebenso wie unsere eigene Position in dieser Welt sehend begreifen. Der Spiegel der Hand ist uns hier selber zugewandt, was auf die innere Sammlung verweist. Wir sehen uns gewissermaßen wie in einem Spiegel, reflektieren alle Dinge um uns herum wie ein Spiegel, ohne zu urteilen, ohne eine Meinung über die Dinge zu entwickeln, indem wir die Dinge einfach so annehmen, wie sie wirklich sind. So handelt es sich hier nicht nur um eine bloße Erdberührungsgeste, sondern zugleich um einen symbolischen Ausdruck dafür, daß wir hier im ersten Stadium der Meditation uns über unsere eigene Position Klarheit verschaffen müssen, da dies eine unerläßliche Ausgangsbasis ist.

In der nun folgenden *Danā-Mudrā* wird die Handfläche nach außen gedreht, wodurch wir eine Beziehung zwischen uns und der Welt herstellen bzw. zwischen uns und anderen Wesen. Wir sprechen von der «Gebegeste». Doch hier wird keine spezielle Gabe gegeben: Wir drücken vielmehr aus, daß wir bereit sind, uns selbst ganz und ohne Vorbehalte zu geben, so wie der Buddha sich selbst der Welt zur Hilfe und Erlösung der Wesen gab. Während die Erdberührungsgeste die «Weisheit des großen Spiegels» verkörpert, steht die Gebegeste für die «Weisheit der Wesensgleichheit». Diese Weisheit ist jene, die aus dem Wissen um die Einheit allen Lebens reift, ist die Erkenntnis der essentiellen Gleichheit aller bewußten Wesen. Solange wir nicht verstehen, daß andere Wesen die gleiche Basis haben wie wir selbst, können wir keine wirkliche Beziehung zu anderen entwickeln. Eine von Liebe getragene Beziehung ist nur möglich, wenn wir uns selbst in den anderen erkennen.

Nur dann, wenn wir die Weisheit von der essentiellen Gleichheit aller Wesen verwirklicht haben, können wir zur inneren Schau voranschreiten, durch die wir nun sehend erkennen, daß in dieser grundlegenden inneren Gleichheit zugleich eine zahlenmäßig nicht erfaßbare Unterschiedlichkeit existiert. Wenn wir diese Unterschiedlichkeit nun aber nicht in gleicher Weise anerkennen wie die Wesensgleichheit und Einheit aller Wesen, können wir nicht adäquat handeln. So folgt der Weisheit von der Wesensgleichheit der «Bereich unterscheidender, schauender Weisheit», durch die wir die Differenzierung der Welt in unterschiedliche Wesen, in verschiedenartigste Bedingungen sehen lernen. Auch lernen wir durch sie jene Schönheit und Harmonie erkennen, die allein durch Differenzierung möglich wird. Ihr symbolischer Ausdruck ist die Dhyāna-Mudrā – die «Meditationsgeste» –, in der die rechte, nach oben geöffnete Hand in der linken ruht.

Aus der Integration der vergangenen Weisheiten erwächst nun «göttliches» Handeln, das heißt ein Handeln, das nicht mehr durch Ichzentriertheit, Eigeninteresse und Ichbezogenheit bedingt ist, sondern vielmehr durch Mitleid, Liebe und Verstehen. Das aber nennt man im Buddhismus die «Weisheit, die alle Werke vollendet», weil hier Selbstlosigkeit, ichfreie Einsicht und selbstloses Tun vorherrschen, die sich in jener «Geste der Furchtlosigkeit» (*Abhaya-Mudrā*) ausdrükken.

Und damit haben wir die fünf Hauptmudrās, die in der buddhistischen Meditation gebraucht werden, besprochen. Darüber hinaus aber gibt es viele weitere Mudrās, die jedoch eine viel tiefer gehende und detaillierte Erklärung erfordern. Als ein Beispiel möchte ich auf die Benutzung von *Vajra* und *Ghantā* im tantrischen Ritual hinweisen. Man kann diese beiden kultischen Gegenstände symbolisch auch ohne das kleine Zepter und die Glocke darstellen, wobei die rechte Hand den Vajra und die linke die Ghantā darstellen. Kreuzt man beispielsweise die rechte und die linke Hand über dem Handgelenk, so ist dies ein Symbol der Vereinigung des «Männlichen» und «Weiblichen», das heißt eine symbolische Darstellung der Ganzheit unseres Menschseins, wie sie sich in der Gestalt des *Ādi-Buddha Vajradhara* «verkörpert».

Der Rechts-links-Symbolismus kennt natürlich viele weitere Kombinationen. Wenn man sie verstehen will, so kann dies nur dann befriedigend geschehen, wenn man sich den gesamten Hintergrund des Schaubildes (*Sādhana*) erarbeitet hat, dem sie zugeordnet sind.

Frage: Können die verschiedenen Mudrās Menschen in einen höheren Bewußtseinszustand versetzen? Helfen sie uns, unseren Bewußtseinszustand auf eine gewünschte Ebene zu bringen?

Govinda: Nicht notwendigerweise. Denn in der Meditation selbst benutzt man nur die Dhyāna-Mudrā und keine anderen. Nur wenn man beispielsweise vor der meditativen Praxis oder bei gewissen *Pūjā*-Ritualen im Tempel Texte rituell rezitiert, kann man beim Intonieren bestimmter Mantras in Tibet und Japan sehen, wie ganz bestimmte Mudrās zu den entsprechenden Mantras ausgeführt werden. Es ist so ähnlich wie bei hinduistischen Ritualen. Aber wenn man mit seinem Sādhana anfängt, dann müssen alle anderen Dinge beiseite getan werden, und man verharrt in seiner Meditationshaltung: Von nun an spielt sich alles nur in uns selbst ab. Wenn man beispielsweise den Buddha als Ausdruck einer bestimmten Geisteshaltung meditieren will, dann wird man ihn in der entsprechenden Mudrā visualisieren. Eine Änderung in der eigenen Haltung ist dazu nicht erforderlich.

Doch kommen wir noch einmal auf die Dhyāni-Buddhas zurück, jene «Buddhas», die man in der Meditation visualisierend erschafft. Hier sollte man dann nicht unbedingt an die verschiedenen Stationen im Leben des historischen Buddha denken, sondern sollte diese Gesten als Ausdrucksformen unterschiedlicher geistiger Haltungen bzw. Bewußtseinszustände erkennen, die man zu verwirklichen strebt.*

So wird man bei der Schaubildentfaltung *Akshobhya* in der Bhumīsparsha-Mudrā als die Verkörperung der «Weisheit des großen Spiegels» meditieren. Dabei muß diese Mudrā im Geiste präsent sein. Es besteht aber keine Notwendigkeit, sie auch körperlich auszuführen, denn man sollte sich während der Meditation nicht bewegen, weder um eine Mudrā sichtbar auszuführen, noch um ein Mantra laut zu intonieren. Während der Meditation sollte alles sich nur innerlich abspielen.

Frage: Wozu werden dann Vajra und Ghantā verwendet, die Sie uns zeigten?

Govinda: Der Vajra repräsentiert zunächst das «unzerstörbare» Prinzip und damit zugleich auch die Manifestation dieses Prinzips im Handeln. Die Glocke (*Ghantā*) dagegen symbolisiert die Weisheit, das Rezeptive, das Prinzip jenseits des

---

* Vgl. dazu: Lama Anagarika Govinda, *Grundlagen tibetischer Mystik*, Bern/München/Wien [8]1991 und *Schöpferische Meditation und Multidimensionales Bewußtsein,* Braunschweig [3]1988.

Handelns. Vajra und Ghantā sind zugleich Ausdruck des Männlichen und Weiblichen, der Prinzipien der Aktivität und Rezeptivität. Und da im Buddhismus, anders als im Hinduismus, das Weibliche als Verkörperung der Weisheit betrachtet wird, das Männliche hingegen als Verkörperung des Handelns, so ist der Vajra zugleich Symbol des von Mitleid bestimmten Tuns bzw. des Mitleids selbst, während die Glokke die Weisheit der *Shūnyatā,* das heißt der großen Leerheit, darstellt.

Frage: Wozu dienen nun alle diese rituellen Werkzeuge wie Vajra, Ghantā und Schalen? Ich möchte das als eine allgemeine Frage verstanden wissen hinsichtlich der Brauchbarkeit von Objekten in und während der Meditation.

Govinda: Nun, alle diese Gegenstände und Werkzeuge dienen nur der meditativen Vorbereitung, besonders als Einstieg in eine längere Meditationsperiode. In der Meditation selbst braucht man sie nicht. Eine solche Vorbereitung beginnt im allgemeinen mit der Zufluchtnahme zum Buddha, Dharma und Sangha, das heißt, man entwickelt eine gewisse Haltung der Hingabe, um den Geist für kommende Vorstellungen und Erfahrungen zu öffnen. Die sieben Schalen auf dem Schrein sind regelmäßig mit dem Licht von Kerzen oder Butterlampen kombiniert, die das Licht des Bewußtseins darstellen. Das Wasser selbst ist das «Wasser des Lebens», mit anderen Worten: Leben und Bewußtsein müssen zusammengehen. Um dies durch eine rituelle Handlung zum Ausdruck zu bringen, werden diese Lichter und das Wasser in den Schalen dargebracht. Und während man die Lichter entzündet, wiederholt man jene Mantras, die mit dem Durchbruch zur Erleuchtung in Verbindung stehen. Wenn man dagegen die Schalen füllt, so spricht man die Mantras, die den spezifischen Formen von Buddhas und Bodhisattvas geweiht sind, die wir als helfende Kräfte unseres eigenen Inneren zur Verwirklichung der Erleuchtung anrufen. Dabei muß jede Handlung ein Ausdruck unseres eigenen Geistes sein, denn wenn man etwas als bloßes Ritual vollzieht, ohne zu denken, dann ist das völlig sinnlos. Und so wie die Bewegung unserer Hände unsere Gefühle und Gedanken ausdrückt, genauso dramatisiert ein Ritual durch die verschiedenen Handlungen, was sich in unserem Geiste wirklich abspielt oder abspielen sollte. Da nun solche Rituale im allgemeinen in Gegenwart anderer Menschen, die von Vertrauen erfüllt sind, durchgeführt werden, können auch andere an solchen rituellen Handlungen teilhaben, die sonst nur für denjenigen einen Sinn hätten, der sie selbst ausführt.

Kommen wir aber noch einmal auf Vajra und Ghantā zurück. Sie sind die Hauptinstrumente bzw. Hauptsymbole, die in Ritualen gebraucht werden. Der Vajra gilt hier als Symbol des Diamanten: Ein Diamant ist hart, zerschneidet alles und kann selber durch nichts zerstört werden, da er nach altem Glauben stärker als alle anderen materiellen Dinge ist. Gleichzeitig aber ist er – trotz seiner Stärke und Festigkeit – transparent. Und eben diese Eigenschaften sollen wir alle in uns entwickeln: die Transparenz unseres Geistes vereint mit der «Unzerstörbarkeit». Mit anderen Worten: Die Ganzheit und Konzentration sowie die Offenheit unseres Geistes sollen durch nichts zerstört werden können. Die Glocke ist das Symbol der Weisheit: So wie sich ihr Schall ausbreitet, alles durchdringt, so durchdringt auch die Weisheit – die Leerheitserfahrung – alles.

Frage: Können Sie noch erklären, warum der Vajra gerade diese Form mit vier Zacken hat, die sich in einer Mittelachse treffen?

Govinda: Diese vier Zacken weisen in die vier Himmelsrichtungen. Sie erklären sich aus dem Mandala der fünf Dhyāni-Buddhas: Jede der vier Seiten steht für ein eigenes Mandala und die eiserne Achse in der Mitte für ein fünftes. In der Meditation kann nun jedes dieser fünf Mandalas voll entfaltet werden, bleibt aber dennoch im Gesamtzusammenhang des ursprünglichen Ganzen, dem es nicht entfallen kann. Jeder Vajra hat nun zwei Enden: So ist er ein Symbol der Einheit des Mandalas und zeigt zugleich die Polarität innerhalb des Mandalas selbst auf. (Im erweiterten Sinn ist der Vajra Symbol der frühen korrelaten Doppelmandalas, der *Vajradhātu-* und *Garbhadhātu-Mandalas.*) Legt man nun zwei Vajras über Kreuz, so erhält man einen *Vishvavajra*, der andere Kombinationen von Mandalas um die nicht ausdrückbare Mitte aufweist. Der Vishvavajra selbst aber ist das Symbol *Amoghasiddhis*, der die Verkörperung der «alle Werke zur Vollkommenheit bringenden Weisheit» ist: Sein Symbol umfaßt daher alle Himmelsrichtungen.

Frage: Dieser Doppelvajra ist das Symbol des Emblems, das auch Sie tragen?

Govinda: Ja, es ist das Symbol Amoghasiddhis, der der Dhyāni-Buddha des Nordens ist, aus dem der künftige Buddha Maitreya als Nirmānakāya in menschlicher Form hervorgehen wird. Maitreya, der kommende Buddha, der große Liebende, soll die Verkörperung jenes Prinzips sein, für das Amoghasiddhi steht, das heißt, er wird aktiv in dieser Welt stehen und tätig sein durch karmafreies Handeln aus Liebe und Mitleid. Dies wird ikonographisch dadurch zum Ausdruck gebracht, daß seine beiden Hände sowohl auf der unteren Ebene wie auf der Ebene des Herzens in Gebegeste dargestellt werden und seine beiden Beine fest auf der Erde stehen, im Begriff, sich zu erheben oder auf andere zuzugehen, um lebenden Wesen zu Hilfe zu kommen.

Frage: Gibt es einen Grund dafür, daß das Vajra-Symbol auch oben auf der Glocke erscheint?

Govinda: Ghantā und Vajra gehören essentiell zusammen. Sie repräsentieren das gleiche Prinzip, nur in zwei verschiedenen Formen. In der *Vajra-Hūm-Kāra-Mudrā*, das heißt in der Geste des Kreuzens beider Gegenstände, werden sie vereinigt und integriert: Denn das Männliche und das Weibliche sind in jedem menschlichen Wesen als potentielle Einheit angelegt, und dies findet seinen symbolischen Ausdruck in *Vajrasattva* sowie in dessen Vollendung in Vajradhāra. Da in jedem Wesen männliche und weibliche Eigenschaften zugleich angelegt sind, darf das Männliche und Weibliche nicht als eine Dualität betrachtet werden, sondern als eine Polarität, die in sich selbst eine Einheit bildet.

Frage: Ich habe gehört, daß manche Leute sich während der Meditation plötzlich erhoben fühlen. Wie erklärt sich solch ein Gefühl?

Govinda: Wenn der Bewußtseinsraum zu strahlen beginnt und einen in diese Strahlung einhüllt, so daß man ihn nicht nur um sich herum fühlt, sondern auch unter sich, dann entsteht leicht das Gefühl des «Im-leeren-Raume-Schwimmens oder -Schwebens», und eben dieses Gefühl ist wahrscheinlich der Grund für jene Berichte, die uns vom Erlebnis des Schwebens während der Meditation berichten. Nun hat diese Beschreibung als geistige Erfahrung zweifellos ihre Berechtigung, aber sie hat überhaupt nichts mit körperlicher Levitation zu tun, was etwas ganz anderes wäre. Und wenn Menschen behaupten, daß durch Meditation Levitation möglich sei, so bin ich der Meinung, daß wir, solange wir das nicht selbst gesehen oder erfahren haben, dafür nicht einstehen können, daß es dergleichen gibt.

Frage: In jeder Meditation soll man sich also zunächst einmal innerlich reinigen. Und wie soll man nun versuchen, sich selbst geistig zu öffnen?

Govinda: Indem man seinen Geist in einen Zustand der Rezeptivität versetzt, wobei ich unter «rezeptiv» hier weder einen medialen Zustand verstehe noch den Versuch, bestimmte vorgeplante Ergebnisse zu erzwingen. Anders ausgedrückt: Man sollte versuchen, weder die eigene Kritikfähigkeit auszuschließen noch die eigene Natur zu vergewaltigen und bestimmte Dinge an sich zu reißen. Auch sollte man nicht meinen, daß man etwas «erlangen» oder «erreichen» müsse. Vielmehr sollte man einen Zustand einfachen Offenstehens anstreben, wo man wie eine leere Schale zum Empfang bereit ist. Ein solches Öffnen aber erzeugt wie von selbst eine Stimulation des inneren Potentials und führt zu einem Freisetzen aller unserer geistigen Fähigkeiten. Dieser Vollzug ist kein Sichöffnen für irgendwelche von außen auf uns eindringenden oder einwirkenden Kräfte – wie heilig diese auch immer sein mögen –, sondern nur ein Sichöffnen für etwas, was bereits in einem selbst angelegt ist. Deshalb lehne ich auch jede wie immer geartete «geführte» Meditation ab, wo der Leiter leise das vorspricht, was gefühlt oder geschaut werden soll. Der zur Meditation bereite Mensch sitzt in einer offenen, entspannten Haltung und ist daher vermehrt suggestibel – ja, hypnotisierbar. Jedes Hineinsprechen in diesen Geisteszustand verkehrt die Meditation in ihr Gegenteil: Statt der schöpferischen Eigengestaltung kommt es zu einer suggerierten unkritischen Übernahme induzierter Fremdvorstellungen, die – so großartig sie auch sein mögen – halluzinationsartige «Wirklichkeiten» fixieren, die später nur schwer vom Meditierenden aufzulösen sind und ihm darüber hinaus «Verwirklichungen» vorspiegeln, von denen er noch weit entfernt ist.

Nun ist Bewußtsein aber nicht beschränkt auf individuelles Erfahren, so daß man sagen könnte, es sei hier oder dort. Bewußtsein ist vielmehr eine geistige Kraft, die überall gegenwärtig ist und alles durchdringt. Wenn ich hier von einem «Sichöffnen» sprach und den Vergleich mit einer Schale benutzte, so will ich damit nicht sagen, daß etwas von außen in unser inneres Wesen eindringt. Gleichnisse hinken eben. In Wirklichkeit offenbart sich uns etwas, was bereits in uns vorhanden ist und uns jetzt bewußt wird.

Frage: Können diese Techniken auch von Christen und anderen Nicht-Buddhisten praktiziert werden?

Govinda: Ich bin keineswegs der Meinung, daß man etwas von einer anderen Religion imitieren soll. Aber man kann vielleicht von anderen Religionen lernen, um dann herauszufinden, was in der gegenwärtigen Weltsituation auch von anderen Religionen anwendbar ist. Das würde meines Erachtens in erster Linie die Atemmeditation betreffen; denn Atmen ist eine allen Wesen gemeinsame Fähigkeit. Jeder weiß, was Atmen ist. Dennoch sind sich die Menschen der Bedeutung des Atmens nicht bewußt. Wären sie fähig, sich auch nur für eine kurze Zeit auf die bloße Atemfunktion zu konzentrieren, und würden sie endlich anfangen, auch ihren Körper als eine ganzheitliche Einheit zu erfahren (also als etwas, dessen man sich völlig bewußt werden kann), dann hätten sie bereits den ersten Schritt zur Meditation gemacht. Ja, diese Erfahrung ist an sich bereits eine wertvolle und in die Tiefe gehende Meditation, wenn man sie nur konsequent bis an ihre Grenzen ausschöpft. Zum anderen bin ich der Überzeugung, daß es besonders für junge Leute unterschiedlichster Religionen leicht sein dürfte, eine richtige Meditationshaltung zu erlernen bzw. einzunehmen. Denn ich bin der Überzeugung, daß diese Haltung nicht nur im Orient eine übliche Sitzhaltung ist, sondern selbst von Kindern auf Spielplätzen ganz natürlich eingenommen wird. Damit möchte ich sagen, daß menschliche Wesen nicht mit Stühlen geboren werden. Ein nicht verkrampftes Sitzen auf dem Boden unterstützt meiner Meinung nach eine sehr wichtige und für die Meditation grundlegende Erfahrung, bedeutet es doch, daß wir vor unseren geistigen Höhenflügen zunächst einmal «herunter auf den Boden kommen» müssen. Nur von hier aus können wir uns sozusagen erheben. Ich habe das besonders stark in Japan empfunden, wo die Leute trotz hochentwickelter Zivilisation sich im eigenen Heim weitaus bequemer fühlen, wenn sie auf dem Boden sitzen können. Das andere Extrem erlebt man in den Bars, wo Leute auf den Barhockern sitzen, völlig isoliert vom Boden. Ich bin der Ansicht, daß dieses Extrem Ausdruck einer Zivilisation ist, die die Verbindung mit dem Boden völlig verloren hat. Deshalb meine ich auch, daß ein Ehrensitz nicht (wie in Indien oder Tibet) hoch über den anderen sein sollte, sondern auf dem Boden, wo wir eine viel größere Stabilität fühlen.

Auch durch unser Schuhwerk – so empfinde ich – haben wir das Gefühl des Bodens unter unseren Füßen verloren. Ist es nicht ein wunderbares Gefühl für jeden, wenn er am Strand der See wieder einmal Boden unter sich fühlt? Und dieses Glücksgefühl könnte man jeden Tag haben, wenn man zu Hause barfuß herumliefe. In Indien ist es eine Frage der Höflichkeit, seine Schuhe auszuziehen, wenn man ein Haus betritt – und das nicht nur, um einen gewissen Respekt zu zeigen, sondern auch weil man keinen Straßenschmutz ins Haus bringen will –, eine gute Sitte, obwohl heute einige verwestlichte Familien diesen Brauch vernachlässigen. In Japan dagegen geht man so weit, daß man selbst beim Betreten eines Museums zuerst die Schuhe auszieht muß. Darüber hinaus ist es im Osten selbstverständlich, daß man in allen Tempeln seine Schuhe vor dem Eintritt auszieht. Als ich neulich mit Li Gotami hier zu einem christlichen Gottesdienst ging, dachte ich plötzlich daran, daß ich ja meine Schuhe nicht abgelegt hatte, um mich dann daran zu erinnern, daß die Leute hier derartiges als recht komisch empfinden würden. Andererseits nehmen westliche Menschen in ihren Häusern und Kirchen ihren Hut ab. Warum wohl? Im ganzen Osten wird es als Zeichen der Respektlosigkeit betrachtet, wenn man seinen Kopf entblößt – ausgenommen bei den Buddhisten, die in dieser Hinsicht keine Vorurteile haben. Sitten und Gebräuche sind verschieden, und dennoch: Die Berührung der Füße mit dem Boden sowie das Sitzen auf dem Boden geben uns das Gefühl der Sicherheit. Kirchen ohne Bänke wären viel schöner: Das Raumgefühl ist dann viel unmittelbarer. Ich war in Japan glücklich, wenn ich mich in den verschiedensten Tempeln auf den mit Matten ausgelegten Boden setzen konnte. Man wird dadurch in die richtige Gemütsstimmung versetzt und nimmt natürlich eine richtige körperlich-geistige Haltung an. Man sitzt einfach da, ruhig, sammelt den Geist und empfindet die Atmosphäre um sich herum. Es wäre gut, wenn der Westen endlich Plätze der Kontemplation schaffen würde, zum Beispiel Kirchen, die Tag und Nacht für alle offenstehen, so daß man dort beten und meditieren kann.

Frage: Sind Sie der Meinung, daß es wichtig wäre, Orte für Kontemplation zu haben?

Govinda: Ich glaube, daß es Orte gibt, die für Meditation stimulierender sind als andere. Bei der Übung buddhistischer Sādhanas heißt es in den indischen Originalanweisungen oft, daß man in die Natur gehen solle, an einen schönen Platz mit Bäumen und Blumen, wo eine große Stille herrscht und Schönheit einen umgibt; denn dies sei eine günstige Voraussetzung für Meditation. Sonst solle man sich in einen ruhigen Raum zurückziehen, der weitgehend leer ist oder nur einen kleinen Tisch mit einigen wenigen Opfergaben wie Lichter, Weihrauch und Blumen enthält. Oder man sollte einen Tempel, einen schönen Baum oder irgendeinen Platz religiöser Verehrung wählen, hier beispielsweise eine Kirche; denn viele alte gotische Kirchen haben eine wunderbare Atmosphäre. Man fühlt förmlich jene Ehrfurcht, die die beste Vorbereitung für Meditation ist.

Frage: Sollte ein Abendländer nach Asien gehen, um diese Dinge zu lernen?

Govinda: Das mag bis zu einem gewissen Grad nützlich sein. Wenn ein Abendländer in den Orient reist, so kann er viele Dinge dort von den Menschen lernen. Wenn ich «lernen» sage, so meine ich damit nicht, daß er alles imitieren soll! Ich möchte damit zum Ausdruck bringen, daß der westliche Mensch recht kritisch bei allem sein sollte, was er beobachtet, um zwischen dem zu unterscheiden, was essentiell, und dem, was einfach lokaler Brauch ist. Ich bin der Meinung, daß es sehr wohl Dinge gibt, die der Osten den Westen lehren muß. Andererseits muß auch der Osten vom Westen lernen, zum Beispiel Sauberkeit außerhalb des Hauses und allgemeine Hygiene, die über die persönliche hinausgeht. In dieser Hinsicht ist Japan ein guter Begegnungspunkt zwischen zwei Kulturen. Hier hat man ein gutes Gespür für ästhetische Werte, Sauberkeit, Schönheit und religiöse Atmosphäre – zumindest in den Tempeln und Gärten. Andererseits können wir von Indien lernen, wie wir unsere religiöse Praxis in den Alltag integrieren sollten; denn in Indien, wie in der Mehrzahl der östlichen Länder, gibt es diese scharfe Trennung zwischen Heiligem und Profanem nicht.

Frage: Nun zu einem ganz anderen Thema: Könnten Sie uns die Bedeutung von Dharma erklären?

Govinda: Man sollte vielleicht einen Unterschied machen zwischen «dem Dharma» und *Dharma* schlechthin. Wenn wir «der Dharma» sagen, so verstehen wir darunter die Lehre des Buddha, während *Dharma* im allgemeinen «universelles Gesetz» bedeutet. Nun ist der buddhistische Dharma als eine Transformation der universellen Gesetzmäßigkeit in die Gesetzmäßigkeit des Individuums zu verstehen. Der Buddha lehrte niemals etwas, was im Widerspruch zu der allgemein gültigen Gesetzmäßigkeit der Welt stand. Und deshalb sagte ich, daß das Gewahrsein und das Sehen unseres Atems uns eine Einsicht vermittelt, und zwar nicht nur in unsere eigene Individualität, sondern zugleich auch in jene Beziehungen, in die unser individuelles Sein in das des Universums eingebunden ist; denn der Atemprozeß reflektiert ein universelles Gesetz: Man kann nichts in sich aufnehmen, noch kann man irgend etwas halten, ohne es zurückgeben zu müssen. Alles im Universum existiert lediglich im Austausch von Kräften und Formen, von Geben und Nehmen in einem ständigen Wandel. Und eben diese Interrelationen sind die Grundlage des buddhistischen Dharma, der Lehre des Buddha.

Frage: Und ist nun das universelle Gesetz, das Sie erwähnten, auch Dharma?

Govinda: Sowohl die universelle Gesetzmäßigkeit als auch das moralische Gesetz in uns sind Dharma. Beide sind in

Wirklichkeit ihrem Wesen nach nicht verschieden. Aber wenn wir von Dharma im Sinne einer bestimmten religiösen Lehre sprechen – in unserem Fall von der Lehre des Buddha –, dann beschränken wir den Dharma auf eine gewisse Ebene. Die ursprüngliche Vorstellung von Dharma ist «das, was als Stütze dient, was trägt». So ist das, was dem Universum zur Stütze dient – jene Gesetzmäßigkeit, die es in Gang hält –, «Dharma».

Und das, was dem menschlichen Individuum als Stütze dient, macht sein spezielles Dharma aus, also etwas, was man auch sein Gewissen nennen mag und das ihm die Möglichkeit gibt, in Übereinstimmung mit seinem inneren Gesetz zu handeln. Dieses innere Gesetz aber ist nur eine besondere Weise, wie dieser Mensch die universelle Gesetzmäßigkeit reflektiert.

Frage: Kann das innere Gesetz eines Menschen dann nicht den äußeren Gesetzen widersprechen bzw. manchmal mit diesen in Konflikt kommen?

Govinda: Wenn das innere Gesetz eines Menschen in Konflikt mit dem universellen Gesetz käme, würde dies in einer Katastrophe enden. Ich bin der Ansicht, daß alle Not und alles Übel in der Welt von dem individuellen Widerstand gegen die universelle Gesetzmäßigkeit herrührt.

Frage: Verstehen Sie unter «universellen Gesetzen» das, was sich in einer bestimmten Kultur als «gesetzmäßig» darstellt?

Govinda: Nein. Was ich sagen möchte ist, daß es gewisse allgemeingültige Lebensgesetze gibt. Worauf ich hinauswill ist, daß man selbst dann, wenn man die biologische Entwicklung von menschlichen Wesen wie die von tieferstehenden Spezies in Betracht zieht, gewisse eindeutige Gesetzmäßigkeiten erkennt, nach denen diese Entwicklung abläuft. Und alles, was diesen Gesetzen zuwiderläuft, führt zwangsläufig zu Tod, Vernichtung oder Auflösung. Genau das gleiche trifft meiner Meinung nach auch auf das geistige Leben des Menschen zu: Wenn wir irgendwelche dieser universellen Gesetze vergewaltigen – was wir in unserem Gewissen fühlen –, dann erschaffen wir Resultate, die für uns selbst üble Folgen haben können bis hin zur vollkommenen Vernichtung.

Frage: Setzt dieses Gefühl, daß Leben ein Prozeß ist und daß es keine bleibende, ewig fortbestehende Persönlichkeit gibt, nicht viele Menschen in Angst und Schrekken?

Govinda: Ich sehe in dieser Tatsache nichts, was Angst auslösen könnte, da es ja in allem Wechsel und Wandel immer etwas Verbindendes gibt. Man wandelt sich entsprechend der eingeschlagenen eigenen inneren Richtung und wandelt sich nicht auf etwas hin, das einem nicht zugehört. Vielmehr wandelt man sich in etwas, das wesentlich ist, das bereits grundlegend in einem selbst existiert.

Mit anderen Worten: Jener gesetzmäßige Wandel läßt eine Kontinuität erkennen, und diese Kontinuität ist eine der Grundlehren des Buddhismus. Würde man diese Vorstellung des Kontinuierlichen ablehnen, so müßte man zugleich die Vorstellung vom Karma aufgeben. Diese Kontinuität eines Daseins berechtigt zum Beispiel trotz allen Wandels, einen Menschen als «Individualität» zu betrachten. Damit will ich sagen, daß Sie z.B. völlig verschieden sind von dem, was Sie als Sechsjähriger waren. Und dennoch besteht eine Verbindung zwischen jenem Kindesalter und dem Alter, in dem Sie jetzt sind, in das Sie sich «transformiert» haben entsprechend jenen Anlagen, die sich bereits bei dem Sechsjährigen zeigten. Daraus wird ersichtlich, daß es eine Kontinuität gibt, obwohl keine Identität zwischen dem sechsjährigen Kind und dem vierzigjährigen Mann besteht. Oder richtiger ausgedrückt: Es gibt weder Identität noch Nicht-Identität. Würden wir von Identität oder Nicht-Identität sprechen, so würden wir von einem der beiden Extreme erfaßt, obwohl es weder in unserem eigenen noch in anderer lebendiger Wesen Leben Identitäten gibt, sondern lediglich Ähnlichkeiten. Diese

Ähnlichkeiten aber basieren immer auf Beziehungen innerer Verwandtschaft oder auf Kontinuität im Sinne organischer oder psychischer Entwicklung.

Frage: Was ist Ihre Definition von Karma?

Govinda: Immer wieder betone ich, daß Karma willentliches, von Absicht bestimmtes Tun bedeutet. Wenn Sie beispielsweise in Ihrem Garten spazierengehen und unbeabsichtigt ein Insekt unter Ihren Füßen zertreten, so sind Sie – nach buddhistischer Karma-Auffassung – nicht des Tötens schuldig. Wenn Sie aber ein kleines Wesen den Weg entlangkriechen sehen und es willentlich töten, dann haben Sie eine karmisch unheilsame Tat vollzogen, die Rückwirkungen auf Sie haben wird. Denn jede Handlung aus Haß oder Gier, jede Freude an Zerstörung oder Lust am Verletzen und Töten wirkt unmittelbar auf den Täter zurück und führt zu einer Erniedrigung des eigenen Charakters. Das betrifft nicht nur äußeres Tun, sondern in einem noch vermehrten Maße unsere geistigen Absichten, da wir durch sie den Keim in unsere psychische Struktur legen, der dazu führt, daß wir in gleicher Weise handeln werden, wenn wir in eine ähnliche Situation geraten. Das aber würde dann einen kontinuierlichen Abbau unseres eigenen Charakters bewirken, was – da unser Charakter ja unser sogenanntes «Schicksal» ist – zu einer Daseinsform in niederen Bereichen führen kann. Karma ist daher einerseits das vom Geist ausgehende und von ihm bestimmte Handeln. Andererseits versteht man unter Karma auch die Frucht des eigenen Tuns, die uns dann als «Schicksal» erscheint, im Grunde genommen jedoch das Resultat unserer selbsterschaffenen Charakterformung ist.

So ist Karma eng mit der Vorstellung von Charakter verbunden: Ein Mensch handelt entsprechend seinem Charakter und ist durch diesen gewissermaßen determiniert. Da wir aber in unserem Charakter auch die Fähigkeit des Erkennens, des Beobachtens und der Urteilsfähigkeit haben, können wir gewisse Aspekte unseres Charakters verbessern, sie wandeln und transformieren, wenn wir sehen, daß sie üble, unheilsame Ergebnisse zeitigen. Damit sollte aber auch klar sein, daß Karma nichts mit Vorbestimmung zu tun hat. Andererseits aber ist es auch nicht völlig «Nicht-Vorbestimmung». Es beinhaltet beide Seiten, jedoch nicht im Sinne einer Dualität, da beide Möglichkeiten innerhalb des Karma-Gesetzes zugleich bestehen: die uns determinierenden Gewohnheiten (die uns in den Kreislauf «ewiger Wiederkehr» einbinden), wie das, was die Freiheit unseres Willens ausmacht (der uns zur Befreiung führen kann).

Frage: Wir suchen alle ERLEUCHTUNG. Wie definieren Sie Erleuchtung?

Govinda: Erleuchtung ist, nach der Definition des Buddha, die Überwindung von Gier, Haß und Nichtwissen. Erleuchtung ist demnach kein metaphysischer Begriff, sondern ein psychischer Akt. Anders ausgedrückt: Erleuchtung ist intensivierte Erweiterung und Universalisierung unseres Bewußtseins bzw. die Vollendung unseres Bewußtseins auf höchster Ebene.

Frage: Sie sagten einmal, Samādhi sei nicht das gleiche wie Erleuchtung.

Govinda: SAMĀDHI ist ein Zustand vollkommener Integration, der zeitlich begrenzt ist, während ERLEUCHTUNG eine Umwandlung – eine Transformation – unseres Bewußtseins ist, aus der es keinen Rückfall gibt. In der japanischen Terminologie gibt es die Worte *Kenshō* und *Satori.* Beide wurden oft fälschlich mit «Erleuchtung» übersetzt. Es gibt Hunderte von Menschen, die behaupten, Satori gehabt zu haben, aber sie sind keine Erleuchteten. Nichtsdestoweniger hatten sie flüchtige Einblicke bzw. aufblitzende Einsichten in ihr eigenes wahres Wesen, was eine große Hilfe und eine sehr wesentliche Sache ist. Aber das Wort Erleuchtung (Skrt.: *Bodhi*), wie es im Buddhismus gebraucht wird, bedeutet vollkommene Realisation des universellen Bewußtseins im Menschen. Und das ist etwas, was sehr selten geschieht. Eben deshalb gibt es nicht viele Buddhas in der Welt – zumindest nicht in dieser Menschenwelt, wie wir ja sehen.

Frage: Sie erwähnten einmal *Kōans*, die von den Zen-Buddhisten gebraucht werden. Welche Art von Erleuchtung ist das, bzw. was passiert da tatsächlich, wenn sie plötzlich das Kōan verstehen und die Antwort finden?

Govinda: Ein Kōan ist in Wirklichkeit eine Frage, die nicht beantwortet werden kann. Es ist eine Frage, die einen so verwirrt, daß man an einen Punkt der Verzweiflung gerät. Und in einer solchen Verzweiflung kann etwas in einem Menschen durchbrechen, so daß er die Grenzen seines intellektuellen Geistes erkennt. In einem solchen Spannungszustand kann unter Umständen etwas im Sinne einer «Befreiung», die als Kensho oder plötzliche Einsicht in die eigene Natur beschrieben wird, geschehen. In gewisser Weise ist die ganze Meditationstechnik des Zen-Buddhismus auf der Schaffung einer gewaltigen Spannung aufgebaut. Man kann das so verstehen: Wenn man es mit einer Frage oder einem Problem zu tun hat, welches man lösen kann, so wird die mögliche Lösbarkeit keine oder nur eine geringe Spannung aufkommen lassen. Wird man aber mit einer Frage konfrontiert, die intellektuell nicht gelöst werden kann, von der man aber fühlt oder zu fühlen meint, daß sich dahinter etwas versteckt, was über den Intellekt hinausgeht, dann kommt man in einen Zustand, wo man zunächst versucht, durch Annäherung von allen Seiten eine mögliche Lösung zu finden. Dabei kommt man zunehmend an jenen Punkt, wo die Spannung so groß wird, daß man sie nicht mehr erträgt. Und in diesem Augenblick, wo man sich selbst ganz hingibt, wo man jene Spannung zum Höhepunkt getrieben hat, wo man gewissermaßen sein eigenes absichtsgetragenes Denken überwunden hat, da erfährt man Kensho.

Ich habe mich manchmal gefragt, ob diese Meditationsform nicht vielleicht typisch japanisch sei, also etwas, das durch das japanische Temperament geschaffen wurde. Denn für einen durchschnittlichen westlichen Menschen ist es nicht leicht, wirklich ein Kōan auf sich zu nehmen und den ganzen Prozeß zu durchlaufen.

Nun gibt es gewisse Kōans, die eine Annäherung erlauben und die die Eigenschaft eines Symbols haben, das im meditativen Prozeß intuitiv erfaßt werden kann. Andere Kōans aber führen meines Erachtens nicht zu einem solchen Geisteszustand. So finde ich die tibetische Methodik, basierend auf den Lehren der großen Meister des indischen Vajrayāna, viel sicherer, weil man hier sehr klar und bewußt gewisse *symbolische, archetypische* Formen aufbaut und durch die Erfahrung dieser Formen hindurchgeht, bis man ihre tiefere Bedeutung erkennt.

Dann aber, und das ist der wichtigere Teil, darf man sich niemals an seine eigenen Vorstellungen oder Visionen heften. Man muß vielmehr an einen Punkt kommen, wo man fähig wird, jene Schau wieder aufzulösen und zwar hin auf den Punkt, aus dem sie entstand. Nur so kann man sich lösen von einem Gebundensein an eigene Schöpfungen. Kann man dies nicht, dann ist die ganze Meditation wertlos: Kreative und auflösend-integrierte Prozesse müssen sich ablösen. Und eben dies ist eine der grundlegenden Komponenten der Meditationstechnik im Vajrayāna.

Frage: Glauben Sie, daß die tibetischen Techniken für den westlichen Menschen besonders nützlich sind?

Govinda: Ich bin der Überzeugung, daß diese Methoden für alle menschlichen Wesen von Nutzen sind. Doch erfordern sie vom westlichen Menschen einen hohen Energieeinsatz sowie eine große Anstrengung und viel Geduld bei gleichzeitiger kritischer Haltung. Aber ich bin der Überzeugung, daß ohne Anstrengung nichts Großes erreicht werden kann. Leute, die da meinen, daß Meditation nichts anderes sei als eine Art Entspannung und daß alles andere wie von selbst käme, werden nie zu einem Ergebnis kommen. Sie mögen bei ihrer sogenannten Meditation angenehme Gefühle haben, mögen ruhiger und glücklicher sein. Doch all das führt nicht zu einer Transformation oder einer Befreiung im höheren Sinne.

Frage: Gibt es in der westlich-christlichen Tradition etwas, das diesen Meditationstechniken ähnlich ist?

Govinda: Die einzige Technik, die der indisch-tibetischen Technik des Einsatzes schöpferischer Imagination nahekommt, ist die des Ignatius von Loyola, wie er sie in seinem Buch *Exercitia spirituola* beschreibt. Hier hat man eine Meditation vor sich, in der der Meditierende die Leiden Christi in einer extrem realistischen Weise sehen und selbst erleben muß. Das Buch wurde ursprünglich in lateinischer Sprache verfaßt, liegt aber jetzt in Übersetzungen vor, aus denen man ersehen kann, welche Leiden der Meditierende nachempfinden muß, um zu erkennen, durch welche Leiden Christus hindurchging, so daß er danach wissend das zu schätzen weiß, «was Christus für ihn getan hat». Das Ganze wird so realistisch und in so detaillierter Form dargestellt, daß jeder Schritt und jede Erfahrung in diesem Exerzitium deutlich wird. Menschen, die diese Exerzitien machten, müssen meiner Meinung nach am Ende halb tot gewesen sein. Aber im Gegensatz zu den Übungen im Vajrayāna gab es hier am Ende keine Auflösung und damit auch keinen Integrationsprozeß.

Frage: Was geschieht, wenn man in den Übungen desVajrayāna jene Energie, die man da investiert hat, aus der Bindung wieder freisetzt?

Govinda: Man muß den ganzen Prozeß auf den Ursprung zurückführen. Stellen Sie sich vor, Sie hätten ein Universum in jedem Detail, ausgehend von der Shūnyatā oder Leerheit, aufgebaut. Die Leerheit wäre dann der Punkt, in dem dieses Universum seinen Ursprung hat und in dem es sich aus einem Samen – dem Bīja-Mantra – entwickelt. Diese Entwicklungs- oder Aufbauphase (*Srishti-Krama*) ist ein Prozeß, der viel Zeit beansprucht. Man kann ihn dem Wachstumsprozeß einer

Pflanze vergleichen, der mit einem kleinen Samenkorn beginnt und der sich in der Entfaltung von Blättern, Stamm, Blüten und all den anderen Details fortsetzt.

Der rückläufige Prozeß der Einschmelzung oder Integrierung (*Laya-Krama*) geht nun Schritt für Schritt rückwärts, bis man wieder jenen Punkt erreicht hat, wo das eben noch Sichtbare im Nichtsichtbaren verschwindet. Es ist schwierig, diesen Prozeß jemandem zu beschreiben, der die ganze Vorstellungswelt und den damit verbundenen Symbolismus nicht kennt.

Frage: Bewirkt nun diese Methodik einen Wandel in der Persönlichkeit bei jenen, die sich ihr unterziehen?

Govinda: Ja. Denn wenn man weiß, daß man eine Welt erschaffen und dann auflösend integrieren kann, fühlt man sich etwa so wie ein großer Musiker, der eine wunderbare Symphonie erschaffen kann und der – nachdem er das getan hat – sie niemandem zu Gehör bringt: Sie ist dann etwas, was nur in seinem schöpferischen Bewußtsein existiert. Der Künstler aber wird darüber nicht traurig sein. Und warum? Weil er das Werk jederzeit neu erschaffen kann.

Mit anderen Worten: Wenn man ein für allemal weiß, daß die Fähigkeit schöpferischer Gestaltung in uns immer gegenwärtig ist, dann giert man nicht mehr danach, Dinge festzuhalten, weil man weiß, daß man sie in jedem Augenblick neu aus sich heraus gestalten kann. So wird man auf diese Weise frei vom Haften an eigenen geistigen Kreationen und Konstruktionen.

Gleichzeitig aber bewirkt der Prozeß der Integrierung etwas, was vielleicht noch viel wichtiger ist: Hat man im Auflösungsakt erst einmal all jene Dinge in sich integriert, so hat man eine Bereicherung erfahren. Und das ist der Punkt des Beginns der Transformation unseres Menschseins: Das Aufgelöste wird assimiliert, es bleibt nicht etwas nur Gedachtes noch ein Etwas, von dem man die Absicht oder die Vorstellung hatte, es irgendwann einmal zu tun.

Frage: Welche Übungen und Praktiken sind für einen Menschen notwendig, der diese Kräfte bzw. Fähigkeiten entwickeln will?

Govinda: Man wählt sich im allgemeinen zunächst einen sehr einfachen Ausgangspunkt. So kann man beispielsweise mit einfachen devotionalen Übungen anfangen. Der nächste Schritt wäre dann, daß man sich selbst ein Bild von dem macht, was man erstrebt, oder von dem, worauf die entfachte Hingabe ausgerichtet sein soll. Im Falle eines gläubigen Christen dürfte dessen Hingabe auf Christus ausgerichtet sein. Diese Ausrichtung auf Christus erfordert aber, daß der Meditierende ein deutliches Bild von Christus für sich entwickelt hat. Dieses Bild muß all das beinhalten, von dem er denkt und fühlt, daß es das Wesen Christi ausmacht. Das so gewonnene Bild wäre dann die Verkörperung all jener Vollkommenheiten, die er in sich selbst erschaffen möchte. Einige Menschen werden bei der Erschaffung ihres Bildes vielleicht zuerst an die göttliche Liebe Christi denken. In diesem Fall wäre die Liebe jene Eigenschaft, die diese Menschen besonders beeindruckt hat, und sie werden nun versuchen, sie im eigenen Leben zu verwirklichen. Ein anderer Mensch mag andere göttliche Eigenschaften in Christus als das Primäre ansehen. Aber in allen Fällen muß dem Anlaufen des inneren Wandlungsprozesses ein inneres geistiges Bild vorausgehen, das sich schließlich in einer klaren Innenschau kristallisiert. Diese innere Schau aber bleibt etwas vom Schauenden Gesondertes, solange sie nach außen projiziert wird und solange man versucht, sie in einem Außen zu objektivieren. Eine Verwirklichung des Geschauten ist erst dann möglich, wenn man sich mit dem Bild, das man geistig gestaltet oder empfangen hat, identifizieren kann. Ein Buddhist würde hier davon sprechen, daß man die Buddhaschaft in sich selbst verwirklichen müsse. Um aber den Buddha in uns zu realisieren, müssen wir uns zunächst einmal Klarheit über das schaffen, was für uns den inneren Buddha ausmacht.

Frage: Kann Meditation zu einer andersartigen Welterfahrung führen?

Govinda: Es ist möglich, wenn wir die Schwingungsrate unseres Geistes ändern und wenn wir in andere Dimensionen eintreten. Die meisten Menschen leben in einer dreidimensionalen Welt. Aber ich bin der Überzeugung, daß Menschen – ich denke zum Beispiel an Einstein – bereits eine Ahnung von einer multidimensionalen Welt hatten, die weit über eine bloß intellektuelle Spekulation hinausging. Im Falle Einsteins muß es schon deshalb etwas mehr gewesen sein, weil er – bevor er seine Formeln fand und postulierte – die *Schau* einer multidimensionalen Welt gehabt haben muß, um diese Formeln zu entdecken und um sie dann anderen Menschen zu erklären. Die Tatsache, daß er gleichzeitig Musiker war, zeigt, daß er nicht nur ein «Hirnmensch» war, sondern zu gleicher Zeit auch ein Künstler. Und ich bin der Meinung, daß Kunst die wirklich schöpferische Fähigkeit im Menschen ist, ganz gleich, ob es sich um Dichtung, Musik, Bildhauerei, Malerei oder andere Künste handelt.

Zeit, Zeitlosigkeit, Gegenwärtigkeit und Leerheit

Frage: Unsere beiden vorangehenden Gespräche befaßten sich mit den Grundlagen der Meditation: Körperhaltung, Atembewußtheit, Mudrās usw. Ich würde sie dem Bereich der Formen einordnen, die aber dennoch an die höchste Wirklichkeit heranführen, ja, sie offenbaren können. Sie alle machen deutlich, daß ein wesentlicher Faktor der Meditation das Raumerlebnis ist.

Welche Bedeutung aber kommt der Zeit zu?

Govinda: Das Problem der Zeit ist eines der interessantesten und bedeutendsten, weil es uns lebensnah an das Mysterium des Lebens selbst und auch an das des Universums, in das wir eingebunden sind, heranführt. So ist es auch zu verstehen, daß das *Kālachakra-Tantra*, das die tiefste und «esoterischste» Lehre des Buddhismus darstellt, weit über all unsere logischen Spekulationen hinausgeht, in die sich Menschen wie Ouspensky und andere hoffnungslos verirrten, so daß sie strandeten. Denn das Problem der Zeit kann niemals logisch oder mathematisch gelöst werden, sondern allein durch die direkte Erfahrung einer höheren Dimension, zu der u.a. die Initiation in das Kalachakra-Tantra führen kann, weil wir uns sonst zu leicht immer wieder in den Fesseln unserer eigenen Terminologie verstricken und verfangen. Doch wenn wir erst einmal damit beginnen, diese willkürlich selbstgeschaffene Terminologie abzutun und herabsteigen zum festen Boden der direkten Erfahrung, dann ist das Problem schon halb gelöst, selbst wenn wir es innerhalb unserer alltäglichen Bewußtseinsdimensionen angehen. Doch im allgemeinen basieren unsere Theorien auf falschen Denkvorstellungen, das heißt auf reinen Abstraktionen. Eine solche rein denkerische Konstruktion ist beispielsweise die Vorstellung eines «Absoluten», bzw. die einer «absoluten Existenz» oder «absoluten Nicht-Existenz» von irgend etwas, für das wir kein Erfahrungs-Äquivalent haben. «Absolute Zeit» ist ebensowenig nacherlebbar wie die Leugnung der Zeit: die erstere, weil jede Zeitvorstellung auf eine Relation hinweist, die letztere, weil Zeit eine klar bestimmbare Erfahrung ist, ganz gleich, ob wir sie definieren können oder nicht. Ebenso ist es auch mit «Leben», das wir auch nicht *definieren* können und das dennoch ist.

Und in der Tat: Je «realer» eine Erfahrung ist, desto weniger kann sie definiert werden. Nur leblose Objekte, Dinge, die man mittels des menschlichen Verstandes künstlich separiert, isoliert und eingegrenzt hat – sie können definiert werden. Eine Wirklichkeitserfahrung aber – und allein über sie können wir sprechen, weil «Wirklichkeit an sich» eine Absurdität ist – kann nie definiert, sondern nur umschreibend dargestellt werden. Mit anderen Worten: Man kann sie nicht geradlinig in zweidimensionaler Logik angehen, sondern nur in konzentrischer Annäherung in immer enger werdenden Kreisen, so daß man sich nicht nur von einer Seite annähert, sondern, ohne sich an einem bestimmten Punkt aufzuhalten, von allen Seiten betrachtend auf sein «Ziel» zugeht. Eine solche konzentrische Annäherung aber ist das gerade Gegenteil von unserer westlich-analytischen Art des konzentrierten Erfassens: Es ist die östliche synthetische oder integrative Konzentration des Dhyāna – der inneren Schauung.

Frage: Was bedeutet «ZEIT» vom Standpunkt der Erfahrung aus?

Govinda: Zunächst «Bewegung»: entweder in sich selbst oder von etwas außerhalb unserer selbst oder über uns hinausgehend. Je weniger wir uns (äußerlich oder innerlich) bewegen, um so mehr sind wir uns der Zeit bewußt. Je mehr wir uns bewegen, um so weniger sind wir uns der Zeit bewußt. Bewegen wir uns im Rhythmus des Universums, so sind wir im Zeitlosen, und zwar in dem Sinne, daß wir ZEIT nicht mehr erfahren. Wenn wir dagegen dem Rhythmus entfallen, erfahren wir Existenz «ohne Dauer», das heißt, wir erfahren rein momentane Existenz ohne Kontinuität und damit «ohne Sinn». Doch das, was wir «ewig» nennen, ist keine unbegrenzte Dauer der Zeit – die nichts als eine bloße Abstraktion bzw. Denkkonstruktion wäre, ohne Beziehung zu irgendeiner wie auch immer gearteten Erfahrung – sondern die Erfahrung der ZEITLOSIGKEIT: Das Wort «ewig» ist ein Äquivalent zu «zeitlos».

Frage: Es gibt also keine absolute Zeit…

Govinda: Ebenso wie es keinen absoluten Raum gibt: Beide haben nur ihre «EXISTENZ» in Beziehung zu «Bewegung» und «Ausdehnung», das heißt der Erfahrung einer Dimension. ZEIT kann nicht zurückgedreht werden: Selbst wenn man den gleichen Weg zurückginge, er ist nicht mehr derselbe, weil die Sequenz der Wegmarken verändert ist, die man ja nun von der entgegengesetzten Richtung sieht, oder – wenn wir von der Erinnerung ausgehen – mit dem hinzugekommenen Wissen aus der vorangegangenen Erfahrung.

DIE ERFAHRUNG DER ZEIT IST DAS ERGEBNIS VON BEWEGUNG PLUS ERINNERUNG. Dabei ist Erinnerung, also das Gedächtnis, in etwa vergleichbar den Schichten der Jahresringe eines Baumes: Jede Schicht ist eine «Materialzulage» – eine Hinzufügung von «Erfahrungsmaterial», die den Wert jeder neuen Erfahrung verändert, so daß selbst eine wiederholte gleiche Erfahrung nie identische Ergebnisse hervorbringt.

LEBEN (genauso wie ZEIT) ist ein irreversibler Prozeß, und all jene, die von der «ewigen Wiederkehr des Gleichen» sprechen, verwechseln RHYTHMUS (oder PERIODIZITÄT) mit mechanischer Wiederholung. Das aber ist der oberflächlichste und flachste Standpunkt, den ein Denker einnehmen kann. Er ist typisch für den Intellekt, der seine Verbundenheit mit der Wirklichkeit verloren hat und nun das Leben durch die Phantome leerer Abstraktionen ersetzt. Eine solche Denkweise führt jedoch zwangsläufig zu einer stagnierenden und mechanischen Weltanschauung bzw. in eine Sackgasse. Ob sich das Universum in seiner Ganzheit wandeln kann oder nicht, das ist völlig unwichtig. Wichtig ist allein, daß es im Individuum ein «echtes kreatives Vorankommen» gibt und eine Vergangenheit, die es außen wie innen «wachsen» läßt, bis es Universalität erreicht, befähigt zur Erfahrung des Universums als eines Ganzen, das nicht als eine abstrakte Einheit denkerisch konstruiert ist, sondern das als ein lebendiger Organismus erlebt wird. Und dies ist die höchste Dimension des Bewußtwerdens.

Frage: Was aber bedeutet hier DIMENSION?

Govinda: Es ist die Befähigung, sich in einer bestimmten Richtung auszudehnen oder zu bewegen. Im Außenraum kennen wir dies nur in drei Dimensionen, das heißt, wir können nicht über die Dreidimensionalität des Raumes hinausgehen. Die Bewegung jedoch, die diese drei Dimensionen hervorbringt und beinhaltet, wird als ZEIT erlebt, solange die Bewegung unvollständig ist oder solange die Dimensionen noch im Entstehen sind, was besagt, solange sie noch nicht als ein vollkommenes Ganzes erfaßt wurden.

Das GEFÜHL von ZEIT ist das GEFÜHL der UNVOLLKOMMENHEIT – des NICHT-VOLLSTÄNDIGEN. Und daher gibt es auch kein Zeitgefühl in den Zuständen höchster wacher Gegenwärtigkeit, intuitiver Schauung wie vollständiger Verwirklichung.

Auch für den ERLEUCHTETEN gibt es KEINE ZEIT, was aber nicht besagt, daß für einen Erleuchteten die Vergangenheit ausgelöscht oder die Erinnerung* geschwunden ist! Ganz im Gegenteil: Die VERGANGENHEIT hat aufgehört, eine EIGENSCHAFT der ZEIT zu sein und wurde zu einer neuen Ordnung des RAUMES, die wir die VIERTE DIMENSION nennen mögen, in der die Dinge und Geschehnisse, die wir nur stückweise erfuhren, nun simultan gesehen werden in ihrer GANZHEIT und GEGENWÄRTIGKEIT.

So überschaute der Buddha im Ablauf seines Erleuchtungsprozesses eine Unzahl vorangegangener Leben in ständig sich weitenden Kreisen, bis seine Schauung das ganze Universum umfaßte.

Frage: Jedoch können wir uns bei Bewegungen im Außenraum nicht über die drei Dimensionen vom Ausgangspunkt unseres Alltagsbewußtseins hinausbegeben.

Govinda: Die einzige Richtung, in die wir zusätzlich gehen können, ist die innere: jene, die der Ausdehnung der Zeit entgegengesetzt läuft, das heißt zum Zentrum und Ursprung aller Dinge. «URSPRUNG» bedeutet jedoch nicht «ANFANG» im zeitlichen Sinn, sondern den immer gegenwärtigen Ursprung! Die der Zeiterfahrung entgegengesetzte «Richtung»

---

* Skrt.: Smriti, Pali: Sati bedeutet «Erinnerung», das ist die Fähigkeit, einmal in der Vergangenheit Erfahrenes wieder in die Gegenwart zu holen, es zu «vergegenwärtigen», ganz wie es war.

ist GEDÄCHTNIS bzw. ERINNERUNG. Auf Gedächtnis gründet sich alle Beziehung, die als Kausalität gedeutet wird durch Selektion gewisser Reihenfolgen oder Ketten von Ereignissen, die man aus ihrem Zusammenhang isoliert und sie so ihrer MULTIDIMENSIONALITÄT beraubt! Durch diese intellektuelle Überlagerung der Erinnerungsprozesse reduzieren wir das Gedächtnis von der vielschichtigen Dimensionalität zu einer einschichtigen und opfern so seinen Wirklichkeitswert einer Anzahl abstrakter und damit lebloser Konzepte, die – wenngleich brauchbar – nur von vorübergehendem Wert sind.

GEDÄCHTNIS IST DIE WACHE PRÄSENZ, das Gegenwärtigsein der Existenz von Vergangenem im gegenwärtigen Bewußtsein. Denn das, was wir «Bewußtsein» nennen, ist die Gesamtsumme all dessen, was je geschah und daher auch die Potentialität von all dem, was geschehen kann. Damit soll jedoch nicht behauptet werden, daß zukünftige Ereignisse lediglich die Wiederholung von vergangenen sind, noch daß sie in einer vorbestimmten Form bereits existieren. All das deutet lediglich darauf hin, daß es gewisse «Grundmuster» gibt, deren Wahrscheinlichkeitsgrad sich um so mehr der Stetigkeit von «Gesetzen» annähert, je größer die beteiligten Mengen sind oder je größer der angelegte Maßstab ist, innerhalb dessen diese Prozesse oder Ereignisse gesehen werden. Beim Anlegen eines universellen Maßstabes wird alles «Gesetzmäßigkeit». Beim Anlegen eines individuellen Maßstabes hingegen löst sich alles in Formen auf, die Wahrscheinlichkeitscharakter haben. Deshalb sind Statistiken auch nur dann korrekt, wenn sie von nahezu astronomischen Zahlen ausgehen, und erweisen sich als nutzlos, wenn man sie auf Individuen anwendet.

In diesem Zusammenhang stimme ich mit Ouspensky überein, wenn dieser sagt: «All das, was existiert, ist nur innerhalb der Grenzen eines bestimmten, sehr umgrenzten Wertmaßstabes das, was es ist. Legt man einen anderen Wertmaßstab an, so wird es etwas anderes. Mit anderen Worten: Jedes Ding und jedes Ereignis hat eine gewisse Bedeutung allein innerhalb der Grenzen eines bestimmten Wertmaßstabes, wenn man es mit Dingen oder Ereignissen vergleicht, die von den eigenen Maßen oder Verhältnissen nicht allzuweit entfernt sind, das heißt, die innerhalb des gleichen Meßbereiches liegen.»

Von diesem Standpunkt aus verstehen wir auch die Betonung von Maß und Proportion bei den griechischen Philosophen. Ihr Universum war harmonisch, weil es streng begrenzt war, in Übereinstimmung mit menschlichen Proportionen, die dem menschlichen Geist begreifbar sind. Verlassen wir aber diese Grenzen, so kommen wir der Wirklichkeit keineswegs näher: Wir schaffen lediglich ein Chaos und verlieren die Sinngebung, die unsere Welt sonst hatte.

In vorgeschichtlicher Zeit hatte die Menschheit eine Religion, aber keine Dogmen, weil sie die Wirklichkeit der Vergangenheit als eines immer gegenwärtigen Faktors in jedweder Form bewußten Lebens anerkannte. Mit anderen Worten: Die Vergangenheit wurde nicht als eine bloße abstrakte Eigenschaft der Zeit verstanden – die selbst nichts anderes ist als eine Abstraktion von verschiedenartigsten Erfahrungen oder Erscheinungsformen des Lebens –, sondern als ein integraler Teil der Gegenwart. Und das war mit dem identisch, was spätere Religionen «Geist», «Seele» oder «Bewußtheit» nannten, da, wie bereits gesagt, Bewußtsein in seinem tiefsten Aspekt die Gesamtsumme all dessen ist, was je geschah.

Daher war in allen prähistorischen Religionen der Totenkult das Kernstück des gesamten religiösen Lebens und der Inbegriff menschlicher Kultur. Der Tote war für jene Menschen nicht tot, und das Vergangene war für sie kein bloßer Schatten der Wirklichkeit: Der Tote und alles Vergangene hatten Teil an der Ganzheit des Lebens und gaben der Gegenwart TIEFENDIMENSION und SINN – eine Gegenwart, die sich noch nicht unter dem Zepter der Zukunft plagte, noch von der egozentrischen angsterfüllten Hetze nach eigener Erlösung beherrscht wurde.

Frage: Doch Sie erwähnten kurz auch das, was ich den «destruktiven Aspekt» nennen möchte. Ich denke, daß eines der bekanntesten Charakteristika dieses Aspektes im Vajrayāna die «furchtbaren» Gottheiten sind, die schreckenerregenden Wesen und Kräfte. Welche Rolle nun spielen sie in jener von Ihnen erwähnten Meditation, die es uns ermöglicht, die «wahre Natur» der Dinge, ihre Leerheit, zu erkennen?

Govinda: Die symbolischen Gestalten, die die Leerheit darstellen, sind im allgemeinen furchterregend, denn die bloße Vorstellung der Leerheit ist gerade das, was in einem normalen Menschen die stärksten Ängste wachruft. In meinem Buch *Der Weg der weißen Wolken* erwähne ich, daß ich einmal einen berühmten Eremiten in den Himalayas besuchen wollte. Er war der Lehrer, der Guru, von Alexandra David-Neel, der als ein Mann von großer geistiger Kraft verehrt wurde. Als ich am Abend einen Lagerplatz in der Nähe seiner Eremitage erreichte, war ich sehr müde und ging sofort zu Bett, um am nächsten Morgen ausgeruht zu sein. Aber bevor ich einschlafen konnte, hatte ich plötzlich das Gefühl, daß mein Bewußtsein, ja mein ganzes Wesen von einer wie von außen kommenden Kraft in Besitz genommen wurde. Zunächst wußte ich nicht, was es war, aber im nächsten Augenblick überfiel mich die Angst, ausgelöscht zu werden. Es war, als würde ich in den bodenlosen Abgrund einer «Nichtsheit» stürzen. Ich war in diesem Augenblick so von Angst erfüllt, daß ich von meiner Schlafstelle aufsprang, rasch eine Kerze anzündete und einen Spiegel zur Hand nahm, um mein eigenes Gesicht zu sehen. Dann porträtierte ich mich selbst, um meine Individualität wiederzugewinnen. Verstehen Sie: Ich war auf so etwas nicht vorbereitet. Es war ein Moment vollkommener Rezeptivität, ohne daß ich irgendeine Widerstandskraft hatte. Es war eine äußerst seltsame Erfahrung.

Am nächsten Tag besuchte ich den Eremiten. Wir hatten

ein sehr gutes Gespräch, aber wir berührten meine Erfahrung vom vergangenen Abend in keiner Weise. Am Ende meines Besuches bat ich den Eremiten, mir einige wenige, für mich wegweisende Worte in mein Büchlein zu schreiben, das ich für Meditationsnotizen verwendete. Ich bemerkte, daß er zögerte. Er war damals schon ein sehr alter Mann, und es gab dort keine ständig bereiten Schreibutensilien. Er mußte erst seine Tusche anrühren und benützte ein kleines Bambusstäbchen als Feder. Zuerst sagte er: «Oh, ich bin so alt, und es fällt mir schwer zu schreiben. Meine Hand zittert.» Doch als ich ihn bat: «Bitte, selbst wenn es nur ein einziges Wort ist, wird es sehr wertvoll für mich sein», war er sehr freundlich und begann plötzlich zu schreiben. Er gab mir mein Büchlein zurück, und ich verabschiedete mich von ihm. Als ich das Buch ein wenig später öffnete, sah ich, daß er die achtzehn Arten der Leerheit (Shūnyatā) aufgezeichnet hatte, die die Antwort auf mein Problem waren: die verschiedenen Formen von jener Leerheit, die ich letzte Nacht erfahren hatte. Und so können Sie vielleicht verstehen, daß für einen Menschen, der auf eine solche Erfahrung nicht vorbereitet ist – besonders wenn er sie bisher nur von einem persönlichen oder bloß intellektuellen Standpunkt aus betrachtet hatte –, daß für ihn die Vorstellung, wie ein Funke vollständig zu verglühen oder zu verlöschen, angsteinflößend ist und daß sie einem Durchschnittsmenschen wie die Verkörperung eines Dämons der Vernichtung erscheinen muß.

Deshalb sind diese anscheinend «furchtbaren Gottheiten», wie sie in Indien und Tibet genannt werden, regelmäßig sehr tief empfundene Symbole für die Vorstellung der Leerheit (Shūnyatā) und all ihrer verschiedenen Eigenschaften und Emanationen. Und das erklärt auch zum Beispiel all jene der Zerstörung dienenden Waffen in den vielen Händen dieser Gestalten: Jede Waffe dient der Vernichtung einer bestimmten Leidenschaft oder einer jener spezifisch menschlichen Eigenschaften, die uns daran hindern, frei zu werden bzw. die

Mauern niederzureißen, die wir selber errichten. Denn Shūnyatā im positiven Sinn ist gleichbedeutend mit dem Niederreißen unserer Begrenzungen. Aber so verstanden gibt es nichts, was zu fürchten wäre: Nichts geht verloren, denn wir bleiben, was wir waren. Wir aber identifizieren uns fast immer mit unserer augenblicklichen Individualität oder Persönlichkeit, an die wir uns klammern, und erkennen nicht, daß uns nichts anderes genommen wird als unser Käfig.

Das ist also die eine Erklärung für die schreckenerregende Erscheinung einiger dieser sogenannten Gottheiten, die in Wirklichkeit Zustände unseres Bewußtseins bzw. unserer unterschiedlichen Erfahrungen sind. Es gibt aber auch eine populäre Erklärung. Es heißt, daß diese dämonischen Gestalten «Verteidiger des Dharma» (*Dharmapāla*) sind. Nun, das ist in Wahrheit eine volkstümliche Fehlinterpretation, denn der Dharma braucht keine Verteidigung. Die Weisheit des Buddha, das heißt jenes höchste Wissen, ist keine Sache, die man verteidigen muß. Man muß sie finden!

Frage: Ich hörte, daß Initiationen in die Sādhanās der «Furchterregenden Gottheiten» nur sehr selten gegeben werden. Warum?

Govinda: Ja, es ist wesentlich einfacher, Initiationen in die friedvollen Formen der Sādhanās zu erlangen, als in Meditationen, die um Symbole des Furchtbaren kreisen, weil die Beschäftigung mit jenen Symbolen des Furchterregenden ein breitangelegtes Wissen um den gesamten Hintergrund dieser Symbolik erfordert und die meditative Praxis dieser Übungen weitaus differenzierter ist.

Nehmen wir beispielsweise die Gestalt des *Demchog* (tib.) oder *Mahāsukha* (Skrt.), auch *Cakrasamvara* (Skrt.) genannt, der die Verkörperung der Großen Glückseligkeit ist. Demchog wird mit zwölf Armen und vier Gesichtern dargestellt, die jeweils drei Augen haben. Die drei Augen sind u.a. Ausdruck des Wissens um die Vergangenheit, Gegenwart und Zukunft, die vier Gesichter stehen für die vier Himmels-

richtungen, das Ganze also für die vollkommene Gegenwärtigkeit und Bewußtheit von Zeit und Raum. Die zwölf
Arme aber stellen die zwölf Glieder der Formel des bedingten, abhängigen Entstehens (*Pratītya-Samutpāda*) dar. Die
oberen zwei Arme halten eine noch blutige, das heißt frisch
abgezogene Elefantenhaut ausgespannt, ein Symbol für die
Unwissenheit, in die wir eingehüllt sind und die uns davon
abhält, das zu sehen, was sich um uns herum abspielt, die uns
gewissermaßen mit einer «dicken Haut» umgibt, so daß wir
kaum Mitempfinden und Mitleid fühlen können. Die übrigen zehn Hände halten verschiedene Geräte, und jedes dieser
Werkzeuge hat symbolische Bedeutung. Demchog steht im
Zentrum eines Mandalas, das bis zu ungefähr 160 Gestalten
beinhalten kann. Jede einzelne Gestalt steht für einen spezifischen Bewußtseinszustand, und man muß jede von ihnen
erlebnishaft erkennen, was natürlich eine lange Zeit in Anspruch nimmt. Menschen, die einen solchen Sādhana wirklich ausschöpfen wollen, müssen bereit sein, viele Jahre darauf
zu verwenden, wobei es darum geht, nicht nur das ganze
Universum aufzubauen, sondern schließlich auch den Tempel, der dieses Universum krönt und in dem sich das Mandala
des Demchog mit einer Fülle von Farben, Einzelheiten und
Materialien findet. Es bedarf einer gewaltigen mentalen und
spirituellen schöpferischen Anstrengung, um dieses Mandala
hervorzubringen. Und das ist der entscheidende Punkt: Es
handelt sich hier nicht um eine Vision etwa in dem Sinne, wie
die christlichen Mystiker Visionen hatten, die von außen über
sie zu kommen schienen.

Sie wissen ja sicherlich, daß die katholische Kirche sich
immer schon vor jedem fürchtete, der Visionen hatte, weil
man ja nie genau wußte, ob diese Visionen göttlichen Ur-
sprungs oder vom Teufel inspiriert waren. Nun, diese Gefahr
gibt es im Buddhismus aus dem einfachen Grunde nicht, weil
hier grundsätzlich keine ungesteuerten, fast medial durch-
brechenden Projektionen aus dem Unterbewußtsein zugelas-

sen werden, sondern ein bewußt gesteuerter und schöpferisch gestalteter Prozeß durchgeführt wird, den ich als «ikonographisch inspirierte und geführte Imagination» bezeichnen würde. Damit will ich zum Ausdruck bringen, daß man hier archetypische Symbole benutzt, die in allen Einzelheiten vorgezeichnet sind, und zwar in zahlreichen Skulpturen und Malereien, und deren innere Richtung und Bedeutung dem Übenden zumindest partiell bekannt sind. Seine Aufgabe ist es nun, sich diese Ikonen gewissermaßen verlebendigend Stück für Stück und dann als Ganzes als erlebte Wirklichkeit zu erarbeiten. Dabei hat er sich immer zu vergegenwärtigen, daß alle diese Gestaltungen selbsterschaffene Projektionen seines eigenen Geistes sind: Spiegel seiner innewohnenden Möglichkeiten und Befähigungen. Und nach dieser Phase der Entfaltung kommt nun die mindestens ebenso wichtige Phase der Auflösung und Rezeption des Mandala, der Rückführung in seinen Ursprung: der Shūnyata. Damit wird aber im Bewußtsein des Meditierenden jede auch noch so geringe «Verobjektivierung» des Geschauten und Gestalteten beseitigt: Er erkennt es «der Wirklichkeit gemäß» als eine Projektion der schöpferischen Tätigkeit seines Geistes: «vom Geiste ausgehend, vom Geist geführt, vom Geist erschaffen» (*Dhammapada* 1).

Sich selbst als Schöpfer dieser «Welt» erkennend, entgeht er der Gefahr, irgendwelchen Illusionen zum Opfer zu fallen.

Frage: Das ist tatsächlich eine Gefahr. Doch wenn Sie sagen, daß der Mensch diese Illusionen erschafft, so frage ich mich, ob man die dämonischen Formen mit den eigenen Illusionen in eine Wechselbeziehung bringen kann. Mit anderen Worten: Die Japaner sprechen von Formen, die während der Meditation aufsteigen und einen sehr schreckenerregenden Eindruck machen.

Govinda: Sehen Sie, das ist eine ganz andere Sache. Wenn eine Gestaltung aus dem Unterbewußtsein kommt oder aufsteigt, dann hat man darüber keine Kontrolle, es bricht gewissermaßen in unser Bewußtsein ein. Auf die Gefahr solcher nicht gewollter Einbrüche im Entspannungszustand der Meditation wird der Buddhist immer wieder in den Sūtras des Mahāyāna aufmerksam gemacht, gewarnt und zur Wachheit ermahnt: «Wenn Jünger in der Meditation Buddhas und Bodhisattvas erschauen, so sollen sie sich immer wieder vergegenwärtigen, daß dies alles nur Projektionen (*Parikalpitas*) ihres eigenen Geistes sind.» In der tantrischen Meditation hingegen baut man die Dinge bewußt selbst auf und weiß, daß man sie selbst aufbaut, daß sie unsere eigene Schöpfung sind, so wie ein Künstler weiß, daß es seine eigene Schöpfung ist, wenn er ein Bild oder eine Skulptur schafft. Und das macht einen großen Unterschied aus: Er wird nie von seiner Schöpfung beherrscht oder gefangengehalten werden.

Um allerdings die subtilste aller Gefahren zu vermeiden, daß man sich seiner Schöpfung verhaftet (wie etwa Pygmalion seiner Skulptur), ist es so wichtig, alle Gestaltungen wieder aufzulösen (Laya-Krama), um sie dann zu reintegrieren.

Frage: Wenn jemand, der in seiner Meditation tantrische Riten benützt, einen der Dhyāni-Buddhas oder «Meditationsbuddhas» erschafft, so tut er das absichtsvoll. Er ruft diese Gestalt an, damit er ein integriertes Bewußtsein erlangt. Wird nun solch ein Meditierender jemals versuchen, die destruktiven Kräfte mit einzubeziehen oder auch nur in sein Bewußtsein zu heben?

Govinda: Nein, so kann man das nicht sagen. Selbst jene Schrecken auslösenden Kräfte sind nicht destruktiv. Vielleicht haben Sie bemerkt, daß alle diese offensichtlich dämonischen Gestalten eine Schädelkrone mit fünf Totenschädeln tragen. Diese fünf Totenschädel sind Ausdruck der fünf Weisheiten. Sie entsprechen der fünfteiligen Krone der Bodhisattvas und Dhyāni-Buddhas, wobei die fünf Ornamente oder die fünf Blätter, aus denen sich diese Krone zusammensetzt, die positive Interpretation der «Fünf Weisheiten» sind, nämlich der

«Weisheit des Großen Spiegels», der «Weisheit der Wesensgleichheit», der «unterscheidenden Weisheit», der «Weisheit, die alle Werke vollendet» und der «*Dharmadhātu-* oder universellen Weisheit». Die Schädelkronen der dämonischen Gestalten weisen nun auf die «negative» Seite der Weisheiten als Emanationen der Leerheit (Shūnyatā) hin, was eben angsterregend ist; denn mit dem Positiven schaffen wir uns zu leicht eine Scheinsicherheit, die es aber in der Welt ebensowenig gibt wie auf dem geistigen Pfade. Aber ob sie nun in friedvoller oder schrecklicher Form erscheinen: Es sind die gleichen Dhyāni-Buddhas. Nun trägt der Initiierte in einigen Zeremonien eine ähnliche Krone, aber aus anderem Material. Doch bedeutet das Tragen der Krone nun keineswegs, daß der Mensch, der das Ritual vollzieht, sich krönt. Gerade das Gegenteil ist der Fall: Indem er die Krone, die er als Repräsentation höchster Wahrheit und Wirklichkeit empfindet, auf den höchsten Punkt seines Kopfes setzt, stellt er sich und sein ganzes Leben unter die Führung der fünf Weisheiten. So ist diese Handlung kein Akt der Selbsterhöhung, sondern vielmehr ein Akt der Demut, in dem man jenes Ziel erkennt, das man zu erreichen strebt.

Frage: Ich sehe hier den Doppelvajra, der wohl auch auf das hinweist, was Sie gerade sagten.

Govinda: Ja, er weist hin auf *Prajñā* und *Upāya*, auf Weisheit und auf die Mittel zur Realisierung dieser Weisheit: auf Liebe und Mitempfinden. In diesem Symbol sind die fünf Dhyāni-Buddhas und die fünf Mudrās, über die wir schon gesprochen haben: nämlich die Geste der Erdberührung (Bhumīsparsha-Mudrā), des Gebens (Dāna-Mudrā), dann im Zentrum die Geste des Inbewegungsetzens des Rades der Lehre (Dharmachakra-Mudrā), die Geste der Meditation (Dhyāna-Mudrā) und schließlich die Geste des Segnens und der Furchtlosigkeit (Abhaya-Mudrā). Das sind die fünf positiven Aspekte der Weisheit im Buddhismus.

Frage: Ein Teil des Anliegens ist es doch wohl, die höchste Wirklichkeit, Dharmadhātu-Weisheit, in eine Form zu bringen, was wiederum in enger Verbindung mit dem Bemühen um Mitempfinden steht. Könnte man etwa so sagen?

Govinda: Ja, dieser Akt individueller Formgebung ist so wichtig, wie ja auch trotz der inneren Einheit aller lebenden Wesen jedes dieser Wesen seine individuelle Gestalt hat. Hätten wir keine individuelle Form, so könnten wir weder unsere Liebe noch unser Mitleid zum Ausdruck bringen. Denn beide brauchen eine Ausformung: eine sichtbare oder tastbare Gestalt. Sehen Sie, alle unsere Ideen haben, solange sie bloß abstrakte Konstruktionen unseres Geistes sind, keinen wirklichen Einfluß auf uns. Aber in dem Augenblick, wo man sie sichtbar macht oder ihnen eine Form gibt, eine erfahrbare Form, werden sie zu aktiven Kräften in uns.

Frage: Sehen Sie irgendeine besondere Bedeutung darin, daß diese Kräfte in der tibetischen Tradition auch weibliche Gestalt annahmen, wie beispielsweise in der der Tārā?

Govinda: Zunächst einmal unterscheidet man im Tantra und im Vajrayāna im allgemeinen nicht zwischen männlich und weiblich im Sinne von höher und niedriger. Denn jedes menschliche Wesen verkörpert beide Prinzipien in sich: das Männliche wie das Weibliche. Entsprechend dem in den Tantras verwendeten Symbolismus stellt das Männliche die Aktivität und das Weibliche das Wissen oder die Weisheit dar. Da nun Wissen ohne Aktivität keinen Sinn hat und Aktivität ohne Wissen Narrheit ist, müssen beide immer zusammengehen. Doch was verstehen wir unter Aktivität? Aktivität wird hier als aktive Form von Liebe (*Maitrī*) und Mitempfinden (*Karunā*) verstanden. Und durch deren Aktivität befreien wir uns von den bloßen Begriffswerten des Wissens, wobei durch die Kombination dieser beiden Prinzipien Wissen zur Weisheit wird. So ist in gewisser Weise die Weisheit (*Prajñā*) von Mitempfinden (*Karunā*) nicht zu trennen, so wie auch Herz und

Hirn zusammengehen sollten. Das Hirn ist ohne Herz kalt und destruktiv, und das Herz ohne das Hirn führt zu allerlei närrischen Handlungen, die zwar gut gemeint sein mögen, aber oft genug schlechte Auswirkungen haben.

Gespräche in Überlingen

Die vorangegangenen Gespräche wurden mit Menschen geführt, die Information suchten und/oder dem Buddhismus zwar Sympathie entgegenbrachten, aber kaum bereit waren, sich stärker dafür zu engagieren. Die nun folgenden Gespräche (Oktober 1977) aber sind Bestandteil einer Schulungswoche des von Lama Govinda 1933 ins Leben gerufenen buddhistischen Ordens *Ārya Maitreya Mandala*. Hier nun konnte er – bereits in seinem 79. Lebensjahr – als *Ācārya*-Ordensleiter und geistiger Lehrer frei die Erkenntnisse seiner in 60 Jahren buddhistischer Praxis erworbenen Erfahrungen weitergeben. In seinen die Diskussionen einleitenden Vorträgen wies er auf die zu leistende innere und äußere Arbeit hin, zeigte auch gewisse Gefahren dabei auf, besonders aber inspirierte er seine Schüler durch seine Begeisterung. Die Fragen kamen zu einem großen Teil von Anfängern. Lama Govinda beantwortete sie ausführlich und mit viel Geduld – holte sich auch zuweilen die Fragesteller in der Pause zum Einzelgespräch, um sicher zu sein, daß keine Unklarheiten fortbestanden. So konnten die vielleicht noch Verunsicherten beginnen, die Dinge in ihrem größeren Zusammenhang zu sehen und einzuordnen.

Buddhistische Psychologie

Frage: Man spricht so viel von «buddhistischer Psychologie», und mehr und mehr Psychologen – vor allem in den USA – zeigen Zusammenhänge auf zwischen buddhistischem und hinduistischem Yoga, sowie deren Parallelen im Taoismus und in der modernen Psychotherapie. Sie suchen teilweise nach einer Synthese, die über den engen Rahmen der ursprünglichen Ziele der Psychoanalyse hinausgeht. Wie sehen Sie das?

Govinda: Ich habe in den USA viele Psychotherapeuten verschiedenster Schulen kennengelernt, unter anderem Fritz Pearls und einige seiner Schüler in Big Sur. Wenn man ihre Lebensgeschichte hört, so erkennt man, daß die meisten von ihnen von der Psychotherapie insofern profitieren, daß sie gelernt haben, bewußter im Hier und Jetzt zu leben. Aber zugleich mußte ich feststellen, daß die meisten Gestaltpsychotherapeuten in Kalifornien sich in eine solche Selbstbezogenheit – sie nannten es «Autonomie» – steigerten, daß sie sehr oft am Verstehen der Bedürfnisse anderer Menschen sowie am Anteilnehmen an deren Sorgen blind vorbeigingen. Da stehen dann doch buddhistischem Fühlen und Denken die Psychosynthese Assagliolis und die analytische Psychologie C. G. Jungs weitaus näher, die beide in Kalifornien jetzt zunehmend Fuß fassen, während die Ostküste Amerikas psychotherapeutisch und psychologisch noch stark von den Ideen Freuds und seiner Nachfolger bestimmt ist. Daß Jungs Vorstellungen in Kalifornien so auf dem Vormarsch sind, liegt wohl vor allem daran, daß hier die Leute mehr vom religiösen Standpunkt aus an die Sache herangehen als von einem rein psychologischen. Die Fülle westlicher wie östlicher Religionen, Sekten und Schulen, die dort aufeinandertreffen, erfordert eine Auseinandersetzung, die noch dadurch gefördert wird, daß die Menschen im allgemeinen nicht wie an der Ostküste so eng und puritanisch, sondern sehr aufgeschlossen für jede neue Sache sind. Und gerade die Jungsche Psychologie hat offensichtlich viel zum besseren Verstehen des Mitmenschen beigetragen.

Hier in Kalifornien, wo Asien in der Fülle seiner Kulturen dem Westen begegnet, scheint Jungs Psychologie eine Brückenfunktion zu haben. Seiner Lehre vom Archetypus kommt dabei eine besondere Funktion zu. Sobald wir nämlich verstehen, was ein Archetypus ist und welche große Rolle er im seelischen Leben jedes Menschen spielt, können wir auch andere Völker, andere Menschen und andere Religionen unmittelbar verstehen, indem wir erkennen, daß dieselben Archetypen in den verschiedensten Religionsformen wirksam sind. Wir begreifen dann am Ende, daß alle diese Formen auf etwas zurückgehen, was in den Tiefen der uns nicht bewußten Schichten unserer menschlichen Psyche auf Abruf bereitliegt. Wir erkennen darüber hinaus, daß diese Archetypen bereits in präreligiösen Zeiten wirksam waren und auch heute noch genauso wirksam sind, und zwar mehr, als wir ahnen. Die meisten Menschen glauben an irgendein Religionssystem, ohne sich darüber im klaren zu sein, warum. Steigt man aber tiefer in sich selbst hinein, dann entdeckt man jene archetypischen Kräfte, aus denen immer wieder Religionsformen, Weltanschauungen usw. entfaltet bzw. neu belebt werden. Und das ist ein Prozeß, der ohne unser Wollen abläuft und nicht erzwungen werden kann. Er ist es, der uns reifen läßt. Wir können uns dabei nur abwartend verhalten und uns öffnen. Wir können vielleicht eine gewisse Kontrolle ausüben, um uns nicht von unseren Gefühlen forttragen zu lassen. Doch wie wir aus der Geschichte der Religionen und der Philosophie sehen, wird alles, was groß und gut daran ist, verdorben, wenn man durch Vorurteile und dogmatischen Zwang den natürlichen Fluß der Entwicklung der Reifung hemmt.

Frage: Aber finden wir diesen Trend nicht in allen Religionen und Sekten, die sich alle auf ihre «Tradition» durch die Jahrhunderte oder gar Jahrtausende berufen und versteifen?

Govinda: Gewiß. Aber wir sehen auch heute, daß sich im Westen zunehmend die Erkenntnis durchsetzt, daß Religion nicht nur ein traditionelles Gebilde ist, sondern daß sie sich als eine lebendige Gestaltung menschlicher Erfahrungen ständig wandeln muß, um nicht zu erstarren und zu sterben. So sehen viele heute die Dinge mit offenen Augen und erkennen, daß es unwichtig ist, was wir glauben. Wichtig ist, was wir sehend erkennen, das heißt nicht intellektuell konstruieren, sondern ganzheitlich erfahren und erleben. Eine bloße intellektuelle Analyse führt zu nichts – bleibt im Begrifflichen und damit in einem sterilen, abstrakten Bereich, ohne daß eine Wandlung im Bewußtsein erfolgt.

Frage: Wenn man meditieren möchte: Wie soll man, was soll man, nach welcher Methode soll man meditieren?

Govinda: Es gibt keine allgemeine Methode. Jeder Mensch muß seinen eigenen Erlebensweg finden. Man kann bestenfalls einem Menschen behilflich sein, seinen – und zwar nur seinen ihm entsprechenden – Weg zu finden. Aber nie sollte man einem suchenden Menschen einen Weg aufzwingen, weil man dieser Methode selbst verhaftet ist: Ein solcher Weg würde dem anderen nur zum Hindernis werden.

Frage: YOGA wird von vielen Schulen als Weg vorgestellt, der für jeden gangbar ist. Ist das dann falsch?

Govinda: Yoga an sich ist kein Weg. Er ist eine geistig-seelische Haltung, die sich in unendlich vielen Wegen Ausdruck verschaffen kann, wobei einige spezifische Richtungen charakteristische Namen bekamen. Aber weder die verschiedenen Yogaübungen noch die Yogaphilosophie des *Patañjali* sind für den Yogi verbindlich, obwohl einige Lehrer dies hier im Westen so verkünden. Ich betone es noch einmal, nichts von alledem ist allgemein verbindlich, so daß Yoga als innere Haltung und eine innere Gerichtetheit zum Transzendenten sowohl auf den Buddhismus, Jainismus und Hinduismus angewandt werden kann, als auch auf das Christentum, den Islam und andere Religionen. Allen Yogaübenden ist gemeinsam, daß sie sich in Selbstdisziplinierung üben, die für alle Menschen auf dem geistigen Wege in der einen oder anderen Form erforderlich ist. Nun bedeutet Selbstdisziplinierung nicht unbedingt gleich Unterdrückung bestimmter Impulse oder «sich zu etwas gegen sein Gefühl zu zwingen». Das entspräche nicht der geistigen Haltung des Ostens. Der Westen ist in seinem Streben sehr klar und zielbewußt, geht klar und direkt auf den Gegenstand seines Wollens zu. Der Osten hingegen wurzelt mehr im Gefühl und ist daher oft der Wahrheit intuitiv näher. Doch was nützt die ganze Wahrheit, wenn wir sie nicht umsetzen können? Die Inder kannten schon im 14. Jahrhundert die Differential- und Integralrechnung. Aber technisch haben sie sie ebensowenig genutzt wie die Chinesen das Schießpulver, das ihnen nur zum Feuerwerk diente, aber lange Zeit nicht zum Schießen. Ost und West sind wie unsere beiden Hirnhälften: Nur wenn sie verbunden sind und sich ergänzen, sind wir ganze Menschen. Die Aufgabe unserer Zeit ist es, den Ausgleich zu bewirken. Und das darf nie zu einer Einbahnstraße werden. Man sollte geben und nehmen und nehmen und geben.

Frage: Und wie sollte dieser Austausch aussehen?

Govinda: Indien hat bereits sehr viel vom Westen gelernt in bezug auf Technik, Sozialpolitik usw. und hat davon profitiert. Und es lernt weiter. Auf der anderen Seite hat Indien dem Westen sehr viel zu geben durch seine jahrtausendealte Forschung auf dem Gebiet des Geistig-Seelischen, des Religiösen, der Konzentration, der Meditation und so fort. Ein ähnlicher Austausch ist mit Japan im Gange: Es hat sich schon früh die modernste Technik des Westens angeeignet, und seine alten Schulen des Buddhismus unterschiedlichster Art wie auch der Shintoismus haben als lebendige Überlieferung dem Westen viel zu geben. Japan zeigt uns, wie sich Menschen, die im äußeren Leben, in der Technik, stehen, jederzeit in einen der wunderschönen Gärten und Parks oder in einen Tempel zurückziehen können, wo sie sich in harmonischer Umgebung in tiefer Meditation regenerieren können. Kraftschöpfend können sie dann wieder in das Leben da draußen zurückgehen und ihre innere Mitte halten. Würde das technische Element alles überrollen, dann wäre das schlimm für Japan. Aber bis jetzt wirkt noch die natürliche Religiosität, wobei zu sagen ist, daß die Japaner – ebenso wie die Chinesen – nicht in unserem Sinne «religiös» sind, das heißt, sich nicht an eine bestimmte Religionsform binden.

Frage: Und wodurch ist diese «natürliche Religiosität» des Japaners charakterisiert?

Govinda: Er hat einen außerordentlich feinen Sinn für Naturschönheit, für Kunst und für die Dinge am Wege, der weit über unsere ästhetische Fähigkeit hinausgeht. Nehmen wir zum Beispiel einen Baum. Wir empfinden ihn vielleicht als schön, aber sonst kümmert er uns nicht weiter: Sein Dasein berührt uns nicht sehr tief. Der Japaner dagegen wird den Baum pflegen wie sein eigenes Kind. Um ihn vor der Kälte des Winters zu schützen, wird er ihn vielleicht mit einer Art Mantel umhüllen. Er wird seine Äste stützen, damit sie nicht brechen, auch wenn es kein Fruchtbaum ist. Er wird den Baum betrachten, kontemplieren und sich eins mit ihm fühlen. Auch wird er vielleicht einen einfachen Stein am Wegesrand aufheben, den wir gar nicht beachten würden, wird ihn polieren und die Schönheit des Steins empfinden. Ist diese Art von Naturverbundenheit nicht in sich selbst etwas zutiefst Religiöses?

Frage: Im Buddhismus – besonders im Mahāyāna – spricht man immer vom «Erwerb von Verdiensten» und von «Übertragung der erworbenen Verdienste». Wie soll man das verstehen, wo es doch andererseits heißt, daß wir «Eigner unserer Taten» sind, daß jeder die Früchte seines Karmas erntet?

Govinda: Das psychologische Motiv der Verdienstübertragung (*Punya-Namodana*) ist, daß man selbst nicht an den Früchten seiner sogenannten «guten Taten» hängen soll und daß man dahin kommen muß, spontan ohne Erwartung einer Belohnung – wie immer man sich diese vorstellen mag – zu handeln zum Wohle aller Wesen, auch daß man nicht am Erworbenen «haftet», sondern innerlich bereit sein soll, mit anderen zu teilen.

Es gibt Menschen, die viel Gutes tun. Sie spenden viel, und jeder weiß es. Aber es ist nicht die Not selbst, die sie anrührt. Innerlich völlig unbeteiligt, geben sie und haben dabei ihren Gewinn im Auge. Andere dagegen geben aus Mitempfinden. Mitempfinden aber setzt Einsicht und Verstehen voraus, wodurch wir uns mit den anderen teilweise gleichsetzen.

Es ist dieses aus Einsicht und Verstehen geborene Mitleid (*Karuṇā*), worauf der Buddha-Dharma Wert legt. Er will andere durch «Gaben» nicht in Abhängigkeit bringen, noch sie bestechen, denn er will die Welt nicht beherrschen, sondern verstehend Wege weisen, die aus dem Leiden zur Freude führen.

Frage: Aber ist ein solcher Weg nicht ein Weg ständiger Selbstverleugnung, wo man sich im Dienst am anderen alles versagen muß?

Govinda: Ich glaube nicht, daß Selbstverleugnung als Weg und Ziel angesteuert werden sollte. Ich habe Menschen kennengelernt, die in dieser Richtung Tendenzen hatten: In ihrem Streben, sich selbst zu vollenden, kreisten sie nur um sich, und in ihrer «Selbstverleugnung» hatten sie gar keine Zeit, andere Menschen in ihrer akuten Not zu sehen. Haltet eure Augen und Sinne offen, geht in die Welt nach innen wie außen, und alles andere kommt von selbst.

Frage: Meinen Sie damit, daß wir in der Gegenwart – im Hier und Jetzt – leben sollen, um spontan handeln zu können?

Govinda: Ja. Ein Offenstehen ohne verkrampftes Wollen ist

auf dem geistigen Wege erforderlich. Nur so erfassen wir das Leben unmittelbar und nähern uns dem spontanen Handeln. Ein mir befreundeter Zenmeister in San Francisco sagte seinen Schülern immer wieder: «Setzt euch ruhig hin, wenn ihr meditieren wollt. Aber denkt nicht, daß ihr etwas damit erreichen wollt oder erreichen müßt. In dem Augenblick, wo ihr etwas wollt, ist das Ziel schon weg.» Was ist also zu tun? Daß man sich wie eine Blume öffnet: nur dann kann uns das immer vorhandene Licht der Erleuchtung erfüllen.

Frage: Ich möchte noch einmal auf die Frage zurückkommen, wie es möglich sein soll, «Verdienste», das heißt doch *Karma-Vipāka* – also Karma-Folgen – zu «übertragen»?

Govinda: Es wäre unmöglich, wenn es so etwas wie «absolute» Individuen gäbe, die etwas erwerben und besitzen können. Aber eben das verneint ja gerade der Buddhismus und damit auch ein «absolutes» individuelles Karma. Doch auch als Individuen leben wir nicht isoliert nebeneinander: Andere können von unserem mitgeteilten und angewandten Wissen profitieren, können an Gütern teilhaben, die wir erworben haben, ja sogar an unseren guten Charaktereigenschaften. Und ist es nicht so, daß wir alle im Prozeß des Pratītya-Samutpāda an den Früchten des Karmas anderer teilhaben, wie diese unsere Tatauswirkungen unter Umständen zu spüren bekommen, wodurch ihre Tatabsichten, ihr Denken und Wollen modifiziert werden? Die karmischen Auswirkungen (*Karma-Vipāka*) aller Wesen überschneiden sich daher. Das ist eine Grundanschauung aller buddhistischen Schulen. Denn wenn dem nicht so wäre, könnte es keine Beeinflussung und keine «Einflüsse» (*Āsavas*) im Guten wie im Schlechten geben und auch keine geistige wie intellektuelle Verständigung. Und wenn es im Mahāyāna heißt, daß die Bodhisattvas, die großen Gurus und Heiligen, helfend eingreifen, so ist das in diesem Zusammenhang zu verstehen. Sie greifen nicht in das Karma ein, sondern ihr Helfen ist das

Bewußtmachen der uns eigenen seelischen Reserven, die wir im Vertrauen, das uns öffnet, durch eigene Anstrengung aktivieren.

Frage: Es kommen heute viele tibetische Lamas in den Westen. Ist nun die Autorität der großen Lamas, wie zum Beispiel des Karmapa, noch ungebrochen?

Govinda: Das ist eine sehr interessante Frage. Die meisten Religionen, und allen voran die theistischen, fordern von ihren Anhängern: «Du hast zu glauben und zu folgen, denn ich verkünde die Wahrheit.» Europa hat sich über Jahrhunderte diesem Zwang gebeugt – bis auf jene wenigen, die zu allen Zeiten als Ketzer dagegen revoltierten und die nach einem zureichenden Grund für ein «So-Glaubenmüssen» fragten. Die mittelalterliche Scholastik war der Versuch einer Antwort. Aber sie befriedigte nicht, und das Fragen ging weiter. Glaube als Überzeugung ist eine schöne Sache; aber er muß nach buddhistischer Anschauung fundiert sein und darf kein blinder Glaube sein.

Nehmen wir nun das Beispiel des Karmapa. Ich kenne ihn nicht persönlich, war aber in Korrespondenz mit ihm und gewann den Eindruck, daß er ein guter, gebildeter Mensch ist. Aber ich zweifle, ob er befähigt ist, die Menschen des Westens wirklich zu verstehen. Er hat nur die eine Seite gesehen: die tibetische. Und was er vom Westen und vom Abendland sah, war recht einseitig. Tibet hatte sich – wenigstens zu meiner Zeit – total von der restlichen Welt isoliert, und seine Gebildeten lebten in ihrer ganz spezifischen, geistig geprägten Atmosphäre. Und diese Geistigkeit wurzelte im Meditativen. Nur nach jahrelangen Vorbereitungen, nachdem die Fähigkeit bewiesen wurde, unbeirrbar sein Ziel im Auge zu behalten, wurden Initiationen gegeben. Und jetzt verteilt man hier Sādhanas wie Süßigkeiten, ohne erst einmal Grundlagen zu schaffen. Da läßt man Menschen, die die Grundlagen des Buddhismus noch nicht kennen, ahnungslos auf tibetisch die vierfache Zuflucht sprechen und erklärt sie zu

Buddhisten und verteidigt das mit der Erklärung, es sei ein Segen, der sich in einer der künftigen Geburten auswirkt. Die Lamas und ihre Anhänger mögen das auch glauben, und ich zweifle nicht daran, daß sie von Herzen etwas Gutes zu tun wünschen. Aber es ist blinder Glaube und fördert niemanden. Sie müssen begreifen lernen, daß wir im 20. Jahrhundert leben und hier in der westlichen Welt eingebunden sind in eine hochtechnisierte Zivilisation. Als Padmasambhava nach Tibet kam, mußte er von der indischen Kultur auf die tibetische umschalten, und eben das gleiche muß nun auch hier geschehen.

Frage: Sie haben wiederholt betont, daß wir das Universelle nur im Individuellen erfahren können. Können Sie das etwas näher erklären?

Govinda: Das Universelle und das Individuelle sind gewissermaßen die zwei Pole unseres Erlebens, die sich ergänzen. Nun aber kann das Universelle sich nur im Individuellen bewußt werden, ist aber selber nicht erfaßbar. Es manifestiert sich im Individuellen, erschöpft sich jedoch nicht darin. Vor allem aber muß klar erkannt werden, daß dieses Individuelle nicht etwa das ist, was wir unser «Ich» oder unsere «Seele» nennen. Das «Ich» ist dem Buddhisten der ständig sich wandelnde Fokus unseres Bewußtseins, der nicht einen Augenblick sich selbst gleich ist. Den funktionellen, integrierenden Charakter dessen zu erkennen, was wir unser «Ich» nennen, um dann darüber hinauszugelangen und so die Subjekt-Objekt-Schranke zu durchbrechen, ist eine der Hauptaufgaben meditativer Praxis. Doch die Realisation der «Nicht-Ich-Struktur» bedeutet nicht, daß wir die seelische Wirklichkeit leugnen. Für den Buddhisten ist die Seele aber keine «in sich abgeschlossene Einheit», die – wie im Christentum angenommen – etwas Ewiges, zeitlich unbegrenzt Existierendes ist. Seele oder Psyche ist ihm die Gesamtheit menschlicher Eigenschaften, die wie alles Gewordene dem Wandel unterworfen ist. Es ist etwas, was die Befähigung zum

Wachstum, zur lebendigen Entwicklung und zur Reifung hat und verbunden ist mit allem, was da lebt. Mit anderen Worten: Der Bereich des Geistig-Psychischen wird im Buddhismus als etwas durchaus Dynamisches verstanden, als etwas, was einem Fluß vergleichbar ist, der sich keinen Augenblick selbst gleicht und in dem alles mit allem verbunden ist. Diese Anschauung steht im Gegensatz zu der sonst in Europa gängigen Auffassung von einem Selbst, einer Seele oder einem Ich, wobei diese Konzepte mit der Vorstellung von einem isolierten, unwandelbaren, ewigen Etwas verbunden sind, das heißt, daß man hier ein Abstraktum konstruiert, für das es im ganzen Kosmos kein Äquivalent gibt und das gewissermaßen allein sein Pendant in einem ebenso spekulativ konzipierten «ewigen» Schöpfergott hat.

Fassen wir also noch einmal zusammen: Der Buddhismus hat das Psychisch-Geistige nie negiert. Ja, er sah in ihm das in jedem Augenblick wirkende schöpferische Moment, von dem alles ausgeht, von dem alles gelenkt wird und aus dem alles immer neu entsteht. Es hat universellen Charakter, manifestiert sich aber in Individuen, die selbst ständigem Wandel unterworfen sind und die dadurch zur Entwicklung und Reifung befähigt erscheinen. Ganz anders ist das Ich oder Selbst (*Atta, Ātman*) eine rein funktionelle Bezeichnung für den stets sich wandelnden Fokus des Bewußtseins, dem eine Dauer und Isoliertheit zuerkannt wird, die es in Wirklichkeit nicht gibt. Diese so konzipierte Ichvorstellung bewirkt die Illusion von getrennten, isolierten Subjekten und Objekten, die es auch in Wirklichkeit nicht gibt, da entsprechend dem Gesetz vom abhängigen, bedingten Entstehen alles miteinander verwoben ist. Die Illusion eines zum Subjekt erhobenen Ich aber wird zur Ursache von Begehren und Haß, indem alles «andere» zu Objekten reduziert wird, die wir besitzen wollen und die sich uns doch ständig entziehen, woran aus dem Ichgefühl das erwächst, was wir als «Leiden» empfinden: das Gefühl der Eingeengtheit und Hemmung unseres nach freier, uneingeschränkter Entfaltung strebenden Lebensdranges.

Frage: In den Mahāyāna-Sūtras heißt es, daß die Welt eine Illusion sei. Wie ist das zu verstehen?

Govinda: Es sollte richtiger heißen, daß die Welt, so wie wir sie wahrnehmen, eine Illusion ist. Eine Illusion aber ist keine Halluzination, also kein Wahngebilde. Die buddhistischen Schriften haben das immer wieder betont und durch Gleichnisse darzulegen versucht. Wenn ein Mensch in der Dämmerung auf dem Wege gehend plötzlich einen Strick für eine Schlange hält, dann ist das eine Illusion, eine Täuschung, bedingt durch die Form des Strickes, die Dunkelheit, die klares Sehen verhindert, und seine Erwartungsangst. So entsteht in ihm in Abhängigkeit von diesen Faktoren die Illusion «Schlange». Würde er aber beispielsweise am Tage plötzlich aus dem Nichts und ohne Anlaß eine Schlange sehen, so wäre das eine Wahnvorstellung. Illusionen sind auch unsere Traumbilder oder eine Fata Morgana, auch sie sind bedingt, in Abhängigkeit von etwas anderem entstanden.

Wenn es nun heißt, daß die Welt, wie wir sie erfahren, illusionär sei, dann deshalb, weil unsere Wahrnehmungsfähigkeit abhängig ist von der «So-Beschaffenheit» unserer Sinnesorgane sowie unseres Gehirns, aber auch von Vorprägungen, Vorurteilen usw. Es geht nun darum, zu erkennen, daß wir in einer mehr oder weniger selbsterschaffenen Welt leben, das heißt, daß die Welt, die wir zu erkennen glauben, in vieler Weise das Produkt unserer Geistestätigkeit ist, die nach dem Gesetz des Pratītya-Samutpāda arbeitet. So ist die Illusion, die wir uns von der Welt machen, keine willkürliche: Sie entsteht aufgrund einer Gesetzmäßigkeit, die wir erkennen können, aber der wir zugleich unterliegen. Die Möglichkeit unseres Freiwerdens ist allein dadurch gegeben, daß wir das Bedingte, in Abhängigkeit Entstandene bzw. die universelle Konditioniertheit alles Daseins als solche durchschauend erkennen. Solange wir das nicht schaffen, sind wir gebunden.

Buddhistische und christliche Ethik

Frage: Buddhismus und Christentum haben beide eine sehr hohe Ethik. Es gibt sogar einige Forscher, die die Behauptung aufstellen, daß die christliche Ethik zumindest teilweise durch die buddhistische beeinflußt wurde. Können Sie dazu etwas sagen?

Govinda: Diese Ansicht vertraten einige Forscher bereits zu Beginn dieses Jahrhunderts aufgrund von Vergleichen der spezifischen ethischen Lehren Jesu mit denen des Buddha. Es ist nahezu sicher, daß die Lehre des Buddha schon vor der Zeit Jesu im vorderasiatischen Raum bekannt war (also auch im heutigen Syrien, Palästina und Ägypten) durch die Friedensbotschaften Ashokas an die Erben des Reiches von Alexander dem Großen und durch die Errichtung von buddhistischen Klöstern in deren Herrschaftsbereich. Noch in den nachchristlichen Jahrhunderten wußten beispielsweise die Kirchenväter wie Clemens von Alexandria, wer der Buddha war. Selbst das christliche Mönchstum dürfte in Anlehnung an den buddhistischen Mönchssangha organisiert worden sein. Aber das ist bisher nicht zu beweisen. Deutlich aber sind die Parallelen in der Ethik – allerdings mit einem großen Unterschied, der sich daraus ergibt, daß das Christentume eine theistische Religion ist, der Buddhismus hingegeneine nicht-theistische. Christliche Ethik wurzelt – wie die aller monotheistischen Religionen – in dem autoritären «Du sollst» eines absolutistischen Schöpfergottes, der den Menschen in eine Infantilität stellt: Der Vater ahndet die Verstöße mit Strafe und belohnt den Gehorsam entsprechend. Der nicht-theistische Buddhismus stellt den Menschen in seine Selbstverantwortung: Durch seine Intentionen, seine bewußten Wollungen, formt er seinen Charakter und bestimmt damit sein Schicksal. Der Buddhismus spricht nicht von «Sünde», das heißt von «Sonderung vom Willen Gottes», sondern «von heilsamem (*Kushala*) und unheilsa-

mem» Tun, wobei das Primat des Geistes hervorgehoben
wird.*

Ethisches Handeln aus Selbstverantwortung setzt eine geistige Reife voraus. Da Menschen unterschiedlich in ihrer
geistigen Entwicklung sind, hat der Buddhismus keine «Du-
sollst-» oder «Du-mußt-Regeln» aufgestellt, sondern lediglich seine Anhänger aufgefordert, fünf Verhaltensweisen zu
üben, die sie mit sich selbst und ihrer sozialen Umwelt in die
Harmonie bringen, ohne die ein geistiger Weg nicht möglich
ist. Eine Übung ist aber etwas, was man trainiert, bis man es
eines Tages darin zur Meisterschaft bringt. Ein Versagen läßt
einen in Scham erröten und die Anstrengung verdoppeln,
aber nicht, um einer Strafe zu entgehen oder eine Belohnung
einzuheimsen, sondern weil man mit dem Erfolg einen Sieg
über sich selbst erringt und sich von einer Fessel befreit, die
einen am Fortschreiten hindert. Ich habe die christliche Ethik
immer als etwas Großartiges empfunden, vor allem ihre Betonung der Nächsten-, ja der Feindesliebe und die Seligpreisun-
gen der Bergpredigt. Um so erschütternder ist die Diskrepanz
zwischen Ideal und Wirklichkeit. Ein Blick in die Geschichte
des Christentums zeigt uns, wie schnell die Verfolgten zu
Verfolgern wurden. Als das Christentum zur Staatsreligion
aufgestiegen war und damit zur Macht gelangt, war bald nicht
mehr die Rede von Feindesliebe. Die Macht korrumpierte
jedes religiöse Fühlen und Denken: Man verfolgte alle An-
dersgläubigen, zerstörte deren Heiligtümer, vernichtete mit
Feuer und Schwert all jene, die sich dem kirchlichen Macht-
anspruch und dessen Lehrmeinungen nicht unterwarfen. Die
kulturellen Werte der alten Welt Europas wurden vernichtet,
konkurrierende religiöse Bewegungen wie Mitraskult und
Mysterienkulte vernichtet, so daß wir kaum noch etwas von
ihren Bestrebungen wissen. In ganz Europa brannten die

---

* «Vom Geiste gehen die Dinge aus, sind geistgeführt und geistge-
macht» (*Dhammapada* 1,2).

Scheiterhaufen, auf denen man Ketzer verbrannte und im Hexenwahn unschuldige Frauen zu Tausenden folterte und hinmordete, wobei man jegliche Geistesfreiheit unterdrückte und den Fortschritt hemmte, bis die Humanisten der Renaissance – an alteuropäische Wissenschaft und Philosophie anknüpfend – einem neuen universellen Weltgefühl zum Durchbruch verhalfen. Aber mit der Entdeckung der neuen Welt begann von neuem das Morden im Namen der Religion der Liebe. In den neuentdeckten Ländern kam es zum Hinmorden der Indianer, zum Sklavenhandel, zur Sklavenhaltung, zur Vernichtung von Hochkulturen, die so gründlich geschah, daß wir heute nur wenig von deren Denken und Fühlen wissen. Unter dem Vorwand, «Auserwählte Gottes» zu sein, beutete man arrogant andere Völker aus, die als Heiden sowieso der ewigen Verdammnis anheimgegeben waren. Christen führten Kriege gegen Christen, und die Priester beider Seiten segneten die Waffen.

Buddhistische Mission dagegen sah sehr anders aus als die des Christentums. Ihre Ethik verlangte, Menschen in ihren Eigenarten zu respektieren. Buddhistische Mission bedeutete, den Dharma darzulegen, und wer ihn annahm, der nahm ihn an, und wer ihn nicht annahm, ging gesegnet seines Weges. Und so wie der Buddha den alten indischen Götterglauben nicht beiseite fegte, sondern akzeptierte, genausowenig hat der Buddhismus, als er nach Tibet kam, den alten schamanischen Glauben vernichtet, sondern er hat den Menschen eine höhere Form der Religiosität angeboten, die allmählich mit den alten Formen der vorbuddhistischen Religion verschmolz, ohne daß Gegensätze spürbar wurden. Dasselbe geschah in Japan, China und in der Mongolei: All diese verschiedenen Formen des Buddhismus widersprechen einander nicht, obwohl sie als natürliche Auswirkungen der nationalen Eigenschaften und der vorbuddhistischen Religiosität verschiedene Formen haben. Nur durch diese große Toleranz konnte sich der Buddhismus über ganz Asien verbreiten: Er war nicht angreifbar, da er sich nie starr verhielt oder gar sich als Vertreter der alleinigen Wahrheit aufspielte, so daß andere Religionen einen Ansatzpunkt gegen ihn hätten finden können.

Frage: Darf ich noch einmal auf die Meditation zu sprechen kommen? Es gibt so viele Arten von Meditation. Könnten Sie vielleicht eine kurze Definition dessen geben, was Meditation ist?

Govinda: Ich sagte ja wiederholt, daß Meditation das rückhaltlose Sichöffnen bzw. Offenstehen ist. Das Ergebnis einer solchen Öffnung ist etwas, was man – wenn auch ungenau – mit dem Wort «Einssein» bezeichnen könnte: Einssein deshalb, weil kein «Ich» sich zwischen die Meditierenden und das «Objekt» schiebt, oder anders, weil die Subjekt-Objekt-Schranke durch die Nicht-Ich-Erfahrung aufgehoben ist. In dem Augenblick, wo wir uns «eins» fühlen mit uns selbst und mit der Welt, haben wir alles erreicht, was die Meditation uns geben kann. Natürlich kann dieses durch Öffnung gewonnene «Einssein» auf verschiedenen Wegen erreicht werden. Es kann beispielsweise durch den Eindruck der Schönheit der Natur oder der großen Gedanken der Menschheit oder der großen Dichter oder durch eine herrliche Musik entstehen. Es gibt da unendlich viele Möglichkeiten.

Das Element, was meines Erachtens im Westen von allen Einstiegsmöglichkeiten in die Meditation am weitesten und am höchsten entwickelt wurde und zugleich am wenigsten beachtet wird, ist die Musik: Jene Musik, die den Menschen aufwühlt und vollkommen erfaßt, ihn zur Gefühlstiefe und zugleich zur Selbstbesinnung führt und welche nicht ein bloßer ästhetischer Tonrausch ist, sondern uns wortlos Transzendentes vermittelt. Ich weiß nicht, wie moderne Musik da eingeordnet werden muß. Da kann ich nur für mich selbst sprechen und sagen, daß ich, während mich die Musik eines Mozart, Bach, Beethoven, Händel, Haydn und anderer früher Musiker tief erfaßt, moderne Musik mehr als ein bloßes

Geräusch empfinde. Sie hat nach meinem Gefühl die Verbindung zum Transzendenten verloren, die sie von der Zeit der Renaissance an zunächst zunehmend gewonnen hatte. Vieles an ihr scheint mir zur reinen Technik degeneriert. Im Mittelalter verschaffte sich religiöses Fühlen in Baukunst und Malerei Ausdruck, während es im Barock von der Symbolik in die Allegorie herabstieg, um in der Verspieltheit des Rokoko das Transzendente zu verlieren und am Ende in «Nützlichkeit» und in einem Chaos zu enden, das hoffentlich einen neuen Kosmos gebiert.

Die klassische Musik ist ein unverlierbar wichtiger Teil europäischer Kultur, den wir unmöglich über Bord werfen können und der auch im Buddhismus seine Rolle in Europa spielen muß. Und wir sollten dabei auf die großen Klassiker zurückgreifen. Doch das kann man nicht machen, so etwas muß reifen.

Frage: Haben aber nicht der frühe und heute noch der südliche Buddhismus Musik immer als Bestandteil des Kultes abgelehnt?

Govinda: Das trifft nur teilweise zu. An den großen Festtagen in Ceylon wird man immer wieder bei dem Vortrag der heiligen Texte einen Gesang der Mönche hören, der fast an die Gregorianik erinnert. Doch im Gegensatz zu den Theravādaländern hat das Mahāyāna in China, Japan und Korea sowie in Tibet und in der Mongolei die Musik in die Rituale aufgenommen. Während im Fernen Osten vor allem die Musik in Form von Hymnen gepflegt wird, hat Tibet eine Instrumentalmusik entwickelt, die von der unsrigen vollkommen verschieden ist und doch auf ihre Weise eine Annäherung an die Transzendenz erreicht. Hier herrscht keine Melodie vor, sondern ein fast statisches Element, das heißt, man fühlt die verschiedenen Tonhöhen bzw. Tonausdrücke als ein Zusammenwirken kosmischer Kräfte. Man hört den rollenden Donner der Wolken darin, spürt die Festigkeit der Felsen und sieht die Schönheit der Blumen. Das Ganze wird durch verschiedene Instrumente erreicht. Da hat man zum Beispiel die großen, zwölf Fuß langen Hörner, die einen tiefen, grollenden Ton von sich geben. Dann haben wir die ganz hohen Klarinetten, die der menschlichen Stimme entsprechen und die damit Ausdruck des Lebendigen sind. Dazwischen hört man die Schläge der Zimbeln und der großen dröhnenden Becken. Interessant ist dabei, wie man diese Becken behandelt: Man schlägt sie nicht einfach zusammen, sondern läßt sie vibrierend aufeinanderfallen, so daß sie einen merkwürdig bewegten Ton von sich geben. Auch läßt man die Zimbeln und Becken aneinander vorbeigleiten, was wieder einen ganz anderen Ton ergibt. Ich habe das Gefühl, daß darin sämtliche Elemente wie Erde, Wasser, Feuer, Luft und Äther enthalten sind – ein ganzes Universum verschiedener Schwingungen, die alle ineinander übergehen und einen Zusammenklang ergeben, der harmonisch ist und doch nicht harmonisch im Sinne unseres Musikverständnisses. Und ganz aus der Tiefe dringen durch diese urkosmische Musik menschliche Stimmen, die aus einer solchen Tiefe des Körpers kommen, daß sie etwas sehr Urtümliches und Feierliches haben, was sie fast unwirklich erscheinen läßt.

Frage: Ich habe mehrere indische und nepalesische Skulpturen. Sie alle haben bei aller Natürlichkeit der Darstellung etwas Übernatürliches in ihrer Erscheinung. Wie ist das zu erklären?

Govinda: Die indische Skulptur folgt strengen Gesetzen, die in besonderen Lehrbüchern festgelegt ist. Sie ist anders als die Bildnisse, die wir aus dem klassischen Altertum kennen. Der Westen versucht zwar heutzutage auch, die Formen zu abstrahieren, aber der Ausgangspunkt ist immer zunächst die äußere Gestalt des menschlichen Körpers. Im Osten stellt man den menschlichen Körper meist nicht in seiner Naturhaftigkeit dar. Man stellt ihn als etwas Werdendes dar, das, einem bestimmten Prinzip folgend, aus einem unbeschreiblichen Hintergrund hervorquillt und plötzlich ins Dasein tritt.

Indische Gestalten in Skulptur wie Malerei erinnern mich immer wieder an die Sklaven von Michelangelo, die er nie vollendet hat. Er hat da ganz unbewußt etwas Einzigartiges, Wunderbares geschaffen, indem er diese Skulptur nicht fertigstellte. Er läßt diese Sklaven sich aus dem Stein befreien. Sie sind noch Stein und doch schon Wesen – sie sind eben Werdendes, sich Gestaltendes. Wenn eine Skulptur vollkommen ausgearbeitet ist, dann ist sie etwas Totes. Da bleibt nichts mehr für unser inneres Gefühl, für unsere Phantasie, was sie vollenden möchte. Ein wirkliches Kunstwerk regt uns meiner Meinung nach zur Weitergestaltung an. So gibt es beispielsweise Thangkas, die nur eine Andeutung der zentralen Figur darstellen. Wenn die Figur in grellen Farben bis in jede Kleinigkeit ausgemalt wäre, dann würde sie wahrscheinlich die Hälfte ihrer Göttlichkeit verlieren. Aber gerade dadurch, daß sie der Phantasie einen gewissen Spielraum läßt, wirkt sie dynamisch und ermöglicht es dem Betrachter, all das in sie hineinzulegen, was an Höchstem seinem augenblicklichen Reifungsgrad entspricht.

Wege zur Meditation – von der Vergegenwärtigung des Atems bis zum Zen-Buddhismus

Frage: Die Mahāyānaschriften betrachten das Arhat-Ideal des frühen Buddhismus als etwas Egoistisches und stellen das Bodhisattva-Ideal dagegen. Können Sie dazu etwas sagen?

Govinda: Der Arhat des frühen Buddhismus ist ein Mensch, der die zehn Fesseln, die uns immer wieder in den Daseinskreislauf einbinden, überwunden hat. Und auch ein Bodhisattva hat diese Fesseln auf seiner Laufbahn abzulegen. Da besteht also kein Unterschied.

Wie der Bodhisattva wird auch der nach Arhatschaft strebende Mensch die vier *Brahma-Vihāras* entwickeln und am Ende seiner Laufbahn Liebe und Mitempfinden zu allen Wesen ausstrahlen. Würde in ihm angesichts des Leides auch nur eines Wesens kein Mitleid aufkommen, so wäre er nichts als ein Stein, ein bei lebendigem Leibe Toter. Diese Vorstellung vom «Nicht-mehr-Angerührtsein» des allen «Anhaftungen» entrückten Arhat widerspricht somit in jeder Weise dem, was wir im Pali-Kanon vom Buddha hören, der von sich sagt, daß er mit seinen Jüngern «zittere» (*Kampa*), wobei das abgeleitete Wort *Kampana* ein Synonym für *Karunā, Dasa, Kripa*, das heißt für Mitleid ist, und das fordert, daß man auf dem geistigen Wege die gleiche Liebe wie eine Mutter zu ihrem einzigen Kind entfalten solle, und zwar mit einem Geist, der alle Grenzen sprengt.

Und doch haben sich wohl schon relativ früh Mißverständnisse über den Arhat entwickelt durch jene, die gern heilig sein wollten, aber es nicht waren. So wurde die Forderung des Buddha, sich selbst zu bemühen und seine eigene Zuflucht zu sein, von Menschen uminterpretiert, die noch tief in ihrer Ichbefangenheit steckten und für die das Streben nach Nirvāna – also die Überwindung von Haß, Gier und Ich-Wahn – ein egoistisches Erlösungssuchen war.

Als Reaktion auf diese Anschauung vom Wesen eines Arhat, mehr aber noch, indem man auf das Vorbild des Buddha blickte, entwickelte sich das Bodhisattva-Ideal, das in gewisser Weise über ein teilweise statisch vorgestelltes Nirvāna hinausweist. Denn wenn der Bodhisattva Nirvana erreicht, dürfte er da nicht stehenbleiben.

Ausgehend von der Erkenntnis, daß Nirvana und Samsāra nur die beiden Pole der gleichen Wirklichkeit darstellen – also untrennbar wie die zwei Seiten der gleichen Münze sind, das heißt vom Wesen her gleicher Natur (nämlich «leer von jedem Eigensein») –, realisiert er, daß das, was dem Auge des Unerwachten als Samsāra erscheint, dem Erleuchteten Nirvāna ist. Es ist also unser Haften, was uns bindet und so

Saṃsāra erfahren läßt. Können wir uns aber lösen, so ist Nirvāna realisiert.

Frage: Dann sind doch die Verhaftung und das Anhaften das, was überwunden werden muß durch Loslösung von allem, was uns lieb und wert ist?

Govinda: Das Anhaften (*Upādāna*) wurde vom Buddha als das Ergebnis ichzentrierten Begehrens (*Tanhā*) betrachtet und auf vier Arten beschränkt: auf das Sichverhaften an Sinnesobjekte, Ansichten, an Sittenregeln und Riten und an Ichvorstellungen. Kurz gesagt, tritt Verhaften bzw. Anhaften dann ein, wenn wir meinen, als ein Ich Besitz von «irgend etwas anderem» ergreifen zu können. Da dies auf einer falschen Voraussetzung beruht – nämlich auf der Meinung, daß es einerseits so etwas wie ein Eigensein und dauerndes Ich und andererseits isolierte Objekte gäbe, die man sich einverleiben könne, wird dies zum Anlaß der Leiderfahrung: Wir wollen festhalten, was uns mit Notwendigkeit entgleitet. Der Buddha hat uns gelehrt, daß alle Dinge in einem ständigen Flusse sind und daß sich nichts auch nur einen Augenblick selbst gleich bleibt, auch das nicht, was wir unser Ich nennen: Es kann nichts festgehalten werden.

Aber dieses Nicht-Festhalten-Können dessen, was sich im steten Wandel befindet, bedeutet nicht, daß wir dem Leiden anderer Wesen kalt und unberührt gegenüberstehen sollen. Unter dem Vorwand, sich nicht zu verhaften, wird leicht Gefühlskälte entwickelt, die immer ein Zeichen dafür ist, daß das Wesentliche nicht geschehen ist: der Abbau der Ichverhärtung.

Dann wird *Upeksha* – jene aus Zuwendung zu den im Leid befangenen Wesen erwachsende Parteilosigkeit und der Gleichmut gegenüber all dem, was einen selbst betrifft – zur Gleichgültigkeit, die bestimmt kein Wesensmerkmal eines Erleuchteten ist. Ein Mensch, der zuschaut, wie ein Tier oder ein Kind gequält wird, ohne Notiz davon zu nehmen, ist meines Erachtens noch weit von der Vollkommenheit entfernt. Ich glaube, wenn ein Mensch in diesem Falle innerlich zornig wird über das Unrecht, das da geschieht, dann ist dieser Zorn durchaus berechtigt, und ich halte ihn dann durchaus nicht für eine negative Eigenschaft. Es ist eine innere Reaktion, die durch die Umstände gerechtfertigt ist.

Auch sollten wir zum Beispiel in unserem Urteil da sehr vorsichtig sein, wo es um die Beziehung zwischen zwei Menschen geht. So dürfte es selbstverständlich sein, daß sich in einer Ehe oder eheähnlichen Gemeinschaft zwei Menschen besonders verbunden fühlen. Der Gedanke, daß der eine den andern verläßt, nur weil er Heiligkeit erwerben oder bewahren will, erscheint mir furchtbar. Für den geistigen Weg ist es bestimmt förderlicher, sich einem oder allen Menschen bzw. Wesen verbunden zu fühlen, als sich völlig von der Welt abzuschließen und wie ein Säulenheiliger in völliger Isolation unberührt über aller Not der anderen zu thronen.

Frage: Die Schwierigkeit, so wie ich es nun sehe, liegt doch vor allem darin, daß wir die Begriffe, derer wir uns bedienen, zu eng fassen. Was kann man da tun?

Govinda: Es gibt so viele religiöse Begriffe, die einseitig definiert wurden und dringend einer Revision bedürfen. Wir sprachen gerade von «Anhaftung» und «Verhaftung». Ich erwähnte auch den berechtigten Zorn. Zu leicht verführt der Begriff, der ja selber «abstrakt» ist, auch zum abstrakten Denken und Fühlen. Und indem wir den Begriff für gelebte und lebendige Wirklichkeit setzen, scheren wir alles über einen Kamm. Aber wenn ich mich dann bewußt in meinem Verhalten «sehe», so erkenne ich, daß in mir eine Wut aufsteigt, wenn jemand ein anderes Wesen quält. Es entsteht ein Haß, der der Handlung gilt, aber leicht sich dann im weiteren gegen den Handelnden kehrt – und da liegt die Gefahr. Es heißt, man soll Mitleid allen Wesen gegenüber empfinden; aber ist es nicht auch natürlich, daß wir mit dem Opfer mehr Mitleid empfinden als mit dem sadistischen Mörder, dessen Tat wir hassen? Wir reden alle so leicht daher: «Mögen alle

Wesen glücklich sein!» Aber empfinden wir wirklich dabei
«alle Wesen»? Ist es uns ein echtes Anliegen oder eine bloß
dahergesagte Formel, eine Routine, bei der wir nichts mehr
empfinden oder fühlen, eben wegen der Abstraktheit «aller»
Wesen?

In Indien versuchte das Vajrayāna durch Paradoxien und
extreme Forderungen – wie beispielsweise die «Gifte» (Haß,
Gier, Ichwahn, Stolz, Neid) in Heilmittel zu verwandeln oder
aber Kot zu essen, um zu zeigen, daß man wirklich «alles» als
gleich erachtet – den Suchenden abzubringen vom Gebrauch
einer abstrakten Begrifflichkeit und hinzuführen zu einer un-
mittelbaren Schau der Wirklichkeit.

Frage: Wenn man heute auf die verschiedenen buddhistischen, hinduistischen und anderen geistigen Schulen schaut,
so vertritt eigentlich jede dieser Schulen eine spezifische Methode der Meditation. Wenn nun Menschen zu uns kommen,
wie sollen wir sie am besten an die Meditation heranführen?

Govinda: Ich habe über das Thema der Meditation ein
ganzes Buch[*] geschrieben, in dem ich die verschiedenen
Wege aufgezeigt habe, die uns als Westlern relativ leicht zugänglich sind. Ich habe darauf hingewiesen, daß es – abgesehen von philosophischen, künstlerischen und psychologischen Annäherungen – verschiedene andere Wege gibt und
daß wir je nach unserer Anlage, Einstellung und Befähigung
alle diese Wege beschreiten können. Aber ich habe es auch
wiederum sehr klar gemacht, daß Meditation etwas so Persönliches ist, daß man sich wirklich zunächst einmal selbst
über die eigenen inneren Tendenzen und Einstellungen Klarheit verschaffen muß und daß niemand einem vorschreiben
kann: «Gehe diesen oder jenen Weg!»

Doch davon ganz abgesehen ist es für mein Gefühl wichtig,

---

[*] *Schöpferische Meditation und Multidimensionales Bewußtsein*, Aurum,
Braunschweig [3]1988.

daß man zu Beginn der Meditation sich wirklich erst einmal körperlich zentrieren lernt. Wenn wir den Körper im Sitzen zunächst nach allen Seiten ausschwingen lassen, dann finden wir ganz von allein den Schwerpunkt, in dem unser Körper dann völlig in sich selbst ruht. Nur in diesem Fall ist er nicht mehr abhängig von einer Stütze, von einer Unterlage oder sonst irgendeiner Sache. Ich selbst ziehe es immer vor, ohne Unterlage auf dem Boden zu sitzen, und brauche weder ein Kissen noch irgend etwas dergleichen. Ich empfinde die feste Unterlage des Bodens als eine bessere Stütze als irgend etwas anderes. Das mag Ihnen als eine Äußerlichkeit erscheinen. Doch würden wir bewußter leben, so müßten wir die Beobachtung machen, daß wir um so mehr den Kontakt mit der Erde verlieren, je weiter wir uns von ihr entfernen. Es ist außerordentlich heilsam, in Kontakt mit der Erde zu sein. Die Loslösung vom Boden ist zugleich auch eine Art seelischer Loslösung: Man ruht nicht mehr in sich selbst. Ich denke hier natürlich nicht an körperlich behinderte oder alte Menschen. In ihrem Fall kann das Sitzen im Sessel angezeigt sein. Aber solange man körperlich gesund ist, ist das Sitzen auf dem Boden wesentlich für die innere Einstimmung.

Die Unabhängigkeit und Zentriertheit des Körpers beim Sitzen auf dem Boden bringt zugleich eine gewisse innere Sammlung mit sich – ganz gleich, ob wir es wollen oder nicht. Das hängt damit zusammen, daß jede Geste und jede körperliche Haltung auf unsere Stimmung zurückwirkt. Und diese Erfahrung unmittelbarer Rückwirkung von Körperhaltungen und Gesten auf unsere psycho-physische Persönlichkeit wird ja auch in den Mudrās benutzt, wie sie bei den Buddhastatuen zum Ausdruck kommen. Diese Gesten sind ja nicht zufällige Endstellungen von Bewegungsabläufen, sondern dynamische Gestaltungen, die eine innere Haltung ausdrücken. Mehr als hier im Norden Europas «reden» die Menschen in den südlichen Ländern begleitend mit den Händen, wenn nicht sogar mit dem ganzen Körper. Und das ist ja auch ganz natürlich, weil der Körper das, was man fühlt, auch ausdrücken will. In Neapel sagt man, daß jemand, dem man die Hände zusammenbindet, nicht mehr reden kann, und ich glaube, daß da etwas Wahres dran ist. Doch heutzutage gilt es als nicht vornehm, Gesten beim Reden zu machen, und in manchen Orden besteht sogar die Regel, daß man sich bei der Darlegung des Dharma möglichst steif verhalten muß und sich gar nicht bewegen darf. In Thailand geht das so weit, daß man einen großen, runden Fächer mit einem Ständer vor den vortragenden Mönch stellt, so daß man den Sprecher überhaupt nicht sehen kann. Er ist hinter diesem Fächer versteckt und redet dort als ein unpersönliches Gebilde. Das hat natürlich auch seine Gründe: Die Mönche sollen nicht mit ihren Augen herumschweifen oder sich von der Schönheit einiger ihrer Zuhörerinnen betören lassen ... Aber ich empfinde immer wieder, daß der Fächer, der da zwischen dem Vortragenden und seinem Publikum steht, wie eine Barriere wirkt: Der Redner sondert sich ab, und das nicht nur durch einen höheren Sitz, sondern auch eben durch das Sichverbergen hinter einem Fächer. Wenn man sich aber so von seinen Zuhörern absondert und möglichst unbeteiligt zu erscheinen versucht, dann verliert man in Wirklichkeit auch den Zusammenhang des Seelischen mit dem Körper. Hier im Westen kann man das beobachten, wenn man in öffentlichen Verkehrsmitteln sitzt. Da sitzt jeder für sich, und keiner hat irgendeine Beziehung zum anderen. Ja, es gilt sogar als unhöflich, einen anderen anzureden. Jeder sitzt hinter seiner Zeitung und nimmt so wenig Notiz wie möglich von seinem Nachbarn oder Gegenüber. Im Süden Europas, in Italien und Spanien, ist das Gott sei Dank noch anders. Da sitzen sie alle wie eine große Familie zusammen. Jeder packt sein Brot aus und bietet es seinem Nachbarn an. Es ist wie eine Familienversammlung, und jeder erzählt seine ganze Lebensgeschichte. Das mag uns komisch erscheinen, aber ist es nicht in Wirklichkeit so, daß man sich einem Fremden gegenüber manchmal besser aussprechen kann als gegenüber Menschen, die man kennt, denn man hat hier keine Verpflichtungen und Beziehungen zu wahren.

Doch kommen wir nach dieser Abschweifung wieder auf unser Meditationsthema zurück! Wir hatten festgestellt, daß wir uns erst einmal durch die Einnahme einer bestimmten Haltung unseres Körpers zentrieren, um ihn in völlige Ruhe zu bringen. Ist das annähernd erreicht, so wird man uns fragen: «WAS sollen wir nun meditieren?» Und da kommt die erste große Aufgabe auf uns zu: Wir müssen dem Betreffenden klarmachen, daß dies eine völlig falsche Fragestellung ist, daß es vielmehr darum geht, den natürlichen Ablauf nicht zu behindern, dann geschieht alles fast wie von selbst. Die meisten Menschen behindern nämliche ihre Meditation dadurch, daß sie mittels ihres Denkens die ganze Zeit, während sie sitzen, in Gedanken reden: Wie es sein sollte, was auftreten könnte und dergleichen Vorurteile mehr. Aber wie soll man «hören», wenn man alles mit den voreingenommenen Gedanken übertönt? Wenn man sitzt, wird man zunächst feststellen, daß ständig Gedanken kommen und gehen. Man kann sie nicht verdrängen, sie sind einfach da. Und wenn wir uns einem der Gedanken zuwenden, dann geht der ganze Denkprozeß los. Aber wir können auch den Strom der Gedanken ruhig vorbeifließen lassen und sehen, was da kommt. Und das Interessante dabei ist, daß man sich selbst bei diesem stillen Sehen besser kennenlernt. Nach einer gewissen Zeit werden sich die aufsteigenden Gedanken beruhigen. Man wird nicht mehr über die Geschäfte des Tages nachdenken noch über die Dinge, die man vor sich hat. Allmählich klingt alles ab, und nun kann man sich auf die einfachsten Funktionen des Körpers konzentrieren, also auf all das, was uns allen gemeinsam ist.

Eine der wichtigsten Grundfunktionen allen Lebens ist das Atmen. Und daher ist das erste Thema für unsere Meditation der Atem. Wir brauchen lediglich den Atem «sehend» (nicht aber beobachtend) zu begleiten, wie er kommt und wie er geht, von wo er kommt und wohin er geht … Wir erkennen, daß wir in dem Augenblick, wo wir nicht mehr atmen, tot sind. Der Atem ist das Elixier des Lebens. Beachten wir dieses Elixier des Lebens aber nicht mit großer Ehrfurcht, dann atmen wir nicht, sondern pumpen lediglich Sauerstoff in unsere Lungen. Und was sind die Lungen? Sie sind das Organ, das den Sauerstoff oder den Lebensstrom (wie immer man es auch nennen mag) in den gesamten Blutstrom überführt, der dann den ganzen Körper durcheilt und belebt. Das aber heißt, daß wir nicht nur mit den Lungen, sondern mit dem ganzen Körper atmen, mit all seinen Gliedern, denn alle Glieder des Menschen haben an diesem Lebensstrom teil.

Mit dieser Vergegenwärtigung des Atmens wird nun ein Prozeß eingeleitet, der der Bewußtwerdung und Bewußtmachung der Funktionen unseres Körpers dient. So lernen wir zunächst, unseren Körper als Ganzheit zu erfahren, um dann durch Einbeziehung der Gefühle und Wahrnehmungen, des Denkens, Wollens und Bewußtwerdens schließlich unsere Geist-Körperlichkeit (*Nāmarūpa*) als eine im ständigen Wandel befindliche Kontinuität zu erfahren, die in jedem Augenblick neu als ein integriertes Ganzes in Erscheinung tritt und entsprechend erlebt wird. Ausgangspunkt aber bleibt immer unsere Körperlichkeit.

Durch unsere Zivilisation haben wir uns selbst aus unserem Körper «emittiert»: Wir «haben» zwar einen Körper, aber «sind nicht mehr» Körper. Wir glauben, daß der Geist hier und der Körper irgendwo anders sei. Und diese Spaltung bringt uns immer wieder in Disharmonie. Wir müssen also erst wieder mit dem Körper eins werden, bevor wir ihn seinem Wesen nach erfassen und beherrschen können. Und eben das ist auf dem geistigen Wege notwendig: Den Körper zu beherrschen wie ein Klavier, auf dem man erst dann jede Melodie spielen kann, wenn man die Technik des Spielens beherrscht. Und ebenso ist es auch wichtig, seinen Körper zu beherrschen: Diese Meisterschaft ist Voraussetzung aller Meditation.

Frage: Ich möchte eine Frage aus einem ganz anderen Themenbereich stellen.

Heute kommt mehr und mehr *Soto-* und *Rinzai*-Zen nach Deutschland und in den Westen allgemein. Kann man Zen vom Buddha-Dharma lösen?

Govinda: Ich konnte vor allem in den USA die wachsende Tendenz vor allem Jugendlicher zum Zen verfolgen. Und durch meine Kontakte dort erfuhr ich von ähnlichen Phänomenen in Deutschland. In den USA bekam man den Eindruck, daß viele junge Menschen zum Zen gingen, weil sie meinten, im Zen könne man tun und lassen, was man wolle. Als Anhänger des Zen glaubten sie sich von jeder Verpflichtung gegenüber anderen entbunden. Daneben meinten sie, daß Zen Freiheit von äußeren Riten sei. Sie schwelgten in teilweise selbstgemachten Koans und Paradoxien, das heißt in Paradoxien um der Paradoxie willen. So erklärten sie, daß Geistigkeit davon abhänge, daß man allen Formen gegenüber seine Verachtung zum Ausdruck bringen müsse, und übersahen dabei, daß gerade Zen stark rituell ist und auf einer militärisch anmutenden Disziplin basiert. Ich habe längere Zeit in einem Zenkloster in Japan gelebt und später auch in streng nach japanischer Tradition geführten Zenklöstern in Amerika. Dabei habe ich immer wieder gesehen, daß alle Zenschüler sich einer harten Disziplin zu unterwerfen haben, die vom Aufstehen noch vor dem Morgengrauen bis zum Schlafengehen in der Nacht eingehalten werden muß, wobei praktisch alles – aber auch wirklich alles – rituell vollzogen werden muß: das Aufstehen am Morgen, das Anlegen des Gewandes, das Sichwaschen, das Gehen und Sitzen, das Essen, das Halten des Eßstäbchen, das allmorgendliche Ritual des Sichverneigens vor den Lehrern der Überlieferungslinie sowie vor den Bodhisattvas (besonders dem Mañjushrī) und den Buddhas. Bevor man sich hinsetzt, verneigt man sich vor dem eigenen Sitzkissen. Man muß sein Gewand richtig faltend ordnen, wenn man auf dem Kissen sitzt, und wenn man nach 40 Minuten Sitzen in Meditation das bewußte Gehen übt, so in einer Form, bei der die Körperhaltung und die unterschiedlichen Gehtempi rituell vorgeschrieben sind. Alle diese Äußerlichkeiten spielen im Zen eine so große Rolle wie in keiner anderen Schule des Buddhismus.

Zen entstand aus dem chinesischen *Ch'an*, das selbst aus einer indischen Meditationsschule (der Dhyāna-Schule) hervorging, wobei sich Taoismus und Buddhismus schöpferisch zu einer Einheit verbanden. Als die Ch'an-Schule dann von China nach Japan gebracht wurde, wurde sie vor allem von den Samurai sehr begrüßt und in kurzer Zeit von ihnen entsprechend umgewandelt.

Westliche Intellektuelle haben nun in den letzten Jahren eine Vorliebe für Kōans entwickelt. Ein Kōan im klassischen Sinn stellt ein vom Denken nicht lösbares Problem dar. Will man es intellektuell lösen, so verzweifelt man daran. Es wird hier im heutigen Zen damit künstlich eine hochgradige Spannung aufgebaut, die leicht zu ekstaseähnlichen Explosionen drängt, die die innere Spannung plötzlich in sich zusammenfallen lassen. Dabei auftretende Intuitionen nennt man Satori, und manche, die dies erfuhren, glauben, damit Erleuchtung erreicht zu haben. Nun, ich habe viele dieser «Erleuchteten» gesehen, aber sie waren wie andere Menschen. Bitte versteht mich recht, ich sage das nicht, um die Bedeutung des Zen zu verkleinern: Es ist eine großartige buddhistische Methode und eine dem japanischen Geist angepaßte Variante der Satipatthāna-Meditation. Ich wollte lediglich zeigen, daß Zen im Westen oft sehr oberflächlich verstanden wird. Ich kenne Leute, die sich Kōans selbst zurechtmachen. Aber wenn wir uns die alten Kōans aus dem frühen Ch'an ansehen, dann erkennen wir schnell, daß selbst die allerparadoxesten auf bestimmten Sūtras basieren. Und sie wollen lediglich das Unsagbare jener Sūtrastellen unmittelbar im Geiste des Meditierenden intuitiv bewußt machen. Ohne die Kenntnis dieser Sūtras aber bleiben die Kōans meines Erachtens ohne Wirkung. Ohne ein gutes Grundlagenwissen und ohne ein gründliches Studium der Lehre des Buddha, ohne Kenntnis der Sūtras und der Kommentare des *Nāgārjuna* und der *Yogacārin* und ohne die Entwicklung von Bodhichitta bleibt Zen darum ohne Leben.

Man mag – und das machen auch die Siddhas – die schriftliche Überlieferung beiseite tun, aber erst nachdem man sie voll erarbeitet hat als den Finger, der in die Richtung des Weges weist.

Frage: Lamaji, Sie haben immer gegen Masseninitiationen gesprochen. Aber man liest doch auch bei Alexandra David-Neel, daß es in Tibet für ganz einfache Leute Masseninitiationen gab. Wie war das nun wirklich?

Govinda: Zunächst einmal sind das, wovon Alexandra David-Neel spricht, keine *Abhisheka* in Sādhanas, sondern rituelle Segenserteilungen zur Übung eines Mantras und der oft damit verbundenen Praxis von Niederwerfungen. Eine mit Abhisheka verbundene Initiation in einen Sādhana dagegen wurde nur dann gegeben, nachdem der Schüler sich sehr lange mit den Vorbereitungen vertraut gemacht hatte. Die Initiation stand am Ende eines vorangegangenen Trainings, nicht aber am Anfang und eröffnete dann die intensivere Praxis. Und diese Vorbereitung ging über Wochen, Monate oder Jahre. Und wenn dann ein Sādhana gegeben wurde, so erfolgte die Übermittlung ganz langsam abgestuft: zunächst einfachere Übungen der inneren Konzentration, denen dann komplexere Übungen folgten. Die höchsten Sādhanas wurden nur an Schüler gegeben, die lange Zeit das Hintergrundwissen erarbeitet hatten, so daß jeder nur den Abhisheka (*Wangkur*) bekam, der seinem Reifegrad und seinen Kenntnissen entsprach. Nur dann nämlich war eine Art «Bewußtseinsübertragung» vom Guru auf den Chela möglich. Denn es ging dem Guru hier nicht um Vermittlung seiner eigenen

Vorstellungen, die er dem Chela aufzwingen wollte, sondern allein um die Öffnung von dessen Bewußtsein, so daß dann die Kräfte der eigenen Tiefe des Chela mobilisiert wurden. Und das bedeutete, daß hier nicht intellektuelle Vorstellungen oder Begriffe übermittelt wurden, sondern daß innere Wahrnehmungsfähigkeit gefördert wurde, bzw. das innere Schauen und Erleben, wobei der Chela gleichzeitig sehen lernen mußte, daß all das Geschaute nur Projektionen seines eigenen Geistes sind.

Frage: Also wird hier in der tibetischen Tradition – im Gegensatz zum Zen – die bildhafte Meditation betont?

Govinda: Im allgemeinen zunächst ja. Im Chinesischen heißt es: «Ein Bild ist besser als 1000 Worte.» Wenn ich beispielsweise ein Thangka mit all den verschiedenen Wesen und Dingen anschaue, dann sagt mir das weitaus mehr, als wenn ich mich um eine intellektuelle Erklärung all der Gegenstände bemühe; denn unsere Erklärungen bewegen sich nur in Begriffen, das Bild aber weckt Erleben. Und um nun auf die Meditation zurückzukommen, möchte ich sagen, die Grundmeditationen im Buddhismus sind so einfach, daß jeder Mensch sie üben kann. Das aber bedeutet, daß ich beispielsweise bei der *Ānāpānasati* meinen Atem einfach nur sehen soll, so wie er kommt und geht, oder anders ausgedrückt, ich habe mich als den atmenden Menschen, der ich bin, zu erleben. So versuche ich im Gegensatz zum *Prānayāma* des Yoga in keiner Weise, meinen Atemstrom zu manipulieren, ihn weder zu vertiefen noch zu beschleunigen. Ich erlebe meinen Atem und mich als den Atmenden, und das ist alles. Es ist auch selbstverständlich, daß wir hier nicht den Atemablauf sezieren noch die psychologischen Wirkungen des Sauerstoffs auf den Blutstrom oder in den Lungen verfolgen. Wir empfinden einfach den Atem als eine Lebenskraft, an der wir teilhaben, die wir in uns aufnehmen und die wir zurückgeben müssen. Wir lernen, daß wir nichts in der Welt besitzen bzw. festhalten können, denn in dem Augenblick, wo wir das, was wir körperlich oder geistig aufgenommen haben, nicht auch wieder loslassen, wird es zum Gift. So lehrt uns die Ānāpānasati ohne Worte jene Grundanschauung des Dharma, daß nichts von Dauer ist, daß alles Festhaltenwollen Leid mit sich bringt, daß wir nichts für uns behalten können, nichts unser eigen nennen können und daß wir alles, was wir empfangen, zurückgeben müssen, gleich ob im geistig-seelischen Bereich oder im körperlichen. Und darum sage ich, daß diese erste Meditation, welche der Buddha in Form von Ānāpānasati gegeben hat, das grundlegende Verständnis der Lehre unmittelbar erlebnishaft vermittelt. Das Erleben aber macht alle Kommentare darüber und ebenso das Sezieren des Atemvorgangs in verschiedene Phasen, zeitliche Abläufe, Wirkungen etc. überflüssig. Den Atem nicht als bloße Erfüllung der Lungen zu erleben, sondern zu spüren, wie er den ganzen Körper durchflutet bis in die Finger- und Zehenspitzen und alles mit Leben erfüllt: Das ist die Erfahrung von *Prāna*. Prāna ist aber nicht nur Sauerstoff, sondern die kosmische Lebenskraft, die durch uns wie durch alles Lebendige hindurchströmt. Nicht wir atmen, «Es atmet uns». Der Atemvorgang läßt uns so aber auch erlebnishaft die gegenseitige Abhängigkeit von innen und außen erkennen: unser Eingebundensein in ein Netz unendlicher Beziehungen, in dem jedes Individuum einen ständig sich wandelnden «Fokus» – einen individuellen, dynamisch sich ändernden «Brennpunkt» universeller Kräfte – darstellt.

Die Vergegenwärtigung des Atems ist daher der Ausgangspunkt aller Vergegenwärtigung (*Sati, Smriti*). Wenn mich jemand fragt: «Wie soll ich zu meditieren anfangen?», dann antworte ich regelmäßig: «Insofern als Sie atmen können, können Sie auch meditieren.» Die Atmung ist eine natürliche Funktion des Menschen. Mein alter, 1971 verstorbener Freund Shunry Suzuki Roshi sagte immer wieder seinen Schülern: «Setze dich einfach so hin, wie der Buddha gesessen hat. Stelle dir dann vor, daß der Buddha durch deine eigene Körpergestalt hindurchscheint, und ahme den Buddha einfach in deinem eigenen Körper nach. Dann wirst du plötzlich fühlen, daß der Buddha in dir ist. In dem Augenblick, wo du die Buddhahaltung einnimmst, wird der Buddha zur Gegenwart, und du empfindest in dir den gleichen Frieden, der den Buddha ausgezeichnet hat. Und wenn dir dann Gedanken kommen: Was macht das schon? Du brauchst ja gar nicht hier zu sitzen, um etwas zu erreichen, sondern du mußt im Gegenteil in dem Bewußtsein, daß du nichts Besonderes zu erreichen hast oder erreichen willst, einfach in dir selbst ruhen – in dieser zentrierten Stellung der Meditation. Dann werden sich deine Gedanken ganz von selbst beruhigen, und du wirst diesen ganzen Körper als eine geistig-körperliche Einheit fühlen.»

Im Palikanon heißt es, daß wir «den ganzen Körper (*Sabbakāya*) empfindend» meditieren sollen. Wir sollen also nicht ein Geistiges «jenseits des Körpers» empfinden oder einen Körper jenseits des Geistes, sondern wir sollen ganz einfach diese völlige Zentrierung in uns zustande bringen. Ohne ein Problem lösen zu wollen, ohne eine bestimmte intellektuelle Betätigung sollen wir so in uns ruhen, damit wir aus diesem inneren Frieden wieder in die Welt treten können, um dort in ihr aktiv sein zu können.

Das ist für mein Gefühl die Grundlage der Meditation. Und das widerspricht auch nicht der Meditation im Sinne des Vajrayāna, denn die innere Schauung kommt ja viel später. Wenn wir diese Schauung entwickeln, so ist das keine Sache, die von außen kommt, sondern etwas, das von innen nach außen geht. Wir sollten uns bewußt sein, daß auch das, was wir eine Schauung im geistigen Sinne nennen, das Produkt unseres eigenen Geistes ist. Aber wir sollten es deshalb nicht für etwas Unwirkliches halten, sondern vielmehr für genauso wirklich wie unseren Geist, wie unser Bewußtsein, das sie hervorbrachte. Und niemand würde sagen, daß sein Bewußtsein etwas Unwirkliches sei. Wenn dem aber so ist, wie kann dann das Produkt etwas Unwirkliches sein? Wie ein Künstler sein eigenes Kunstwerk aus sich heraus projiziert und weiß: «Dies ist das, was ich aus mir herausgestellt habe», so weiß er auch, daß das innere Bild, das dem äußeren zugrunde liegt, genau die gleiche Wirklichkeit hat wie das, was nun allen zugänglich ist. Wir müssen also begreifen, daß das Wirkliche und das Unwirkliche nichts «an sich Seiendes» ist, sondern daß Wirklichkeit das ist, was aus uns und durch uns wirkt.

Buddhismus und Psychotherapie

Frage: Sie hatten ja wiederholt zum Thema Buddhismus und Psychologie, auch zum Verhältnis des Dharma zur Psychotherapie gesprochen. Ich möchte Sie bitten, noch einmal zu diesem Thema zusammenfassend etwas zu sagen. Wie sollen wir uns zum Beispiel zu den modernen psychotherapeutischen Strömungen verhalten? Wie weit können wir sie in die meditative Schulung mit einbeziehen? Sollte man vor Aufnahme eines buddhistischen Trainings eine Psychotherapie machen?

Und weiter: Ist Buddhismus auch Psychotherapie? Wo geht er über sie hinaus? Worin unterscheiden sich Psychotherapie und Buddhismus? Kann die Psychotherapie vom Buddhismus profitieren bzw. lernen und wenn ja, dann was?

Govinda: Das ist ein sehr weitgespannter Themenkomplex. Ich habe mich in den letzten Jahrzehnten viel mit Psychologie, Psychotherapie und moderner Physik auseinandersetzen müssen. Psychologen, Psychotherapeuten und Physiker besuchten mich in Indien, Europa und in den USA. Und so blieb es nicht aus, daß die Fragen, die sie an mich richteten, ebenso wie die Gespräche, die wir führten, sich zu einem guten Teil um ihre Fachgebiete drehten.

Allgemein gesprochen: Psychotherapie ist der Versuch,

Menschen zu helfen, die verunsichert sind, seelische Fehlhaltungen aufweisen, oder die an sich und/oder der Welt leiden. Sie will den Menschen sozial und wirklichkeitsentsprechend angepaßter machen, will sein Ich stärken, damit er sein Leben besser meistern kann und sich in der Welt bewährt. Psychotherapie ist also eine Therapie für seelisch kranke oder zumindest seelisch angekränkelte Menschen, die an seelischen Symptomen leiden wie andere an Halsweh, Bauch- oder Halsschmerzen.

Der Buddhismus hat einen etwas anderen Ausgangspunkt. Er stellt den Menschen in die Eigenverantwortung und Eigenbemühung. Sein Ziel ist es, die Ichstruktur zu durchschauen, transparent zu machen und ihren illusionären wie auch ihren von Moment zu Moment sich in allem Wandel neu integrierenden Charakter zu erfassen und schließlich die Subjekt-Objekt-Schranke zu durchbrechen.

Was die moderne Psychologie betrifft, so habe ich immer wieder darauf hingewiesen, daß sie sicherlich sehr viel zum Verständnis religiöser Erfahrungen und Strukturen beigetragen hat und daher zu einer Brücke zwischen moderner Wissenschaft und östlicher Weltanschauung geworden ist. Denken wir nur an die Jungsche Lehre von den Archetypen. Andererseits kann die moderne Psychologie noch viel vom Buddhismus und seiner 2500 Jahre alten empirischen Psychologie meditativer Erfahrung lernen. Und wie es aussieht, ist man zumindest in den USA dazu bereit.

Und nun zu Ihrer Frage: Der Dharma des Buddha hat einen psychologischen Hintergrund, da er in der Erfahrung eines meditativen Heilsweges seine Wurzeln hat. Ja, der Dharma wird in den buddhistischen Schriften als das große «Heilmittel» beschrieben, und der Erwachte wird der «große Arzt» genannt. Auch der Buddhismus will Menschen heilen, allerdings in einem viel universelleren Sinne. Aber er wendet sich dabei vor allem an Menschen, die man nicht als psychisch krank bezeichnen würde, sondern an solche, die schon eine gewisse Einsicht in das Wesen der Wirklichkeit entwickelt haben und die Enge des Ichs durchbrechen wollen. Natürlich zieht der Buddhismus auch viele Menschen an, die psychisch krank sind und die besser erst einmal eine Psychotherapie durchlaufen sollten, um Einsicht in ihr eigenes Verhalten und in ihre Ängste zu gewinnen: Dann würden sie vom Buddhismus wesentlich mehr gewinnen. Denn der Buddhismus geht von der Situation des «normalen» Menschen aus und macht dann diesem klar, daß sehr viel mehr in ihm steckt, als er glaubt. Er versucht, den Menschen zu einer inneren Offenheit und Gelöstheit zu stimulieren, um ihn dann nicht nur zu einem erweiterten Bewußtsein zu führen, sondern vor allem zu einem intensivierten, immer umfassender werdenden Bewußtsein anzuleiten. Mittel dazu ist die buddhistische Meditation.

Nun zur Beziehung des Buddhismus zu den modernen Psychotherapien: Alle diese Methoden haben ihre unterschiedlichen Ziele – meist die soziale Wiedereingliederung des psychischen Fehlgesteuerten. Der Buddhismus bzw. der Buddha-Dharma aber will den Menschen nicht nur von falschen Verhaltensmustern, Fehlhaltungen, Zwängen und gewissen Ängsten befreien, sondern erstrebt vor allem die vollkommene innere Freiheit des Menschen, die nur durch die Überwindung von Gier, Haß und Ichwahn zu erreichen ist.

Die modernen Psychotherapien sind sicher für viele psychisch Gestörte oder in Fehlhaltungen Befangene wichtig. Sie liegen aber vor dem Betreten des buddhistischen Heilsweges und sollten nicht damit vermischt werden. Buddhist sein setzt eine gewisse Selbst- und Welterkenntnis voraus, die man durch jene Verfahren unter Umständen erreichen kann. Buddhist sein fordert aber auch die Entwicklung von Fähigkeiten, unter anderem Willenskraft, Selbstverantwortlichkeit, klares Denken, eine intuitive Aufnahmefähigkeit, eine heiterfreudige Gemütsverfassung, ein vorurteilsfreies Offenstehen etc. und geht allein damit schon über die normale Psychotherapie hinaus.

Wenn wir ganz still geworden sind und der Strom der Gedanken nachläßt, dann werden wir uns eines Stromes von Bildern bewußt. Sie steigen in uns auf, drängen sich gewissermaßen von unten aus dem dunklen Hintergrund – ständig sich wandelnd – zur Mitte in den Vordergrund, um dann nach oben entgleitend wieder in das hintergründige Dunkel zu verschwinden. Wir werden als Zuschauer plötzlich gewahr, daß wir an vielen Lebensformen innerlich teilhaben und daß wir selbst uns in diese verschiedenen Formen verwandeln können, die alle Ausdruck unserer Potentialität sind. Da sehen wir dann beispielsweise die Gestalt des Yamāntaka, eine zunächst dämonische Erscheinung: ein schwarzes Wesen mit Stierkopf, über das sich andere dämonische Gesichter erheben und über denen dann wiederum göttliche Gesichter erscheinen. Und zuletzt erkennen wir über allen das Antlitz des Mañjushrī. Doch in all diesen Gestaltungen sehen wir nur uns selbst in allen Schichten unseres Menschseins, in deren tiefster Schicht wir am Tierischen teilhaben, aber auch am Dämonischen in der mittleren und am Göttlichen in der höheren Schicht sowie schließlich am Wesen höchster Erleuchtung.

So sehen wir, daß wir alle die «höllischen» und «himmlischen» Welten in uns selbst haben und wie die eine in die andere fließend übergeht. Unsere Aufgabe wird so klar: Wir müssen die eine Erlebnisform in die andere transformieren, um schließlich erlebnishaft zu jener Erkenntnis zu reifen, daß alle diese Welten nur relativ sind und – in der letzten Wirklichkeit sich lösend – am Ende ihre Integration erfahren. So wird uns die Gestalt des Yamāntaka zum Symbol der menschlichen Ganzheit. Und wir erkennen jenseits des Denkens, daß das, was uns zunächst dämonisch erschien, im Grunde nur etwas ist, was wir noch nicht in seiner Ganzheit erfaßt haben. So wie in der Schizophrenie der Mensch sich in viele getrennte Persönlichkeitsaspekte aufspaltet und durch die Therapie am Ende wieder «ganz» werden muß, um geheilt zu sein, so ist auch das Dämonische als eine Abspaltung aus dem Natürlichen – aus der Lebenskraft – wieder zu integrieren. Statt es zu verdammen und erschreckt davonzulaufen, müssen wir es als einen mächtigen, kraftvollen Aspekt unseres Menschseins sehen und akzeptieren lernen: Nur so «überwinden» wir es und machen seine Kraft zu unserer eigenen. Wer davor wegläuft, bleibt im Banne des Dämonischen und wird von ihm beherrscht.

Das Vajrayāna Tibets beinhaltet sehr viele solcher Symbole, die uns furchterregend erscheinen und/oder mit der Vorstellung des Todes verbunden sind. Aber hinter jeder dieser furchtbaren Gestalten steht eine friedvolle, beseligende Gestalt, und erst beide zusammen machen das vollkommene Wesen aus, das als Ganzheit einen Aspekt der Buddhaschaft zum Ausdruck bringt – sei es in Form eines Bodhisattva-*Mahāsattva* oder in der eines Dhyāni-Buddha. Das Vajrayāna in allen seinen Ausprägungen aber strebt zur vollkommenen Ganzheit, aus der ein neues Verstehen erwächst, das alle Lebensformen in ihrer Verschiedenheit akzeptiert. Auf diesem Wege wird es uns möglich, eine Toleranz zu entwickeln, die nicht mehr die Dinge nach den eigenen Vorstellungen beurteilt und ummodeln will, sondern die die Einheit in aller Verschiedenheit und in allem Wandel erkennt und bejaht.

Hier möchte ich noch daran erinnern, daß auch in unserem Kulturkreis das Dämonische und das Göttliche ursprünglich nicht verschieden waren: Der Dämon war den Griechen die Gottheit – eine unausdrückbare Kraft, die der Mensch in Erscheinungen sieht, die er nicht versteht. Zugleich aber war der Dämon auch die Eigenart jedes einzelnen Menschen selbst bzw. seine innere Stimme. Die negative Bewertung erfuhr der Begriff Dämon erst durch das Christentum. Göttliches, das übermächtig in unser Bewußtsein tritt, erschüttert und ängstigt, weil es nicht verstanden werden kann, und verunsichert dadurch. Im Augenblick aber, wo wir eine Erscheinung in ihrer ganzen Tiefe und Fülle sehen und verstehen, verliert sie ihre Furchtbarkeit. Die Kräfte der Tiefe – wie alle Kräfte der Natur – sind von sich aus weder zerstörerisch noch aufbauend: Wir selbst sind es, die sie zu dem einen oder anderen machen bzw. ihnen diese Bewertung unterschieben.

Mantra-Praxis

Frage: Ich möchte Sie bitten, etwas zur Bedeutung und Praxis der MANTRAS zu sagen.* Von den tibetischen Lehrern wird immer wieder empfohlen, die Mantras laut zu sprechen, und ich meine, daß das eine gute Übung für den Anfänger ist. Sie aber haben bei einer anderen Gelegenheit die Betonung auf das «innere Sprechen» gelegt – das ist doch wohl das Ziel?

Govinda: Man kann natürlich als Anfänger ein Mantra hörbar sprechen, schon um sich den richtigen Klang einzuprägen, aber man muß unbedingt relativ schnell zum inneren Sprechen übergehen, sonst verfehlt man die Idee, die dem Mantra zugrunde liegt. Die Grundvorstellung ist folgende: Jedes Mantra hat einen gewissen inneren «Sinn», der kein «Wortsinn» ist – hat also keinen Sinn, der übersetzbar wäre, obwohl einige mantrisch gebrauchten Worte Begriffe sind, die man übersetzen kann. Aber im mantrischen Zusammenhang gehen sie weit über diesen ihren Wortsinn hinaus – gewinnen einen oft das Gegenteil mitbeinhaltenden Symbolcharakter, der in eine ganz bestimmte Richtung weist, ohne uns an wie auch immer geartete fixe, definierbare Begriffe zu binden.

* Siehe auch «Gespräche über Meditation» (S. 100 ff.).

Mit den Mantras ist es so wie mit einer Melodie, die wir hören: Sie vermittelt uns zwar einen fühlbaren «Sinn», aber keinen sprachlich wiedergebbaren Inhalt, den wir mit Worten umreißen könnten. Ebenso haben Mantras einen tiefen, ihnen zugrundeliegenden «Sinn», der über das Sprachliche hinausgeht, so daß wir uns über den «wirklichen Inhalt» keine Rechenschaft geben können. So ist beispielsweise das «*Om*» in »*Om Mani Padme Hūm*» nicht übersetzbar: Es ist ein Bīja-Mantra, eine Keimsilbe. Das gleiche gilt für *Hūm*. Dagegen ergeben die zwei verbleibenden Worte Mani und Padme einen Wortsinn: Padme ist der Lokativ von *Padma*, «Lotus», wobei Lotus hier mit «Herz» gleichgesetzt werden kann. «Padme» ist also «im Herzen innewohnend», und das, was inne wohnt, ist hier der «Mani» (wörtlich: Rubin), das «kostbare Juwel». Dieses Juwel ist nun der Buddha, der Bodhisattva oder das höchste Ideal, das wir im Lotus unseres Herzens bewahren, womit wir an unsere Aufgabe erinnert werden, Kelch oder Behälter dieser Kostbarkeit zu sein. Doch das ist nur eine der möglichen Sinngebungen: Das Mantra erschöpft sich nicht in der Wort-für-Wort-Übersetzung, die nur in jene Richtung deuten will, in der wir zu gehen haben. So ist »*Padma*» unter anderem auch ein Symbol für psychische Zentren, die durch unterschiedlich vielblättrige Lotusblüten vorzustellen sind und die im meditativen Prozeß auf verschiedenen Körperebenen visualisiert werden.

Das Mantra OM MANI PADME HUM wird auf das Herzzentrum bezogen. Aber wichtiger als die richtige Lokalisation ist, daß wir uns bei der Rezitation – sei sie nun laut oder als innere Schwingung – die Gestalt des Avalokiteshvara vergegenwärtigen, dem dieses Mantra zugeordnet ist. Avalokiteshvara aber ist jener Aspekt des Erleuchteten – des Buddha –, der die Vollkommenheit aktiven Mitleids verkörpert. Wenn wir die Gegenwart Avalokiteshvaras in uns fühlen, kann das Mantra seine Wirkung in uns ausüben. Wenn wir aber noch nie etwas von Avalokiteshvara gehört haben und keine Vorstellung von ihm haben, dann werden wir ins Leere zielen, weil wir die Richtung des Mantras nicht kennen.

Und so ist im Buddhismus jedes Mantra mit einer bestimmten Vorstellung eines Aspektes der erstrebten Vollkommenheit verbunden. Wenn wir beispielsweise «*Om Amitābha Hrīḥ*» sagen, dann müssen wir auch damit die Gegenwart Amitābhas empfinden: Ohne diese Vergegenwärtigung wird das Mantra zum bloßen Laut. Im Buddhismus ist nicht wie im Hinduismus Shabda – der Klang bzw. der Laut – das Wesentliche, sondern die geistige Vergegenwärtigung des meditierten Aspektes der Buddhaschaft. Der Gebrauch von Mantras ist im Buddhismus nicht «Magie des Tones», sondern «Magie», das heißt Wandlung, im Bereich des Psychisch-Geistigen, des Bewußtseins. Hüten wir uns also, Mantras als lediglich äußere Laute aufzufassen. Seien wir uns vielmehr bewußt, was wir mit einem Mantra – einem Instrument des *Manas*, das heißt des Geistes – zunehmend in unserem Geiste bewußt machen wollen. Mantras sind also richtungsgebende Impulse zur Transformation unseres Bewußtseins.

Frage: Wie ist das mit dem «Hundert-Silben-Mantra»? Das ist doch eine *Dhāraṇī*, also eine Art Anrufung, die nach Bedarf auf unterschiedliche Bodhisattvas und Herukas angewandt wird?

Govinda: Das ist richtig. Viele Leute verwechseln eine Dhāraṇī mit einem Mantra. Ein Mantra ist letztlich nicht übersetzbar. Eine Dhāraṇī dagegen ist ein einfacher Sanskrittext in Form einer Anrufung – gewissermaßen eine Art Gebet, wo die eigenen inneren Kräfte nach außen projiziert werden, um sie bewußt zu machen und zu aktivieren. Eine solche Dhāraṇī kann Wort für Wort übersetzt werden und «verfestigt» (*dhar*) durch Vergegenwärtigung der Vorstellung von dem, was zu erstreben bzw. zu tun ist.

Das «Hundert-Silben-Mantra», meist auf *Vajrasattva* bezogen, hat einen ganz klar übersetzbaren Text zur Grundlage. Aber in Tibet wird es als ein Mantra betrachtet: Man hat die

Dhāraṇī sprachlich in das tibetische Alphabet transkribiert und zwar ohne Beachtung der Sandhiregeln. Im Sanskrit werden nämlich die Sätze ohne Worttrennung geschrieben, und man muß sie entsprechend bestimmten Regeln «aufbrechen». Das aber hat man offensichtlich nicht geschafft, und so entstanden phantastische Entstellungen, noch verdunkelt dadurch, daß wahrscheinlich bengalische Pandits die Hauptinstruktoren waren, die u.a. statt «v» ein «b» und dergleichen sprachen. So wurde «*Vajra*» zu «*Bädscher*» und «*Sattva*» zu «*Satto*» und so fort. Und so wird diese Dhāraṇī als Mantra rezitiert, ohne daß man weiß, welches die richtige Aussprache ist und was die Worte bedeuten. Man hat lediglich die Vorstellung, daß es etwas ist, was mit Vajrasattva verbunden ist. Insofern ist es noch gut. Doch nur wenn sie den Inhalt der Dhāraṇī voll verstehen würden, wäre dies weitaus hilfreicher, um die inneren Kräfte bewußt zu aktivieren und um den hinter den Wortsymbolen verborgenen Sinn zu entdecken.

Im Chinesischen ist diese Verwirrung noch ausgeprägter. Auch hier versuchte man, die Buchstaben des Sanskrit lautlich in chinesischen Charakteren zu transkribieren. Heraus kam etwas ohne irgendeinen vorstellbaren Inhalt – ein bloßes Lautgeklingel, und das ist meiner Meinung nach eine wesentliche Verfehlung des Zweckes: Man kann nichts damit anfangen, und es wird zu einer bloßen Glaubenssache. Die Chinesen stellen sich vor, daß solche «Mantras» irgendwie eine magische Wirkung ausüben – wissen aber nicht, was für eine Wirkung daraus entstehen könnte. Sie hoffen einfach, daß es hilft. Das dürfte auch der Grund sein, warum *Kobo*, der die mit seinem Lehrer erlöschende chinesische Vajrayāna-Tradition nach Japan brachte (etwa um dieselbe Zeit, als Padmasambhava nach Tibet ging), forderte, daß die Priester der japanischen Vajrayānaschule (Shingon) Sanskrit lernen müssen: erstens, um die Texte lesen zu können, zweitens, um die Mantras und Dhāraṇīs richtig auszusprechen. Und damit zeigte er, daß auch er richtig erkannt hatte, daß Mantras,

Dhāranīs etc. nur dann von Wert sind, wenn wir damit einen von Stufe zu Stufe wachsenden Sinn verbinden. Nur in einem solchen Prozeß kann sich das Mantra in unserem Bewußtsein transformieren und andererseits unser Bewußtsein umformen, womit es entsprechend unserer jeweiligen Reife seine entfaltende Wirkung ausüben kann.

Frage: Vor kurzem erschien ein Buch zum Thema «Tantra»*, in dem auch sehr viel über Mantrik geschrieben wurde. Kennen Sie es, und wenn ja, stimmen Sie mit dem Dargestellten überein?

Govinda: Ich habe das Buch gelesen. Der Autor hat hier eine hervorragende wissenschaftliche Arbeit geleistet. Doch so hervorragend er die Hindutradition beherrscht, so verkehrt erscheint mir sein In-eins-Setzen dieser Tradition mit der buddhistischen: Man kann die beiden nicht mischen. Der Verfasser, der ein großartiger Gelehrter auf dem Gebiet des Hinduismus ist, hätte besser daran getan, klar zwischen der buddhistischen und hinduistischen Mantrik zu unterscheiden. Zweifellos gebrauchen beide Traditionen gewisse Mantras gemeinsam. Doch da sie auf unterschiedlichsten, teilweise konträren Grundlagen beruhen, erfahren die Mantras eine oft total entgegengesetzte, in fast allen Fällen aber andere Sinnrichtung, was sich schon daraus ergibt, daß die Grundlage des hinduistischen Tantras eine «biologisch-theologische», die des Buddhismus jedoch eine «psychologisch-nicht-theistische» ist, wodurch sich entscheidende Andersartigkeiten für die jeweils abgeleitete Praxis ergeben. So ist im Hinduismus ein Mantra regelmäßig eine Anrufungsformel einer bestimmten Gottheit: im Gläubigen erweckt das Mantra die Vorstellung der verehrten Gottheit und versetzt den Anbeter in tiefe Hingabe und damit in die Gegenwart dieses Gottes. Im Buddhismus, wo derartige Vorstellungen nicht vorherrschen,

---

* Swami Agehananda Bharati, *The Tantric Tradition* (Rider & Co., London 1965).

müssen wir den Einsatz von Mantras unter ganz anderen Gesichtspunkten betrachten.

Wir müssen begreifen, daß wir mittels eines Mantras einen ganz bestimmten Bewußtseinszustand hervorrufen wollen, der dann allerdings auch auf andere wirken mag, was von vielen als «Magie» ausgelegt wird, wie man vom primitiven Standpunkt aus jede Art von Gedanken- oder Bewußtseins-übertragung als «Magie» interpretiert. Aber im Grunde ist das ein natürlicher Vorgang, der nichts Mirakulöses enthält, sondern einfach Folge einer direkten Einwirkung psychischer Art ist.

Zweifellos gab es schon in vedischen Zeiten Mantras. Aber das besagt nun nicht, daß buddhistische Mantras bloße Über-nahmen präbuddhistisch-prähinduistischer Formeln wären. Der frühe tantrische Buddhismus – das *Mantrayāna* – schuf als erste indische Bewegung etwa im zweiten Jh. n. d. Zt. eine systematische Mantrasammlung, und von da ab entwickelt sich das, was man eine mantrische Wissenschaft, die gewissen Gesetzen und Leitgedanken folgt, nennen kann. Es war Avalon, der zu Beginn dieses Jahrhunderts (1918) das Buch *Schlangenkraft*★ veröffentlichte, eine Darstellung des Kunda-līni-Yogas. Dieses Buch entstand im 16. Jahrhundert (1577), wie Avalon mitteilt. Er nahm nun naiverweise an, daß dies das grundlegende Buch der Mantrik sei und daß die buddhisti-schen Tantriker die Mantras nachgeahmt und auf ihre eigene Vorstellungswelt übertragen hätten. Deshalb könne man alle buddhistischen Mantras aus den hinduistischen ableiten. Nun hat aber gerade *Benoytosh Bhattacharyya*, ein hochangesehener Forscher – selbst ein überzeugter Hindu – nachgewiesen, daß viele der heute im Hinduismus gebrauchten Mantras vom Buddhismus her übernommen wurden, was daraus ersicht-

---

★ John Woodroffe (Arthur Avalon), *Die Schlangenkraft: Die Entfaltung schöpferischer Kräfte im Menschen,* Barth, Weilheim 1961 (1. Aufl. Randin 1918 [engl.]).

lich ist, daß die darin erscheinenden Namen und Vorstellungen gar nicht in den Hinduismus hineinpassen: Man übernahm sie einfach als magische Formeln.

Frage: Sie haben immer wieder betont, daß der buddhistische Weg in jedem Fall mit *Sammā ditthi*, mit «vollkommener Einsicht», beginnt. Nun gibt es aber in China und mehr noch in Japan den Glaubensbuddhismus, der mich sehr an die Glaubensbetonung der protestantischen Kirche erinnert. Ich wollte es erst nicht wahrhaben, daß der Buddha so etwas wie «glauben» gelehrt hat. Seine Rede an die Kalamer spricht meines Erachtens dagegen. Aber da gibt es nun im Pali-Kanon den «Glaubensergebenen» und den «Glaubenserlösten». Welche Rolle spielt «glauben» nun wirklich im Buddhismus?

Govinda: Sie haben recht, es gibt in Japan einen Glaubensbuddhismus, der Ähnlichkeiten zur protestantischen Theologie mit ihrer Erlösungslehre *sola fide* («allein durch den Glauben ohne des Gesetzes Werke») hat. Aber das ist eine späte, typisch japanische Entwicklung, und ich bin der Überzeugung, daß schon die Anfänge dieser Bewegung durch die Begegnung des Buddhismus mit dem Nestorianischen Christentum und viel mehr dann später noch durch den Manichäismus im zentralasiatischen Bereich zustande kamen.

Aber fangen wir doch einmal ganz einfach an: Wann glauben wir, daß etwas so oder so sei? Regelmäßig verbirgt sich dahinter eine von einem Begehren getragene Emotion, die in einem Wunschdenken ausufert. Es kann gelegentlich auch eine intuitive Einsicht das große Stimulanz sein, aber leider ist es viel häufiger etwas, was durch fremdinduzierte, suggestiv-emotional wirkende Vorurteile, durch unreflektierte Übernahme traditionell geheiligter Ansichten, Meinungen etc. ausgelöst wurde. Im allgemeinen ist es etwas, was uns gefühlig anzieht, weil es uns anspricht – was unserem Begehren, daß es so sein möge, entgegenkommt. Die wahre Motivation aber verschleiern wir vor uns selbst durch irrationale «Pseudo»-

Beweise, die sich auf irrationale oder spekulative Axiome stützen, die völlig wirklichkeitsfremd sind.

Nach buddhistischer Ansicht sollte jedoch unser «Glaube» auf einer echten Einsicht und Wirklichkeitserkenntnis beruhen. Denn blinder unreflektierter «Glaube», der heute wie früher vielen Menschen so sehr angenehm erscheint, kann leicht in die Irre führen. Heute glauben beispielsweise junge Leute an irgendeinen «Guru», ohne sich je Rechenschaft darüber zu geben, warum sie sich eben gerade diesem Lehrer anschließen und ihm blind folgen. Man sollte sich aber immer ein gewisses Maß an Selbstkritik und kritischem Hinterfragen bewahren und wissen, warum man «glaubt» und von etwas überzeugt ist, und wohin dieser Glaube führt.

Der Buddha forderte: «Ich will nicht, daß jemand an mich glaubt, sondern möchte, daß man mich versteht.» Glaube – im buddhistischen Sinne – muß aus einem inneren Verständnis, was den Verstand nicht beiseite läßt, erwachsen und nicht aus einem *credo quia absurdum*. Dem Buddhisten geht es nicht um ein «Glaubenwollen», um das er Gottes Hilfe gegen seinen Unglauben erbittet. Er will keinen bequemen Weg vorgeschriebenen «gläubigen» Akzeptierens gehen, was ihn letztlich von jeder Verantwortung entbindet. Derartiges mag für den Augenblick beruhigend wirken, dürfte aber für den wirklich denkenden und religiösen Menschen auf die Dauer unbefriedigend bleiben.

Doch kommen wir nun zu Ihrer Frage, welche Rolle «Glaube» im Buddhismus spielt. Im Englischen gibt es zwei Wörter, mit denen das umrissen wird, was wir im Deutschen mit «Glauben» bezeichnen: *belief* und *faith*. Während *belief* etwa wie unser Wort «Glaube» benutzt wird, als «etwas für wahr halten», hat *faith* etwas mit «begründetem Vertrauen» zu tun. Das Paliwort «Saddha» (Skrt.: Shraddhā) entspricht dem «in Einsicht gegründeten Vertrauen», und die frühe buddhistische Psychologie erkennt darin eine der fünf Kräfte (*Bala*) oder Fähigkeiten (*Indriya*), die für den Heilsweg unerläßlich sind. Saddha ist dann gegeben, wenn alle Zweifel durch Einsicht (sei es nun intuitiv oder rational) beseitigt sind und damit jene zweite «Fessel» abgetan ist, die uns am «Stromeintritt» hindert: die Zweifelsucht (Pali: *Vicikichchā*).

Die zwei von Ihnen hier eingebrachten Bezeichnungen von «Glaubensergebenen» und «Glaubenserlösten» muß man wohl richtiger mit «Vertrauensergebenen» (Pali: *Saddhanusari*) und «Vertrauensbefreiten» (*Saddhavimutta*) übersetzen. Wer die Fähigkeit von Saddha – also Vertrauen in die Richtigkeit des eingeschlagenen Weges und in die eigene Kraft, daß er befähigt ist, diesen Weg zu gehen, gewonnen hat, ist – im Augenblick seines Stromeintritts – ein Saddhanusari und ab der zweiten Stufe – der Stufe der «Frucht» des Stromeintritts – ein Saddhavimutti.

Damit aber wird deutlich, was Saddha im Buddhismus wirklich ist. Und ich möchte hinzufügen, daß, als der sogenannte «Glaubensbuddhismus» mit dem großen *Amitāyurvyuha-Sūtra* auftrat, das Gesetz des Karma in keiner Weise durch einen wie auch immer gearteten Glauben an göttliche Kräfte aufgeweicht wurde: Es blieb unumstößlich bestehen, und das «unendliche Licht der Buddhaschaft» (Amithābha) wirkte wie alle Tathāgatas – als Wegweiser für den sich selbst in Eigenverantwortlichkeit Bemühenden.

Frage: Bei der Fülle von buddhistischen Schulen, die gerade in den letzten Jahren in den Westen gelangten, bei der Mannigfaltigkeit der verschiedenen Richtungen: Ist es da überhaupt möglich, sich einen wirklichen Überblick zu schaffen, um dann die richtige Entscheidung zu treffen?

Govinda: Man muß schon eine gewisse Auswahl treffen, das ist richtig, und dabei müssen Herz und Hirn in gleicher Weise entscheiden. Und wenn man diesen Weg geht, dann sieht man bald, daß sich – wenn alles Beiwerk weggelassen wird – alles gut zu einem «Ganzen» zusammenfügt. Dabei geht es im wesentlichen darum, daß man das herausschält, was jede Schule speziell erarbeitet bzw. akzentuiert. Bei dieser Arbeit aber müssen wir unseren Verstand gebrauchen, um all das «Zufällige», das Lokalbedingte, Völkische, Zeitbedingte usw. zu eliminieren. Und das auch dann, wenn wir auf den Widerstand jener stoßen, die um ihre nationale Integrität kämpfen müssen, für die ihre nationale Tradition der Halt ist, an den sie sich als etwas «Dauerndes» klammern (obwohl sie als Buddhisten wissen müssen, daß es so etwas nicht gibt).

Frage: Aus Tibet kommen nun so viele Lehrer, die als *Tulkus* gelten. Soviel ich weiß, ist diese Idee der Tulkus nur im Bereich des Lamaismus vorhanden, und da die Tulkus doch meist Wiederverkörperungen von großen Bodhisattvas und Heiligen sind: Ist es da nicht seltsam, daß alle diese nur in Tibet geboren werden? Wo ist da das Mitleid der Bodhisattvas mit allen Lebewesen?

Govinda: Die Vorstellung vom «Tulku» ist eine typisch tibetische, die etwa im 13. Jahrhundert aufkam. Sie entspricht der indisch-hinduistischen Idee vom *Avatār*: der «Herkunft» eines Gottes in Gestalt eines Gottmenschen, um den niedergehenden Dharma wiederherzustellen und die Weltordnung neu zu stabilisieren. In Tibet war es wohl so, daß man anfangs große religiöse Persönlichkeiten als Verkörperungen von Bodhisattvas verehrte, die aus Mitleid mit der Welt, um den Dharma zu verkünden und den Wesen den Weg zu weisen, menschliche Gestalt angenommen hatten. In diesen Menschen sah man die Verkörperung eines religiösen Vor- oder Leitbildes (man würde heute sagen: «man projizierte es auf sie»). Im weiteren Verlauf wurden auch die Äbte großer Klöster und berühmte Einsiedler zu Tulkus ihrer Vorgänger gemacht und «gefunden», da sie ja als Bodhisattvas, ihrem Gelübde folgend, immer wieder in dieser Welt geboren werden wollen, um das begonnene Heilswerk fortzusetzen. So begegnete man denn in Tibet plötzlich einem Siddha des 7. oder 8. Jahrhunderts. Und wenn man fragte, wie das möglich sei, so erhielt man die Antwort, daß der Mann immer noch lebe. Das aber sollte besagen, daß die Person, die gewissermaßen innerlich ihr Bewußtsein als Fortsetzung eines früheren Menschen sieht und sich in diesen vollkommen hineingelebt hat, er «ist». Und ein solcher Tulku stellte auch regelmäßig dasselbe Ideal dar wie jener frühere Mensch – war im Wissen und Wandel die Verkörperung derselben Tendenzen (Cetanā). So galt einer meiner Gurus – Ajo-Repa-Rimpoche – als Verkörperung des Dombi-Heruka, das heißt eines der großen indischen *Mahāsiddhas*. Mein *Mūlaguru* – Tomo Geshe Rimpoche – war dagegen ein einfacher, aber sehr gelehrter Mönch gewesen. Er hatte in Sera den Geshe-Titel (gewissermaßen den «Doktor der Buddhologie») erworben und hatte sich dann als Einsiedler in die Berge Tibets, fern aller Menschen, zurückgezogen. Unerreichbar für die Masse lebte er in einer Höhle, wurde aber dennoch bald zu seinen Lebzeiten «Tulku». Nun ist nach allgemeiner Vorstellung nur der ein Tulku (hier mit dem Nirmānakāya eines Bodhisattva gleichzusetzen), der durch seine Rückerinnerung erkennen läßt, daß er die Wiederverkörperung eines bekannten anderen Bodhisattva ist. Aber im Falle von Tomo Geshe Rimpoche war es so, daß er sich derart mit einer der göttlichen Gestalten des buddhistischen Pantheon identifizierte, daß er wirklich am Ende das wurde, was er sich in seiner Meditation vorstellte. So wurde er zu einem Tulku, das heißt zu einem Menschen, der sich vielleicht nicht seiner Vergangenheit erinnerte, aber ein Mensch war, der bereits seine Zukunft in diesem Leben gestaltete und der dann auch ganz ruhig eines Tages diesen Körper verließ, um bewußt in eine neue Inkarnation einzutreten. Seiner nächsten Umgebung sagte er, daß sie nicht traurig sein sollten, wenn er ginge. Er sei alt und könne nicht mehr viel tun. Doch er werde nach drei Jahren eine neue Form annehmen. Und genau nach diesen drei Jahren wurde er wiederentdeckt.

Wiederholt hat man mich gefragt, wie das zu verstehen sei, daß der Dalai Lama (aber auch der Karmapa) als eine Verkörperung des *Avalokiteshvara* und der Tashi Lama als die des

Amithābha anzusehen sei. Die dahinterstehende Idee ist nicht, daß Amitābha und Avalokiteshvara plötzlich auf die Erde herabsteigen, sondern daß ein Mensch sich so in die Vorstellung des Amithābha oder des Avalokiteshvara versenkt, daß er schließlich zur Kristallisation bzw. Verkörperung des Amithābha oder des Avalokiteshvara reift.

Also nicht *Avalokiteshvara* wird wiedergeboren, sondern ein Mensch, der von der Idee des Mitleids und der Weisheit so vollkommen erfüllt wird, bis sein ganzes Bewußtsein zunehmend eben die Vorstellung des *Avalokiteshvara* ausdrückt. Der heutige Dalai Lama ist dafür ein lebendiges Beispiel. Alle, die ihn trafen, sind von diesem Mann, der ohne Pomp und große Zeremonie sich in der Welt bewegt, zutiefst betroffen und angerührt. Er ist ein ganz menschlicher Mensch, offen und anderen ganz zugewandt – einer, der zwar Politiker sein muß, aber immer nur «Mönch und Mensch» sein möchte.

Frage: Kann man dann sagen, daß jeder Mensch zu dem wird, womit er sich identifiziert?

Govinda: Ja, ganz gewiß. Ich würde sogar soweit gehen zu sagen, daß im Grunde genommen alle Menschen «Tulkus» sind: Wiedergeborene entsprechend ihren Absichten, Tendenzen, Strebungen etc. Wie würden sich sonst solche Phänomene erklären lassen, daß schon ein Kind, wie Mozart und andere junge Genies, eine ganz klare Linie verfolgt und Leistungen erbringt, zu denen ein Erwachsener nur selten fähig ist. Oder die klaren Ausrichtungen bei Jugendlichen, die nicht in der Linie ihrer «Vorfahren» liegen? Der Unterschied zwischen einem, der als Tulku verehrt wird, und einem anderen Wiedergeborenen ist lediglich der, daß der eine sich seiner vorgenommenen Aufgabe erinnert und der andere nicht. Doch das ist alles recht grob ausgedrückt, so als gäbe es so etwas wie ein Wesen, das von einem Körper in den anderen wechselt. Eben das passiert nach buddhistischer Erkenntnis nicht. Dennoch: Essentiell kann man sagen, daß jegliches menschliche Leben eine Fortsetzung eines anderen Lebens darstellt.

Wenn wir den Versuch machen wollen, uns diesem Problem in einem zeitgemäßen Gleichnis anzunähern, dann könnte man sagen, daß unsere geistige Einstellung, unser geistiges Verlangen und Streben – also unsere ganze bewußte geistige Tätigkeit – etwa wie eine Radiostation auf die ganze Umgebung wirkt und mit entsprechenden Empfangsgeräten aufgenommen werden kann. Zerstören wir den Empfänger, so ist der Sender davon unberührt – die Ausstrahlung geht weiter und ein anderer, auf die gleiche Wellenlänge eingestellter Empfänger wird sie empfangen. Genauso, wenn das einzelne menschliche Leben ausläuft: Das bedeutet nicht, daß die Quelle dieses Lebens plötzlich versiegt ist, sondern nur, daß sie sich in einem anderen adäquaten Körper Ausdruck verschaffen wird. Auf dieser Grundanschauung beruht die buddhistische Wiedergeburtsvorstellung.

Wiedergeburt und Karma

Frage: Könnten Sie auf die buddhistische Auffassung von der Wiedergeburt noch näher eingehen?

Govinda: Zunächst einmal: Die Lehren von der Wiedergeburt und vom Karma sind essentielle Bestandteile des Buddhismus. Nur sollte man immer daran denken, daß die Erinnerung der früheren Geburten eines «individuellen Lebensstromes» (Pali: *Sotabhavanga*) Bestandteil des Erleuchtungserlebnisses ist und daß nur ab und zu für den einen oder anderen kurz ein Erinnern an einen kleinen Moment eines anderen Lebens möglich ist. Viele der sogenannten Rückerinnerungen sind meines Erachtens Spiele des schöpferischen Unterbewußtseins, die wie Träume einen ausgleichenden, ja heilenden Effekt haben können. Wichtig ist, gleich zu Anfang festzustellen, daß die buddhistische Reinkarnationslehre keine «Seelenwanderung» annimmt. «Seelenwanderung» beruht auf der Vorstellung einer für sich und in sich bestehenden Seele, die einen Körper annimmt und die nach dem Tode desselben sich einen anderen sucht – die Körper gewissermaßen wie Kleider wechselt.

Im Buddhismus gibt es eine solche Vorstellung von einer ewigen, sich durch alle Geburten gleichbleibenden Seele nicht. Jedes Wesen ist als ein Zentrum geistiger Ausstrahlungen zu betrachten. Diese geistigen Ausstrahlungen sind gerichtete Kräfte, die sich einerseits auf die ganze Umwelt auswirken, einschließlich der anderen Menschen, die um uns herum sind, und andererseits auf uns selbst zurückwirken, so daß sie uns von Augenblick zu Augenblick neu formen. Daraus ergibt sich: Je mehr ein Mensch sich öffnet, desto mehr hat er Anteil am Leben aller anderen Wesen. Je klarer andererseits aber auch ein Mensch bewußt sich selbst sieht, um so konsequenter kann er alle Kräfte in Richtung seines Strebens einsetzen und kommt damit seinem Ziel um so näher – formt sich zu einer ständig sich höher entwickelnden Ganzheit. So wird deutlich, daß nach buddhistischer Erfahrung es jene geistig-seelischen Tendenzen oder Wollungen (Cetanās) sind, die diesen Körper ständig gestalten und sich auch in «einem anderen Leben» den Körper schaffen werden, der ihnen adäquat ist. Wir wählen uns also keinen neuen Körper, sondern die bewußt geschaffenen und gerichteten geistig-psychischen Kräfte bauen ihn auf. Der Körper ist also ein Produkt des Geistes – kein Zufallsprodukt. Und weil dem so ist, haben wir zum einen stets über unsere Wollungen und unsere bewußten Tendenzen (Skrt.: Cetanā = *Samskārā*) zu wachen, wie wir andererseits den Körper als die materielle Ausformung unseres Geistes und auch als dessen selbstgeschaffenes Instrument achten und pflegen müssen: Ohne ihn kann Buddhaschaft nicht erlangt werden. In diesem Zusammenhang muß erwähnt werden, daß der Buddha immer wieder auf die Bedeutung der vollkommenen Körperbewußtheit hingewiesen hat. Mehr noch als die Menschen seiner Zeit haben die

212

heutigen zum großen Teil das Bewußtsein dieses Körpers verloren. Der moderne Mensch lebt oft nur noch im oberen (und teilweise im unteren) Zentrum des Bewußtseins. Die übrigen Bewußtseinszentren, symbolisiert in den verschiedenen Ebenen unseres Körpers, sind mehr oder weniger vergessen. Sie zu reaktivieren, das heißt alle Schichten unseres Bewußtseins zu verlebendigen und zugleich die oberste Schicht aus der «Vereisung der Begrifflichkeit» durch die heraufgeführten Kräfte des Psychisch-Emotionalen der tieferen Ebenen zum Schmelzen zu bringen: Das ist die Aufgabe des Yoga.

Frage: Lamaji, mit der Wiedergeburtslehre hängt ja auch eng die Anschauung von den fünf bzw. sechs Daseinsbereichen zusammen, in denen Wiedergeburt erfolgt. Auch die mahāyānische Lehre von den «Buddha-*Kṣetras*» gehört wohl hierher, die die japanischen Schulen so stark herausheben. Einige tibetische Lamas nun zeichnen sich dadurch aus, daß sie sich vor allem um die Darstellung der Höllen und Höllenstrafen bemühen, die für bestimmte Verfehlungen verhängt werden. Können Sie dazu etwas sagen?

Govinda: Schon der Pali-Kanon kennt die Höllen (*Nirāyas*) als vorübergehende Zustände des Leidens aufgrund karmisch unheilsamer Cetanās bzw. Samskāras. Der Abhidhamma klassifizierte die Nirāyas und kam – wenn ich mich recht erinnere – auf einhundertundacht. Den Gegenpol zu den Höllen bilden die sieben himmlischen Bereiche der Götter, von denen die sechs unteren der Sphäre des *Kāmavacaraloka* zugeteilt werden, die auf der mentalen Ebene sinnlich-subjektiv wahrgenommen werden können. Der siebente himmlische Bereich – die «*Brahman*»-Welt – ist aufgegliedert in verschiedene Stufen, die alle dem *Rūpaloka* zugeordnet wurden, das heißt der Welt der «reinen» Vorstellungen bzw. Formen.

Um das zu verstehen, müssen wir uns daran erinnern, daß der Buddha in der Zeit eines weltweiten Umbruchs im Denken lebte, wo das mystische Denken sich langsam aber stetig in ein mentales Denken wandelte. Höllen und Himmel sind unter anderem mythische Vorstellungsbilder psychisch erfahrener Geisteszustände und als solche so wirklich wie unsere Sinnenwelt. Da erfahren wir die Höllen brennenden Verlangens, des Zerrissenwerdens, Gespaltenwerdens, Durchbohrtwerdens, des inneren Vereisens und so fort. Nach außen projiziert aber werden diese psychischen Erfahrungen oft zu Mitteln, durch die man Menschen mittels Angst «sozialisieren» will, und das oft genug im Sinne einer auf Machterhaltung bedachten Priesterschicht. Auch das christliche Abendland kennt bis in die Neuzeit ähnliche Schreckensbilder, mit denen der brave Landpastor sonntags seine Gemeinde in Furcht versetzte, um sie auf dem «rechten Pfad» zu halten.

Wenn heute solche höchst suggestiv wirkenden Beschreibungen der Höllenstrafen (einschließlich «moderner» Gleichnisse und Darstellungen) von den tibetischen Lamas gegeben werden, dann – so meine ich – ist das höchst unangepaßt für den Westen, der über Jahrhunderte damit gegängelt wurde und eben im Begriff ist, diese Art entmündigender «Erziehung durch Angst» zu überwinden. So setzen wir keine selbstverantwortlich handelnden Nachfolger Buddhas frei, sondern schaffen vor Strafe kuschende unreife «Gläubige». Wenn auch die verschiedenen Höllendarstellungen im Grunde genommen psychische, in uns lebende Vorstellungen sind, die uns leiden machen – und zwar schon hier in diesem Leben –, so sollte man daran denken, daß den meisten Menschen bereits dieses Leben schon genügend zur Hölle geworden ist. Wichtig wäre meines Erachtens vor allem zu zeigen, wie man sich aus seinen inneren Höllen befreien kann und selbstverantwortlich ethisch handeln lernt. Denn nur die Ideen vergangener Jahrhunderte, ja, Jahrtausende aufzutischen und Angst statt Freude zu verbreiten: das hat wenig mit Buddhismus zu tun. Im Mittelalter, wo man versuchte, Menschen durch Angst zum «Besseren» zu führen, waren wohl die meisten Menschen «religiös» aus Furcht vor Strafe. Der wirklich religiöse Mensch aber ist religiös aus dem Hochgefühl der Freude durch inneres Erleben. Angst hat niemals eine Religiosität erschaffen noch sie gefördert. Die religiösen Institutionen waren es, die die Angst als Mittel benutzten, um sich Menschen gefügig zu machen. Aber das, was wir innerlich in uns gestalten oder anderen erlauben, in uns zu gestalten, hat seine prägende Wirkung. Je mehr wir uns in angsterweckende Vorstellungen vertiefen, desto mehr Angst bekommen wir.

Je mehr wir uns andererseits in freudvolle Stimmungen versenken, desto mehr Freude erfüllt uns. Die Botschaft des Buddha aber zielt auf die befreiende Freude – auf *Sukhā*, das heißt auf das, was uns mit dem Gefühl der Weite und des Glücks erfüllt. Wo das nicht ist, da sind wir auf dem falschen Wege.

Frage: Lamaji, wir hatten ja in den letzten Tagen eine sehr lebhafte Diskussion über eine zur Zeit von einem hohen buddhistischen Würdenträger praktizierte Zeremonie, die, mit viel Aufwand durchgeführt, auch Massen von Nichtbuddhisten anzieht. Auch einige der Anwesenden waren davon sehr beeindruckt und meinten, daß diese Zeremonie vielleicht Menschen an den Buddhismus heranführe – ja, daß der gläubig Zuschauende in dem Ausübenden dann wirklich Avalokiteshvara «sehen» könne, wie es vorgegeben wird. Bitte nehmen Sie doch noch einmal abschließend dazu Stellung, damit das Thema nicht so unbeantwortet im Raum stehenbleibt.

Govinda: Ich halte solche Zeremonien persönlich für inhaltlich leer und eine Mystifikation, nicht nur für Mystizismus. Mystifikationen aber verwickeln Menschen in eine Scheinwelt, und die Leute fühlen sich wohl bei dem Gedanken, daß ihnen ein großes Geheimnis zuteil wurde, das sie bewahren müssen, oder zumindest daß sie ein großes Mysterium umgibt. Das mag vielleicht wahr sein, denn das ganze

Leben ist ein Geheimnis. Aber dieses Geheimnis sollte, soweit wir es sehen und erleben, irgendwie «klar» sein. Wir sollten uns nicht in einer Verwirrung verstricken und auch nicht an Unwirklichkeiten Gefallen finden. Und darum sind wir eindeutig darauf aus, daß jedes Ding, (zum Beispiel eine *Pūja*, jede unserer Handlungen, jede Form, jeder Ritus, jede Lehrdarlegung) uns und anderen klar verständlich sein muß. Und wenn wir trotzdem etwas nicht verstehen, dann sollten wir es auch nicht machen und es eben lassen. Das ist, was ich fühle. Wenn man irgendwelche Gegenstände mystifiziert und andere dann mit pomphaften Zeremonien anzieht, dann muß ich ganz offen sagen, daß ich an solche Dinge nicht glaube. Ich halte das nicht für Buddhismus, sondern für eine Zeremonie, die zur Festigung einer kirchlichen Institution gebraucht wird, die aber durchaus nicht in das moderne Europa paßt.

Vergegenwärtigung und Achtsamkeit

Frage: Sie erklärten einmal, daß «Sati» bzw. das Sanskritwort ««Smriti» eigentlich «Erinnerung», also die Fähigkeit des Gedächtnisses bedeutet. Auf der anderen Seite wird es aber immer mit «Aufmerksamkeit», «Achtsamkeit», «Besonnenheit» etc. übersetzt. Wie paßt das zusammen?

Govinda: Um das zu verstehen, muß man wissen, daß bis zu Beginn unserer Zeitrechnung in Indien überwiegend alles mündlich überliefert und weitergegeben wurde: Die Brahmanen lernten die Veden auswendig – Wort für Wort, und damit auch nichts vergessen wurde, zählte man sogar die Worte. Und ebenso wie die heiligen Texte auswendig gelernt wurden, so wurden die Lehrtexte der Wissenschaften auswendig gelernt, eine Methode, die noch vor wenigen Jahrzehnten in den tibetischen Klöstern gang und gäbe war.

Das genaue Erinnern erforderte Achtsamkeit, so wurde Sati bald mit Achtsamkeit, Besinnung etc. assoziiert. Aber was ist nun «erinnern» vom Wesen her? Die alten Inder definierten Smriti als «einmal Gehörtes, Gesehenes, Gefühltes, Gedachtes etc. im Geiste jederzeit so gegenwärtig zu haben, daß man es sofort so reproduzieren kann, als liefe es jetzt soeben ab». Mit anderen Worten: Erinnern ist Vergegenwärtigung – ist die Aufhebung der Zeitschranke im Hier und Jetzt. Im allgemeinen ist unser Erinnern nun nicht dieser Art. Wir «vergessen» viel, teils weil wir Unangenehmes (zum Beispiel alles, was für uns blamabel ist, was unseren Ichstolz verletzt) verdrängen, teils weil zuviel Nebensächliches uns belasten und uns daran hindern würde, die klare Linie zu erkennen bzw. zu halten.

Ich habe während meines ganzen Lebens mehr oder weniger Tagebuch geführt, um die verschiedenen Ereignisse später erinnern zu können, so beispielsweise auch während unserer Tibetexpedition. Später fand ich, als ich den *Weg der weißen Wolken* schrieb, daß ich diese Notizen gar nicht brauchte: Ich hatte eine viel klarere Erinnerung des Wichtigen in mir, als ich aus dem gewinnen konnte, was ich damals Tag für Tag aufgeschrieben hatte und was sich in tausend Kleinigkeiten verzettelte. Daraus läßt sich ableiten, daß es neben der negativ zu bewertenden Verdrängung eine positive Fähigkeit des Gedächtnisses gibt: die der Selektion des Wichtigen, das uns dann vordergründig zur Verfügung steht. Diese Filterfunktion bewirkt, daß das Unwichtige (was immer man darunter verstehen mag) zurückgestellt wird und wir so durch Kleinigkeiten nicht von dem abgelenkt werden, was wesentlich ist. Als ich damals das Buch schrieb (einzelne Kapitel waren als Aufsätze bereits vorhanden), dachte ich, wie ich das wohl alles zusammenbringen sollte. Ich hatte kein Konzept und keinen Plan. Aber beim Schreiben sah ich plötzlich, wie sich alles wie von selbst formierte und sich eine gewisse Linie zeigte, die etwa dem entsprach, wie wenn wir im Leben die

Entwicklung aufeinanderfolgender Zustände erfahren. Andererseits ist nun aber diese Fähigkeit zu vordergründiger Selektion keineswegs die Negierung der anderen Kapazität des Gedächtnisses, nämlich minutiös alles zu speichern und entsprechend auf Abruf zu vergegenwärtigen. Das haben Experimente in Hypnose immer wieder gezeigt. Ja, es scheint so, als ob die Funktion des Gedächtnisses in Tiefen greifen kann, die über die Grenzen des Individuums hinausgehen und die uns aus einem Speicher schöpfen lassen, der unbegrenzt erscheint.

Doch nun zurück zu Ihrer Frage, warum «Erinnerung» und «Achtsamkeit» im Buddhismus so eng zusammenrücken. Zunächst einmal hatten wir ja festgestellt, daß Sati oder Smriti im Grunde «Vergegenwärtigung» bedeutet. Denken Sie daran, daß, als Shākyamuni, von seinen Schülern verlassen, unter dem Bodhi-Baum saß, er sich plötzlich an ein spontanes Meditationserlebnis während seiner Jugend erinnerte. Und indem er es «vergegenwärtigte», begann ein Prozeß abzulaufen, aus dem er als der Buddha — der Erwachte und Erleuchtete — hervorging. Wenn etwas uns ganz gegenwärtig wird, dann beschlagnahmt es unsere ganze Aufmerksamkeit — allerdings keine Aufmerksamkeit, die wir unter Anstrengung unseres Willens produzieren müssen, nein, eine ganz natürliche, die uns so fasziniert, daß unser Geist einspitzig auf dieses «vergegenwärtigte Gegenwärtige» gerichtet ist. Da ist nicht links noch rechts: Es ist nur ES.

Diese im Hier und Jetzt lebende Sati oder Smriti ist die «Mutter» aller buddhistischen Meditationen. Und da buddhistische Meditation sich nicht in den Wolken bewegt, beginnt Sati da, wo wir im Hier und Jetzt stehen: in unserem Körper mit allen seinen Funktionen. Hier ist der Ansatzpunkt aller Vergegenwärtigung, ohne eine Spaltung vorzunehmen in Beobachter und Beobachteten, ohne den Kampf einer willentlichen Aufmerksamkeit (*Manasikāra*) — eine Haltung der Gelöstheit, Freiheit und Freude.

Leerheitserfahrung

Frage: Lamaji, die Tibeter geben im Zusammenhang mit der *Mahāmudrā* oft das Gleichnis, daß der Geist dem freien, unendlichen Himmelsraum gleichen soll. Können Sie dazu etwas sagen?

Govinda: Um sich diesem Symbolbild anzunähern, bedarf es einer immer erneuten, dem Bild sich öffnenden Meditation. Nur so gewinnen wir erlebnishaft eine Ahnung von der Richtung, in die das Gleichnis deutet, und erfahren im weiteren Verlauf eine Schicht für Schicht durchdringende Einsicht in das Wesen des Geistes sowie der Leerheit. Wohin es uns führen soll, ist jener «Zustand», wo der Geist in sich selbst ruht: jenseits aller Verbalisierung und aller Begriffe, wo das Denken zur Ruhe gekommen ist und nur hellwache Gegenwärtigkeit besteht. Andere in ähnliche Richtungen weisende Bilder sind der von keinem Wind bewegte, glatte, unendliche Ozean oder ein Spiegel, unberührt von den Dingen, die er als Bilder reflektiert. Ich sagte, daß das vorgegebene Bildsymbol auf verschiedene Schichten unseres Geistes hinweise, die wir im allgemeinen eine nach der anderen beim meditativen Prozeß durchdringen, wobei die vorangegangene in die folgende integriert erfahren wird und auch das «Nacheinander» sich nicht als «Folge», sondern stets als natürliche, ganzheitliche Entfaltung darstellt.

Wenn mit dem vierten Dhyāna die Einspitzigkeit des Geistes (*Ekāgrata*) erreicht wird und durch die begleitende Upekshā die begrenzenden Unterscheidungen aufgehoben werden, dann erfahren wir in unserem Geiste ein erstes Erleben dessen, was das Bild des freien, unendlichen Äthers oder Himmels vermitteln will: die Sphäre der Unendlichkeit des Äthers bzw. Raumes (Pali: *Ākashānacayatana*), die sich dann zur Sphäre der Bewußtseinsunendlichkeit (Pali: *Viññā-nacayatana*), zur Sphäre des Nichts bzw. der Nicht-Etwasheit (Pali: *Ācincannayatana*) und zur Sphäre der Weder-Wahrnehmung-noch-Nichtwahrnehmung (Pali: *Nevasanna-Nasan-nayatana*) entwickeln. Es sind also die Erfahrungen der vier *Arūpa-Jhānas*, die die ersten «Schichten» ausmachen, auf die unser Leitbild hinweist. Darüber hinaus weist es auf die Leerheit (Shūnyatā) des Geistes hin – leer von einem Eigensein (*Svabhāva*), leer von einem *Ātman* (*Ātman Nairatmya*) – aber auch leer von Gedanken wie von jedem Denken in Gegensätzen.

Doch hier müssen wir uns klarmachen: Leerheit (Shūnyatā) ist nicht «Nichts» oder «Nichtheit», ein Wort, das dem Buddhismus – meist von den Japanern – immer wieder untergeschoben wird. Es gibt nur das dritte Arūpa-Jhāna, das als die Sphäre des Nichts bezeichnet wird, aber dieses Nichts hat nichts mit Shūnyatā zu tun: Shūnya im Sanskrit ist die NULL, ein Kreis, der einen leeren Raum umfaßt und selbst von einem leeren Raum umschlossen wird. Diese Darstellung von Shūnya widerlegt all das Gerede von der Leerheit als einem Absoluten. Im Buddhismus gibt es kein Absolutes: Es gibt keine «Leerheit an sich», sondern – worauf schon Nāgārjuna hinwies – nur immer ein «Leer-von-etwas». Und Chandrakīrti war es, der eines der frühesten Mahāyānasūtras – das *Kashyapa-Parivartah* zitierte, wo er die Verabsolutierung von Shūnyatā als Begriff deutlich machte, indem er erklärte, daß der, der Shūnyatā nicht *erfahren* habe, krank sei. Aber wer Shūnyatā für etwas in sich selbst Existierendes halte, der sei unheilbar krank.

So aber, wie die Null hinter einer beliebigen Zahl diese potenziert, so schafft auch Shūnyatā die Möglichkeit für alle Entwicklung: Erst das leere Blatt Papier oder die leere Leinwand macht es dem Künstler möglich, darauf das zu projizieren, was ihn innerlich bewegt. In dieser Hinsicht ist die Leere die noch nicht bestehende, aber gegebene Möglichkeit: Shūnyatā ist, anders ausgedrückt, die «Nichtabgegrenztheit», deren positive Seite *Tathatā* – die Soheit – ist. Leerheit und Soheit sind Chiffren für zwei Aspekte des gleichen Erfahrungsbereiches, der im Taoismus als das «Natürliche» bezeichnet wird und den man im Tantra die Erfahrung der «Nicht-Zwei» (Advaya) nennt, womit die Aufhebung der Subjekt-Objekt-Schranke angedeutet werden soll.

Um es noch einmal ganz deutlich zu sagen: Die Leerheitserfahrung ist eine meditative Erfahrung. Und nur als Chiffre für dieses Erleben hat die Bezeichnung «Shūnyatā» Existenzberechtigung. Dieses Erleben beinhaltet aber nichts Negativistisches, sondern weist auf eine positive, beglückende Erfahrung, die dann eintritt, wenn wir durch die Begriffs- und Bilderwelt des Geistes hindurchstoßen in jene helle Wachheit, aus der wir die Dinge stets neu mit «Anfängergeist» betrachten – wo Meditation das große Offenstehen und Lassen wird, fern von allen Dämmer- und Trancezuständen, und wo wir wissen, daß Erleuchtung kein «Ende» ist, noch ein «Zustand», in dem man verweilt, sondern ein Prozeß des immer wieder neuen Erleuchtetwerdens.

Frage: Im modernen japanischen Buddhismus hat es oft den Anschein, daß Shūnyatā doch zu einer nihilistischen Tendenz führt. Wie ist das zu verstehen?

Govinda: Zunächst, so meine ich, durch die Bewunderung mancher japanischer Philosophen für europäische Philosophie, die sie in diese Richtung denken läßt. Doch dieser Negativismus hat ein Gegengewicht in der japanischen Kunst, besonders in der Kunst des Zen, aber auch des Shingon, der japanischen Spielart des buddhistischen Tantra. Hier haben wir die Zusammenführung von Shūnyatā und Tāthata: Keines kann allein bestehen. Nihilismus und Pessimismus in den Buddhismus hineinzuprojizieren ist eine durchaus europäische Erscheinung. In Asien, wo der Buddhismus Fuß gefaßt hat, sind die Menschen viel freier, gelöster, glücklicher als in Gebieten, wo andere Religionen vorherrschen.

Frage: Sie haben uns erklärt, daß der Pratītya-Samutpāda die Bedingtheit alles Gewordenen deutlich macht, und Sie nannten diesen Pratītya-Samutpāda einen Konditionalnexus.

Und nun heißt es bei einigen geistigen Lehrern in unserer Zeit immer wieder, daß wir uns frei machen sollen von aller Konditioniertheit. Auch der Buddha nannte Nirvāna den Bereich des Nichtkonditionierten, in den die Erwachten eingehen. Ebenso lehrt auch der rückläufige Pratītya-Samutpāda die Aufhebung der Kette bedingten Entstehens – also der Faktoren der Konditionierung – als Weg. Wie müssen wir das verstehen, wie können wir das zusammenbringen?

Govinda: Ich glaube, daß viel Verwirrung dadurch entsteht, daß ein und derselbe Begriff verschiedene Bedeutung annehmen kann. Die Universalität des bedingten Entstehens aller Dinge, wie auch aller Geisteszustände, psychischen Erfahrungen etc. ist ein Faktum: Nichts entsteht aus Nichts bzw. ohne Ursache. Diese Gesetzmäßigkeit ist jedoch keine strenge Kausalität, wo eine bestimmte Ursache eine bestimmte Wirkung oder Folge schafft. Wäre dem so, so wäre Befreiung nicht möglich: Wir könnten dem Teufelskreis von Ursache und Folge nicht entrinnen, da ja dann auch jede unserer Willensentscheidungen von Vorangegangenem abhängig wäre. Und deshalb sagen wir, daß der Buddhismus Konditionalität lehrt, das heißt keine strenge Kausalität. Das Kausalitätsprinzip ist andererseits beschränkt in der universalen Konditionalität enthalten. Um zu verstehen, was das Wesen der Konditionalität ausmacht, müssen wir uns vergegenwärtigen, daß jedes Leben, wie auch jeder Augenblick des Lebens selbst, einzigartig ist. Aus der Einzigartigkeit des augenblicklichen Lebens kann sich der Charakter des nächsten Lebens entwickeln, wobei die in diesem Leben entwickelten Tendenzen gewissermaßen die Startbasis für das nächste werden. Doch wird dieses kommende Leben keinesfalls die Wiederholung des jetzigen sein, sondern sich auf einer anderen Ebene abspielen. Dennoch verhält sich das eine zum anderen wie ein Ursachenkomplex zu seiner Folgeauswirkung.

Wir können also lediglich sagen, daß sich in der Folge das gestaltet, was durch das Vorhergehende bedingt ist. Und somit sind dann niemals zwei Ereignisse die gleichen. Ich halte den Ausspruch Nietzsches von der «ewigen Wiederkehr des Gleichen» für einen der fürchterlichsten Irrtümer. Denn nichts kehrt in gleicher Form wieder. Selbst wenn wir den gleichen Weg hin- und wieder zurückgehen, so erleben wir jedesmal einen anderen Weg. Und wenn man das weiß – und das sollte doch einem Buddhisten, der das Wesen der «Nicht-Dauer» (*Anicca*) verstanden hat, klar sein –, dann wird jede Lebensform ihre eigene Berechtigung haben, und wir erkennen, daß das Wunderbare des Lebens darin besteht, daß sich nichts wiederholt: Jeder Frühling unterscheidet sich von allen vorangegangenen und zukünftigen! Denken wir auch daran, daß selbst unsere Erinnerung nicht die gleiche bleibt: Sie fügt teilweise etwas zum primären Erleben hinzu und verdrängt anderes. Und so ist es auch mit unserem Voranschreiten auf dem geistigen Pfad: Es gibt keine Wiederholungen, kein «Noch-einmal-Erlebnis». Wollen wir eine solche Erfahrung, weil sie uns eine große Beglückung brachte, erneut produzieren, dann hemmen wir unser Voranschreiten und blockieren unser ganzes weiteres Erleben. Leben und Erleben bewegt sich auf einer Spirale...

Was nun den Pratītya-Samutpāda betrifft, so ist dieser eine spezielle Anwendung der universalen Konditionalität auf dem Heilsweg zur Befreiung. Er gewährt Einblick in einen Mechanismus bzw. Automatismus, dem sich Wesen immer wieder ausliefern, und zwar aus Nichterkenntnis und/oder aus Nichtwissen. Und er zeigt, daß wir durch freie willentliche Entscheidung diesen sich ständig repetierenden und erneuernden Prozeß aufheben können, womit der Buddha das Moment der freien Entscheidung, des freien Willens betont, was zugleich auch die unbedingte Selbstverantwortlichkeit herausstellt.

Wenn heute nun soviel von «Aufhebung des Konditioniertseins», vom «Nicht-Konditioniertsein», etc. geredet wird, dann fordert man an sich etwas Unmögliches: Auch ein «spontanes Handeln» ist bedingt durch die Gegebenheiten der jeweiligen Situation, den Charakter und Gemütszustand des Handelnden, seine Ichgebundenheit oder -freiheit und so fort. Wie schon gesagt: Nichts in der Welt ist «nicht-konditioniert». Unser ganzes Handicap ist lediglich, daß wir immer nur einen Teil des Konditioniertseins sehen können, aber nicht die Gesamtheit, die Universalität allen Konditioniertseins erfassen. Wesentlich ist daher, den Blick in der Meditation auf das Ganze der Bedingtheit zu richten statt auf Teile: So gewinnen wir Freiheit. Es war Nāgārjuna, der den Pratītya-Samutpāda aus der einseitig zeit- und raumbedingten Interpretation löste und das «Samutpāda», das heißt das «gleichzeitige In-Erscheinung-Treten» herausstellte, was er in seiner *Mūlamadhyamakakārikā* zum Ausdruck brachte.

Nun bleibt hier nur noch ein wesentlicher Punkt zu erwähnen: Die meiste Verwirrung entsteht dadurch, daß die, die von Aufhebung der «Konditioniertheit» reden, etwas ganz anderes meinen. Sie haben jene Tatsache im Auge, daß fast alle Menschen in ihren Gewohnheiten bzw. in den zu bedingten Reflexen gewordenen Verhaltens- und Denkweisen gefangen sind, die zu Automatismen werden. So sind sie sich nicht der Tatsache bewußt, daß sie wie Ochsen, die an einen Pfahl gebunden sind, immer im gleichen engen Kreis trottend grasen. Und hier wieder lehrt uns der Buddha als das große Heilmittel die Meditation, getragen von Sati, der Gegenwärtigkeit. Das Heilmittel anzuwenden und nicht darüber zu debattieren: das ist das Notwendige, was getan werden muß.

Frage: Sie betonen immer wieder die Bedeutung der Rolle des Bewußtseins. Wie ist das zu verstehen, da Vijñāna ja einer der Skandha ist, der mit der Auflösung des Körpers vergeht?

Govinda: Es geht hier nicht um den Skandha «Vijñāna» und ob dieser als dauernd oder nicht dauernd zu betrachten ist, sondern nur um die Feststellung, daß Bewußtsein für uns die letzte Instanz zu sein scheint, über die wir nicht hinausgehen können. Wir können Bewußtsein bestenfalls transformieren. Aber es bleibt «Bewußt-Sein». Durch dieses Bewußtsein ist sich ein Erleuchteter seiner Buddhaschaft bewußt, und es heißt daher im Pali-Kanon: «Im Erwachten ist das Bewußtsein des Erwachtseins.» Ohne Bewußtsein würden wir nie der Bereiche meditativer Versenkung gewahr. Auch bliebe uns all das unbekannt, was wir die Erfahrung von Leid, Nicht-Dauer, der Kontinuität des «Ich» nennen, ebenso wie das Gefühl von Befreiung und Glück. So hatten die frühen *Vijñānavādin* wohl schon recht, wenn sie das Primat des Bewußtseins betonten und in ihm die letzte Instanz sahen auf unserem Wege zur Buddhaschaft.

Frage: Sie haben wiederholt die Leichenbetrachtungen als Meditationsobjekt abgelehnt. Der Buddha hat sie doch empfohlen. Weshalb soll man sie dann nicht üben?

Govinda: Ich habe nicht die Leichenbetrachtungen als solche abgelehnt, sondern nur den GEIST, in dem man sie nach Meinung von Mönchen üben soll, als «ekelerregend». Nun bedeutet das Wort «*Asubha*», was hier mit Ekel übersetzt wird, weder «Ekel hervorrufend» noch «widerlich», sondern einfach «nicht schön» bzw. «nicht lieblich». Und das bedingt eine ganz andere Einstellung als die Voreingenommenheit, daß etwas Nicht-Schönes, Nicht-Liebliches auch widerwärtig und ekelerregend zugleich sei. Wenn wir den Zerfall eines menschlichen oder tierischen Körpers ansehen, dann sollten wir uns einfach klarmachen: «So ist es, wenn das Leben aus einem Organismus weicht.» Und das ist etwas Natürliches, etwas Wertfreies – so natürlich, wie wenn man ein abgefallenes Blatt sieht, das verrottet. Wer würde dabei Ekel empfinden? Wenn wir mit Abscheu auf Sichauflösendes blicken, dann haben wir etwas offensichtlich nicht verstanden, bzw. wir haben eine falsche Beziehung zum Prozeß der natürlichen Auflösung aller gewordenen Dinge, zu denen auch unsere Persönlichkeit einschließlich unseres Körpers gehört, entwickelt. Es gilt also, wenn wir diese Übung machen, zunächst eine realistische Grundeinstellung zu entwickeln, die das Natürliche als das Natürliche in allen seinen Werdens- und Entwerdensformen als reines Phänomen ohne Wertung annimmt.

Und wenn es dann heißt: «Auch mein Leib ist so beschaffen, muß so werden», dann soll das weder Leibfeindlichkeit entwickeln noch Ekel vor dem Körper, noch Furcht vor dem Tode. Auch soll daraus keine pessimistische, depressive Lebenseinstellung resultieren, sondern diese realistische Betrachtung soll uns mahnen, die Kostbarkeit dieses unseres menschlichen Lebens und Körpers zu nutzen und den Augenblick zu schätzen, um dann alle unsere Potenzen voll einzusetzen und zu gebrauchen, und zwar hier und jetzt!

Frage: Aber wie kam diese negative Einstellung und diese Züchtung von Ekelgefühlen in den Buddhismus?

Govinda: Ich glaube, daß da vor allem zwei Faktoren eine Rolle spielten: Einmal traten viele in einer ersten Begeisterung dem Mönchssangha bei – ein Strohfeuer, das nicht lange anhielt – und kamen dann in Konflikte. Die, die trotz ihres Verlangens nach einem Leben in der Familie doch Mönche blieben, mußten alles, was mit «Welt» zu tun hatte, verteufeln. Wie diese Versuche aussahen, dafür gibt es im Pali-Kanon viele Beispiele, und manchen haftet eine gewisse Ironie an, zum Beispiel die Geschichte von einem Vetter des Buddha, der als Mönch in ein Sakya-Mädchen von großer Schönheit verliebt blieb, bis ihm der Buddha die viel schöneren Apsarās im Himmel des Indra zeigte. Er war nun zwar von seinem Begehren des Sakya-Mädchens geheilt, aber sehnte sich nun nach den Apsarās.

Das zweite, wohl viel wesentlichere Moment war, daß der frühe Buddhismus die Zeit als negative Qualität betrachtete: Als Nicht-Dauer zerstört sie jedes Ding, löst es auf, macht es vergänglich. Daß die Zeit aber auch alle Dinge im gleichen Sinn hervorbringt, daß alles durch Zeit bedingt ist, übersah man einfach. In der weiteren Entwicklung wurde die Zeit zum Dämon in Gestalt des Großen Schwarzen, Mahākāla, dessen Waffen auf die zerstörende Gewalt der Zeit hinweisen. Daß er auch etwas erschafft, wurde nicht in das Bild aufgenommen. Erst das Vajrayāna schreckte nicht vor dem Zeitbegriff zurück, wie das Kālachakra-Tantra beweist. Vorher stritten sich die buddhistischen Schulen, ob nicht das allein Wirkliche die im Bruchteil eines Augenblicks bestehende Gegenwart sei, während Vergangenheit und Zukunft nicht existent seien: die eine, weil vergangen, die andere, weil noch nicht in Erscheinung getreten. Die Schlußfolgerung aber, sich des Hier und Jetzt voll bewußt zu sein und in ihm zu leben, wurde nur selten gemacht. Nun ist Zeit eine relative Größe, also etwas in Abhängigkeit Entstandenes, und beinhaltet genausoviel Positives wie Negatives, was auf unser Leben bezogen dann «Gutes» und «Böses» bzw. «Schlechtes» genannt wird. Der Dharma aber lehrt uns konsequent, daß wir von beiden Extremen – vom Guten wie vom Bösen – uns freimachen müssen und auch schließlich, wie es im Abhidhamma heißt, uns weder an Vergangenes noch an Zukünftiges verhaften sollen.

Hīnayāna und Mahāyāna

Frage: Sie haben wiederholt darauf hingewiesen, daß der Buddhismus, aufgrund seiner Einsicht in den kontinuierlichen Wandel alles Gestalteten, jede Vorstellung von Substantialität wie von einem «Absoluten» ausschließe. Dennoch finden wir bei modernen Buddhologen und Buddhisten immer wieder den Begriff des «Absoluten». Ich möchte Sie bitten, dazu Stellung zu nehmen.

Govinda: Das «Absolute» ist – wenn wir von der Lehre des Buddha ausgehen – ein «leerer» Begriff. Er steht für etwas,

was weder erfahrbar noch erkennbar ist: Es ist ein *Drishti*, was hier eine metaphysische Spekulation bedeutet.

Das lateinische Wort «absolut» bedeutet «abgelöst» und steht für etwas, was frei ist von allen Bedingtheiten, was unabhängig, uneingeschränkt und vollkommen in und aus sich selbst existiert, das auch durch nichts hervorgebracht wurde und gewissermaßen existent ist «von Ewigkeit zu Ewigkeit». Das «Absolute» ist also ein rein logisch-abstraktes metaphysisches Konzept des Denkens ohne jedweden Erlebnis- und Wirklichkeitsgehalt. Im Abendland war es über Jahrhunderte ein Lieblingsbegriff metaphysischer und theologischer Spekulationen – also Ausdruck jenes philosophischen Denkens, das der Buddha vom Grunde her ablehnte, da für ihn die Wirklichkeit im Erlebbaren und Verwirklichungsfähigen, nicht aber im abstrakt Erdachten bestand. Darüber hinaus stand das Konzept des «Absoluten» im Widerspruch zu dem von ihm aufgezeigten Gesetz des *Pratītya-Samutpāda*, also dem Gesetz des abhängigen Entstehens aller Dinge, die in einem Netzwerk universeller Bedingtheit verknüpft sind.

Aus diesem Grunde meine ich, daß der Begriff des «Absoluten» in einer Darstellung des Buddhismus am besten vermieden werden sollte – und zwar vor allem, weil er «schief» und europäisch vorbelastet ist. Er wurde unter ganz anderen Voraussetzungen geprägt als irgendeiner der buddhistischen Termini, die man mit ihm gleichsetzt, wobei zugleich deutlich wird, daß nur wenige Übersetzer sich bei ihrer Arbeit dessen bewußt sind, daß jedes Wort nicht nur eine Bedeutung (einen ideellen oder begrifflichen Inhalt), sondern gleichzeitig auch einen Gefühlsinhalt und eine Entstehungs- und Wachstumsgeschichte hat, die dem Wort eine besondere Färbung und einen subtilen Unterton verleiht, wie sich auch bald geschichtlich gewachsene spezifische Assoziationen mit einzelnen Begriffen verknüpfen.

Das Wort «absolut» wird darüber hinaus im allgemeinen Sprachgebrauch unserer Zeit völlig entwertet und kann dann alles und nichts bedeuten. Wo es in einem philosophischen Kontext benutzt wird, da geschieht es regelmäßig auf einer rein logisch-abstrakten Basis, die jeden Erlebnisinhalt vermissen läßt.

Die gesamte buddhistische Terminologie ist dagegen eine organisch gewachsene, geistesgeschichtlich konsequente Entwicklung und Entfaltung, die – von keimhaft vom Buddha angelegten Ideen ausgehend – sich aufgrund eines sich fortlaufend erweiternden seelischen Erlebens zu immer neuen Ausdrucksformen gedrängt sah.

Da las ich neulich, daß «das Mahāyāna ein Ewiges, Absolutes proklamiere, dessen Existenz das Hīnayāna bestreitet». Nun, nach meiner Kenntnis tut man damit sowohl dem Hīnayāna wie dem Mahāyāna Unrecht und errichtet eine unüberbrückbare Barriere zwischen beiden. Was das Mahāyāna anbelangt, so verfolgte es bis zur äußersten Konsequenz den *Anātmanvāda* durch das Herausstellen der *Pudgala-Nairātmya* und der *Dharma-Nairātmya* und fegte die letzten Spuren positiver Aussagemöglichkeit über das Transzendente hinweg mittels des *Shūnyavāda*, wodurch die Behauptung von der Proklamation eines «ewig Absoluten» durch das Mahāyāna sich als falsch erweist. Und wenn jemand sich gegen den Begriff eines «ewigen Absoluten» gewehrt hätte, so wäre es Nāgārjuna gewesen, dessen *Mādhyamaka*-Lehre das Postulat des Seins wie des Nichtseins ablehnt und mit dem Ausdruck «Shūnyatā» die Nichtanwendbarkeit aller Begriffe, die Leerheit von allen Bestimmungen, mit anderen Worten, die philosophische Nichtfaßbarkeit (sondern nur Erlebbarkeit) der höchsten Wirklichkeit andeutet: einer Wirklichkeit, die eben nur im Erlebnis der Ganzheit und der in ihr enthaltenen unbegrenzten Relationen und Beziehungsmöglichkeiten besteht.

Wenn wir andererseits aus den Schriften des Hīnayāna den Schluß ziehen wollten, daß der Buddha eine letzte höchste Wirklichkeit geleugnet hätte, so ist eine solche Anschauung nicht nur unbeweisbar, sondern undenkbar in einem Lande, das bereit war, alles um dieser höchsten Wirklichkeit willen aufzugeben – einem Lande, das von dieser Wirklichkeit durch alle Zeitalter durchdrungen war. Der Buddha glaubte an eine sittliche und kosmische Weltordnung, einen ewigen Dharma. Die Welt war ihm nicht bloße Illusion, und die Wirklichkeit der Erlösung und des Erlösten wurde bestätigt durch die Tatsache, daß Buddha selbst sich der Erlösung voll bewußt war. Daß aber die kosmische Weltordnung im Tiefenbewußtsein (später «Ālaya-Vijñāna» genannt) erlebt und vergegenwärtigt werden konnte, wurde durch den Vorgang der Erleuchtung bestätigt, in dem die Universalität dieses Bewußtseins sich enthüllt und die Grenzen des Individuellen und der Ich-Vorstellung sprengt.

Die Ungeheuerlichkeit dieses Erlebens verschiebt den inneren Schwerpunkt des Menschen, der nun nicht mehr um sein vermeintliches Ich kreist, sondern der zum Teilhaber und Verwirklicher des «ewigen Dharma» wird, was ihn über Tod und Wiedergeburt hinaushebt und ihn im tiefsten Sinne des Wortes «unsterblich» macht. Wie könnte der, dem das Universum zum «Körper» geworden ist, noch in einer Einzelverkörperung Genüge finden? Die Worte *atthangatassa na pamānam atthi* («Für den Hingegangenen gibt es kein Maß.») werden nur in diesem Zusammenhang verständlich, ebenso wie auch die Weigerung des Buddha, über den Erlösten eine Aussage zu machen im Sinne eines «Seins» oder «Nichtseins»: *samūhatū vādapathā pi sabba ti.*★

Sofern wir nicht diesen entscheidenden Erleuchtungsvorgang in den Mittelpunkt unserer Betrachtung stellen, wird die ganze Darstellung des Buddhismus zu einem nüchternen Rationalismus, gegen den dann die Auffassungen und Entwicklungen des Mahāyāna geradezu wie eine Umkehrung der

★ «(Wo die Pfade des Denkens aufhören,), da hören (auch) alle Pfade der Rede auf.» (Aus dem *Sutta-Nipāta*.)

ursprünglichen Geisteshaltung und als mehr oder weniger willkürliche Mythologisierung erscheinen. Während in der Darstellung des Hīnayāna nur die rationale Seite hervorgehoben wird – obwohl der frühe Buddhismus von der Existenz von Göttern, Geistern, Genien, Dämonen und Baumgottheiten ebenso überzeugt war wie das populäre Mahāyāna (ich erinnere hier nur an die kanonischen Theravādatexte *Peta-Vatthu* und *Vimāna-Vatthu*) –, werden bei der Darstellung des Mahāyāna Begriffe, die aus meditativer Erfahrung gewonnen wurden und nur aus meditativer Praxis zu verstehen sind, auf das Niveau primitiver Glaubensvorstellungen herabgedrückt, indem die *Dhyāni-Buddhas* und -Bodhisattvas und ihre verschiedenen Erscheinungsformen zu Göttern gemacht werden (wie in vielen Ikonographien) und Mantras zu «Zaubersprüchen».

Wenn wir schon auf eine Verdeutschung dieser Termini bestehen, so wäre es besser, von «Buddhas und Bodhisattvas meditativer Schauung» (oder «Schauungsbuddhas» etc.) zu sprechen oder Mantras als «Machtworte» oder «Worte geistiger Macht» zu bezeichnen. Selbst «magische Formeln» ist noch annehmbar, wenn das Wort «magisch» im Sinne unmittelbarer physischer Einwirkung verstanden wird.

Frage: Sie haben hier nun wiederholt die Begriffe Hīna- und Mahāyāna gebraucht. In der Sekundärliteratur werden viele Unterschiede angegeben, und je nach der Neigung der Autoren wird die eine oder die andere Seite als die der «ursprünglichen» Lehre des Buddha adäquatere dargestellt. Könnten Sie etwas zu den vermeintlichen und/oder wirklichen Unterschieden sagen?

Govinda: Ich kann hier leider nur zu einigen wenigen Behauptungen Stellung nehmen, die in der zur Zeit erhältlichen Literatur vorgetragen werden.

Da wird beispielsweise behauptet, daß das Mahāyāna den Buddha zu einem «Gott» gemacht hätte, während der frühe Buddhismus, das heißt die Schulen des Hīnayāna, den Buddha rein als menschlichen Lehrer gesehen hätten. Das ist aber eine Behauptung, der alle frühen Texte widersprechen. Die meisten Schulen des Hīnayāna betrachteten den Buddha nach seinem Erleuchtungserlebnis als ein übermenschliches, ja, übergöttliches und überweltliches (*Lokottara*) Wesen, ausgestattet mit übernatürlichen Kräften und übernatürlicher Weisheit und Allwissenheit, so daß man es praktisch für unmöglich erachtete, daß andere Menschen selbst bei größtem Streben je einen solchen Zustand der Vollkommenheit erreichen könnten. Die höchste Stufe, die man verwirklichen konnte, so schien es, war die eines Arhat, eines Heiligen, nie aber die eines *Sammā-Sambuddha*. Erst das Mahāyāna rückte dieses Ziel wieder allen erkennbar in den Bereich menschlicher Erreichbarkeit, und zwar durch Proklamierung des Bodhisattva-*Mārga*.

Und hier kommen wir zum Kern der ganzen Sache: Hīnayāna und Mahāyāna unterscheiden sich nicht durch Pluralismus oder Monismus, nicht durch Ablehnung oder Anerkennung eines «Absoluten», nicht durch irdische oder überweltliche Buddhas oder transzendente Wesenheiten, sondern *durch die Wahl ihres Ideals und des zu seiner Verwirklichung führenden Weges*, wie dies aus Kanishkas Konzil, das die Bezeichnungen Hīna- und Mahāyāna in diesem Zusammenhang prägte, klar hervorgeht.

Die Definitionen dieser beiden Schulen als «Buddhismus der Erlösung durch eigene Kraft» im Gegensatz zu «Buddhismus der Erlösungshilfe von Außen» stimmen nicht nur in keiner Weise mit der Bedeutung der vom Konzil gegebenen Bezeichnungen überein, sondern widersprechen auch den auf diesem Konzil getroffenen Definitionen.

Die Frage war hier nicht, ob Befreiung allein durch eigene Anstrengung möglich sei oder durch die Anrufung von Buddhas, Bodhisattvas und helfenden Kräften, sondern ob man die bloße Triebversiegung oder die Erleuchtung – ob man die bloße Leidbefreiung oder die volle Erkenntniserlangung und

Samyak-Sambodhi – mit anderen Worten, die Arhatschaft oder die höchste Buddhaschaft als ideales Ziel erstreben solle, und das selbst unter der Bedingung des Aufsichnehmens vieler weiterer Leben. Wie zu erwarten, entschied sich die Mehrzahl der Konzilteilnehmer dafür, sich den Buddha als Vorbild zur Nacheiferung zu wählen und kein zweit- oder drittrangiges Ideal...

Was nun aber die Möglichkeit anbelangt, nicht nur für das eigene, sondern für das Heil vieler zu wirken, so hat der Buddha selbst seinen Glauben an das Wirken zum Heile vieler nicht nur durch sein eigenes Leben, sondern auch durch seinen berühmten Ausspruch Ausdruck gegeben, in dem er seine Jünger aufforderte: «Geht hin in alle Welt zum Gewinne der Vielen, zur Wohlfahrt der Vielen, in Erbarmen mit der Welt ... zur Wohlfahrt der Götter und Menschen.» Es wäre lächerlich, behaupten zu wollen, daß diese Haltung eine Negierung oder Durchbrechung des Karma-Gesetzes bedeuten würde, indem niemand einem anderen helfen und ihn erlösen könne. Schon die Anatta-Lehre besagt, daß kein Wesen eine unveränderliche, separate Ichheit besitzt, keine in sich geschlossene Seelenmonade darstellt und somit nicht im absoluten, sondern nur im bedingten Sinne ein Individuum ist, was auch der «Konditionalnexus» demonstriert, der eine strenge Kausalität durch ein von vielen Bedingungen abhängiges Entstehen (ein Netz vielartiger, anfangsloser Beziehungen) ersetzt und erweitert.

So möchte ich abschließend nur noch einmal herausstellen: Alle mahāyānischen Schulen, mit Ausnahme einer einzigen im fernen Osten, betonen die Notwendigkeit eigener Anstrengung, leugnen aber auch nicht die Möglichkeit von helfenden Einflüssen großer Lehrer und Heiliger. Doch die eigene Anstrengung ist geradezu die Voraussetzung, daß solche helfenden Kräfte aus den Tiefen des Geistes wirksam werden können.

Frage: Wie aber ist ein solches Helfen möglich?

Govinda: Ich habe ja schon wiederholt darauf hingewiesen: Es ist möglich, denn insofern wir andere an unserem Wissen oder an den von uns erworbenen Gütern, ja selbst an den von uns erworbenen guten Charaktereigenschaften teilnehmen lassen, lassen wir sie an den Früchten unseres Karma, unserer Tatauswirkungen teilhaben und modifizieren somit das Karma, die Taten, das Denken und Wirken anderer. Die Übertragung des durch gute Handlungen oder Gedanken erworbenen «Verdienstes» wird und wurde von allen Schulen des Buddhismus geübt und anerkannt, wie aus den zahlreichen hierfür gebräuchlichen Formeln in Pali sowohl wie in Sanskrit hervorgeht, von denen erstere bis zum heutigen Tage in allen Ländern des südlichen (Theravāda-) Buddhismus üblich sind. Es ist daher irreführend, das Mahāyāna als den Buddhismus «des übertragbaren Heils» im Gegensatz zum Hīnayāna als den «Buddhismus der Erlösung durch eigene Kraft» zu definieren. Der Mahāyāna-Buddhist ist vielleicht bescheidener in der Beurteilung seiner eigenen Kraft oder seines eigenen Anteils an der erlösenden Erkenntnis, indem er sich bewußt ist, welch große Dankesschuld er jenen großen Wegbereitern, den Buddhas und ihren geistgewaltigen Jüngern (Bodhisattvas) schuldet. Aber das bedeutet nicht, daß er der eigenen Anstrengung entraten kann, sondern im Gegenteil: Seine Dankesschuld kann nur durch eigene Anstrengung abgetragen werden.

Frage: Was aber steht hinter der Vorstellung der «Verdienstübertragung»?

Govinda: Wie schon einmal erwähnt, ist das psychologische Motiv der «Verdienstübertragung», daß man nicht an den Früchten seiner guten Taten hängen soll und daß man, ohne Erwartung auf Belohnung, zum Wohle aller Wesen wirken soll.

Wenn nun einzelne Autoren in ihrer Kritik der «Verdienstübertragung» von einer «Durchbrechung der strengen Kausalität des Karma-Gesetzes» sprechen, so möchte ich hier dieser

234

Behauptung entgegenhalten, daß schon allein deshalb davon nicht die Rede sein kann, weil es diese «strenge Kausalität» im Hīnayāna nie gegeben hat und erst von europäischen Gelehrten unter dem Eindruck physikalischer und mechanischer Kausalität (die das Denken des vorigen Jahrhunderts beherrschte) hineingelesen wurde. Allein die Tatsache, daß bereits im frühesten Buddhismus das Motiv und nicht die Tatwirkung als karmisch entscheidend angesehen wurde (im Gegensatz zu der Anschauung der Jainas, in der nur die Tatwirkung, nicht aber die Gesinnung ausschlaggebend ist), sollte genügen, um den Buddhismus vom Vorwurf einer mechanistisch strengen Kausalität zu befreien.

Nach allem Gesagten dürfte es klarwerden, daß wir nur aufgrund einer Gesamtschau der geistesgeschichtlichen Zusammenhänge und des gesamten kulturellen und psychologischen Hintergrundes dem Geiste des Buddhismus und den Anschauungsformen seiner Vertreter gerecht werden können.

Lebendiger Buddhismus im Abendland

Die «letzten Gespräche» wurden vom Herausgeber im April 1984 geführt. Lama Govinda lebte damals in Mill Valley, einem kleinen, fast europäisch anmutenden Städtchen nahe Sausalito in Kalifornien, wo ihm das Zen-Center San Francisco bzw. dessen damaliger Leiter, Baker Roshi, ein kleines Haus zur Verfügung gestellt hatte. Die langen Vormittagsgespräche bewegten sich zumeist um die Ordensgemeinschaft Ārya Maitreya Mandala, die Lama Govinda wiederholt als sein «Vermächtnis» bezeichnete. Aus der Fülle des Materials haben wir für dieses Buch nur jene Aussagen ausgewählt, die für einen weiten Kreis von Interesse sein dürften, und diese durch einige bisher nicht ausgewertete Notizen ergänzt.

Frage: Du kennst ja nun seit Jahren die Situation des Buddhismus im Westen. Was ist deine Meinung: Wie muß der Buddhismus im Westen aussehen, wenn er zu einer voll integrierten religiösen Form im Abendland heranreifen soll? Bereits jetzt beginnt sich die Diskussion zwischen Übernahme der Vielzahl der in Asien gewachsenen Traditionen und einem «modernen» Verständnis des Dharma aus westlicher Sicht abzuzeichnen. In welcher Richtung sollen wir arbeiten?

Govinda: Zunächst einmal glaube ich nicht, daß ein lebendiger Buddhismus im Abendland das quietistische Mönchstum Südostasiens übernehmen wird. Von einem

Buddhismus im Westen muß man meines Erachtens fordern, daß seine Praktizierenden, mitten im Leben stehend, den Dharma in ihrem Alltag umsetzen, das heißt meditieren und studieren, um ihn dann anderen darzulegen.

Frage: Für Studium und Meditation verspürt aber so mancher die Notwendigkeit, sich zeitweise zurückzuziehen.

Govinda: Das ist verständlich. Doch Menschen, die sich auf längere Zeit zurückziehen wollen, sollten sich vorher die finanziellen und wirtschaftlichen Voraussetzungen und Grundlagen erarbeitet haben. Wenn sie dann für eine Zeitlang in klosterartige Institutionen eintreten, dann sollten diese völlig autark sein, unabhängig von Spenden etc., und alle Mitglieder sollten umschichtig alle anfallenden Arbeiten erledigen, so daß jeder jede Arbeit einmal tun muß und sich keiner eine bestimmte Arbeit herauspickt.

Frage: Glaubst du, daß das Mönchstum im Westen eine solche Rolle spielen wird wie in Asien? Und inwieweit ist Mönchsein erforderlich, um Erlösung und Befreiung zu erlangen?

Govinda: Ich gehörte anfangs einem streng zölibatären Orden an, bis ich herausfand, daß Mönchstum in den meisten Fällen eine Flucht vor dem Leben ist. Ich bin heute der Überzeugung, daß es weitaus förderlicher für die geistige Entwicklung eines Menschen ist, in der Welt zu leben und zu arbeiten, als in einer Meditationsklause zu sitzen... Ich glaube nicht, daß Heiligkeit etwas besonders Gutes ist. Ich befürchte, daß Menschen, wenn sie zu «heilig» werden, sich zunehmend absondern und egoistischer werden, weil sie schließlich von ihrer eigenen Heiligkeit eine so hohe Meinung bekommen, daß sie mit normalen Menschen nicht mehr reden können. Ich liebe die Menschen, die einfach sind und die ihre alltägliche Arbeit tun. Aber unter den heutigen jungen Buddhisten im Westen hat man seine eigenen Ideen über das alte *ora et labora* («bete und arbeite»). Als heilige Parasiten wollen sie nur das *ora* für sich in Anspruch nehmen und überlassen das *labora* den anderen, die ihren Lebensunterhalt bestreiten sollen. Man sollte aber bedenken, daß jede Tätigkeit, und sei es die geringste, die mit Hingabe ausgeübt wird, eine geistige Übung ist, die letztlich im Dienste der Erleuchtung und damit im Dienste der Welt steht.

Frage: Aber die Antwort steht noch aus, ob du der Meinung bist, daß ein Mönchsein und ein Leben im Kloster erforderlich sind, um Erlösung und Befreiung zu erreichen?

Govinda: Heute reden viele Menschen von Erlösung und Befreiung. Doch wer davon redet, ist schon auf dem falschen Wege. Je weiter ein Mensch auf dem Pfade voranschreitet, je tiefere Einsichten er gewinnt, um so größere Verpflichtungen fühlt er und nimmt sie auf sich. Das sollte der Maßstab sein, an dem die Entwicklung eines Buddhisten gemessen wird, wobei wir immer bedenken müssen, daß wir alle – gleich ob ordinierte oder in der Welt lebende Jünger – Mitglieder der *Ārya-Kula*, das heißt der «edlen Familie» des Erwachten sind und daß wir daher immer von unserem Herzen her bereit sein sollen, soviel für den Dharma und die im Leid befangenen Wesen zu tun, wie wir nur können.

Frage: Das hört sich fast so an, als sei für dich das Mönchsein kein unerläßliches Mittel, um den Weg des Buddha entschieden zu gehen?

Govinda: Unsere Zeit bietet dem Menschen im Westen in allen Bevölkerungsschichten soviel Freizeit wie nie zuvor in der Geschichte der Menschheit. Aus diesem Grunde ist es heute kaum noch erforderlich, Mönch zu werden, um entschieden den Weg des Buddha zu gehen. Mönchsein bedeutet ein eingeschränktes Leben. Unser Weg als *Vajrayānins* hat das Mahāyāna zur Basis, das heißt den Weg der Zuwendung zum anderen. Wenn wir diesen Weg konsequent gehen wollen, müssen wir voll und ganz in diesem Leben stehen und in diesem Leben stehend versuchen, immer vollkommener die Lehre des Buddha zu verwirklichen, wie es uns das

Vimalakīrtinirdeśa-Sūtra zeigt. Ich habe es einmal vielleicht überspitzt formuliert: «Ein Buddhismus, der nur für Mönche taugt, ist ein untauglicher Buddhismus.» Dennoch stehe ich auch heute noch auf dem Standpunkt, daß ein Buddhismus relativ wenig wert ist, wenn ihn ein Mensch, der im Alltagsleben steht, nicht praktizieren kann, um bei konsequentem Handeln das hohe Ziel zu erreichen.

Frage: Ich bin erstaunt: Was hat sich so verändert, daß du jetzt einen so eindeutigen Standpunkt mit Akzent für den Stand der Upāsakas beziehst?

Govinda: Es sind wohl die Erfahrungen der nun fast zwei Jahrzehnte, in denen ich wieder viel im Westen war. Das Leben in und aus dem Dharma darf und sollte nicht zu einer Ausnahmesituation menschlicher Existenz gemacht werden. Auch sollten Buddhisten keine skurrilen Gestalten sein, die tief versunken, ohne ihre Umwelt wahrzunehmen, mit der *Mālā* in der Hand durch die Straßen ziehen, Mantras vor sich hinsprechen und auf andere Menschen als «Weltlinge» herabblicken. Sie sollen vielmehr normale menschliche Wesen mit all ihren Stärken und Schwächen sein, die sich bemühen, hellwach und vollbewußt die Stärken zu fördern und die Schwächen abzubauen, ohne dabei – wie Stehr einmal sagte – in «Sündeneitelkeit» zu schwelgen, in Angst vor Höllenstrafen oder im begierigen Verlangen nach Himmelswelten, die ihnen einige buddhistische Lehrer aus ihrem noch mittelalterlichen Denken als Lohn oder Strafe für ihr Verhalten suggerieren. Wir sollten sehen, daß die Menschen hier im Westen zur Selbstverantwortlichkeit geführt werden müssen – eine Selbstverantwortlichkeit, die aus Einsicht reift, ohne daß an die primitivsten Gefühle appelliert wird. Die Kleshas sind keine Sünden, sondern «Trübungen» bzw. «Befleckungen», die man beseitigen kann, ohne auf die Gnade eines Gottes angewiesen zu sein. Darum spielt auch der Begriff «Reue» keine Rolle im Buddhismus, sondern das «Bedauern» eines freien Menschen, der sich seiner Achtlosigkeit schämend errötet (*hiri*). Darum aber ist Achtsamkeit – richtiger: Gegenwärtigkeit – Grundlage buddhistischer Ethik bzw. selbstverantwortlichen ethischen Handelns, so daß der Dharma jede Sekunde unseres gelebten Lebens durchtränkt, erfüllt und trägt.

Frage: Um noch einmal auf die nicht ganz beantwortete Frage betreffs der Problematik «asiatische Traditionen und Buddhismus im Westen heute» zurückzukommen: Wir sehen viele junge Menschen, die sich ganz in die eine oder andere asiatisch-buddhistische Schule begeben und minutiös und gewissenhaft alle Formen imitieren. Wie verstehst du das?

Govinda: Menschen sind mehr oder weniger Spiegelbilder ihrer Zeit und Umwelt. Aber es hat immer Menschen gegeben, die in einer Vergangenheit lebten und sich an dieser orientierten, sei es nun an der der eigenen oder einer anderen Kultur. Doch eine derartige Flucht in das längst Gewesene führt nur dazu, daß ein solcher Mensch an der eigenen Zeit und Kultur vorbeilebt. Es gilt darum, den Menschen in die Gegenwart zu stellen: Er muß in seiner eigenen Zeit wurzeln, um dann nach vorn zu schauen und voranzuschreiten – muß aber zugleich bedenken, daß er kein geschichtsloses Wesen ist, sondern auf der Basis einer Vergangenheit steht: der Vergangenheit seiner eigenen Kultur, in die immer wieder andere Kulturen in lebendigem Austausch hineinreichten.

Frage: Nun wird ja immer wieder von seiten der Kirchen gesagt, daß die Kultur des Abendlandes eine christliche sei...

Govinda: Geschichtlich gesehen stimmt das wohl nicht ganz. Die Menschheit des eurasischen Blocks war in der Zeit vor der Ausbreitung des Islam (der bald die alten Verbindungsstraßen blockierte und selbst den Handel bis zum Bosporus übernahm) eine sehr lebendige Gemeinschaft, charakterisiert nicht nur durch einen regen Handel zwischen Ost und West und von Süd nach Nord, sondern auch durch einen regen geistigen Austausch. Ist doch das Christentum selbst in seiner heutigen Ausprägung das Produkt dieses Austausches, in dem sich vorderasiatische Religiosität und Mythologie mit griechisch-römischen und später germanisch-keltischen Elementen mischte und deren Synthese das heutige Christentum der Kirchen ist. Ohne diesen Prozeß wäre die Jüngergemeinde Jesu eine kleine jüdische Sekte geblieben. So aber – durch die Mythologisierung des Paulus, der jüdische, ägyptische und vorderasiatische Auferstehungsmythen verarbeitete und die griechische Idee eines «Sohnes Gottes» aufgriff (die dem jüdischen Denken vollkommen konträr war) – wurde die Botschaft vom Christus für alle Länder des «fruchtbaren Halbmondes» akzeptabel. Daß das spätere christliche Mönchstum über die Wüstenväter buddhistisches Geistesgut und Askesepraxis übernahm und zu seiner Grundlage machte, dürfte jenseits aller Zweifel stehen: Die Völker Vorderasiens kannten nichts Adäquates vor den Friedensmissionen Ashokas.

Frage: So meinst du, daß das Christentum stark vom Buddhismus mitgeprägt wurde?

Govinda: Es gibt wohl keine Religion, die in Berührung mit anderen Kulturen nicht in diesen lebendigen Austausch religiöser Ideen und Erfahrungen einbezogen wurde. Keine blieb davon unberührt, auch nicht die Stammesreligionen wie die der Israeli, Iraner und Inder. So hat auch der Buddhismus in seiner Berührung mit den Religionen asiatischer Länder viele Einflüsse erfahren und unterschiedlichste Elemente aufgenommen – allerdings nur in der Peripherie: Sein zentrales Anliegen war zu weit entfernt von dem anderer Religionen, ausgenommen dem chinesischen Taoismus.

Frage: Und doch hat der Buddhismus in all den Ländern, wo er Wurzeln geschlagen hat, sehr typische, nationale und kulturelle Züge angenommen, und das selbst da, wo im gleichen Lande sich verschiedene Sekten auf der Grundlage unterschiedlicher indischer Schulen entwickelten…

Govinda: Nun, der Buddha-Dharma hat, wo immer er hinkam, nie die religiöse Grundlage der Völker, die ihn annahmen, negiert oder gar zerstört (wie es teilweise die vorderasiatischen Religionen taten), sondern hat sie auf der Ebene menschlicher Bedürfnisse bestehenlassen und integriert, um sie dann in adaptierter Form zur Grundlage seines eigenen Gebäudes zu machen, dessen Ziel allein Befreiung und Erleuchtung ist – jenseits aller Götter, die menschliche Not anruft. Es war stets ein behutsames Vorgehen: nie vergewaltigend, sondern verstehend, annehmend, assimilierend, umformend, bis die aufgenommenen Elemente kein Fremdes mehr waren und in gewisser Weise den Vorhof zum Buddha-Tempel bildeten – ja die breite Basis, auf der sich dieser Tempel erhob. Ein typisches Beispiel dafür ist das Vorgehen Padmasambhavas in Tibet. Und denken wir daran, daß der tibetische Buddhismus über seine Grenzgebiete noch manichäische, nestorianische und gnostische Elemente aufnahm, wie er denn im 12. Jahrhundert, als die indischen Pandits aus den großen Klosteruniversitäten Nordindiens flohen, shivaitische und vishnuitische Komponenten übernahm. Aber all dies wurde in einem intensiven Einschmelzungs- und Assimilationsprozeß bis in seine Grundbestandteile aufgelöst und, ebenso wie schon früher die Bön-Anschauungen, in buddhistischer Weise transformiert.

Frage: Gibt uns das deiner Meinung nach die Berechtigung, ohne Imitation asiatisch-buddhistischer Formen die Lehre des Buddha als westlicher Mensch zu interpretieren, ohne unsere Kultur aufzugeben?

Govinda: Als abendländische Buddhisten dürfen wir ruhig auch stolz sein auf unsere abendländische Kultur. Man kann die Wurzeln, aus denen wir gewachsen sind, weder leugnen noch abschneiden, denn eben diese Wurzeln befähigen uns auch, die Essenz dessen aufzunehmen, was die unterschiedlichsten Kulturen Asiens – aus denen sich der Buddha-Dharma herauskristallisiert hat – entwickelt haben. Es ist nun notwendig, sie durch uns hindurchgehen zu lassen wie beim Ernährungsprozeß. Wir müssen sie verdauend auflösen, absorbieren und im Assimilationsprozeß dann das für uns Wichtige und Richtige zur «körpereigenen Substanz» machen, um das andere für uns Unzuträgliche, Nicht-Verdaubare und Nicht-Assimilierbare auszuscheiden.

Frage: Aber gibt es da irgend etwas, was uns bei diesem Assimilierungsprozeß als Richtschnur dienen kann? Könntest du uns Hinweise geben?

Govinda: Für den Buddha-Dharma kann nie ein einzelner sprechen und behaupten: «Dies ist richtig oder jenes falsch! Dies ist assimilierbar, jenes aber nicht!» Der von uns vorgetragene Standpunkt für einen Buddhismus der Gegenwart ist nur eine unter unendlich vielen Möglichkeiten, die in ihrer Gesamtheit dann eines Tages dazu führen werden, auch hier im Westen einen eigenständigen Buddhismus reifen zu lassen, der hinsichtlich der Wege und des Verstehens ein breites Spektrum aufweisen wird. Dieser Prozeß wird über Jahrzehnte gehen, vielleicht über Jahrhunderte. Doch da unsere Zeit eine sehr schnellebige ist, können wir nur hoffen, daß wir weniger Zeit brauchen als vermutet. Heute drängt das geistige und materielle Gefälle zwischen Ost und West zum Ausgleich, wobei aber offensichtlich keiner aus den Fehlern der anderen lernt. Die Geschichte des Buddha-Dharma hat immer wieder die ihm innewohnende ungeheure Dynamik bewiesen, die unter Beibehaltung alles Essentiellen stets neue, den Kulturen und Zeiten angepaßte Interpretationen und Wege entwickelte. So müssen auch wir jetzt lernen, eine neue Lebensführung bzw. eine neue Lebensform zu entwickeln, die es uns unter allen Bedingungen erlaubt, ein Leben als Jünger des Erhabenen aus dem Geiste unseres Bodhisattva-Gelöbnisses im Dienst anderer Wesen zu führen.

Frage: Aber wie stellst du dir das vor?

Govinda: Ich denke da nicht an äußere Formen oder ähnliches. Es muß ein normales Leben von Individuen sein, in dem unsere tägliche Arbeit genauso ihren Platz hat wie unsere Meditation.

Frage: Und wie sollte diese Meditation in unser Leben eingebaut werden?

Govinda: Zunächst sollte sie keine auf bestimmte Tages- und Jahreszeiten beschränkte Ausnahmesituation sein, vergleichbar einem sonntäglichen Kirchgang, bestimmten Gebetszeiten etc., sondern muß zu etwas heranreifen, was unseren ganzen Tagesablauf begleitet und bestimmt, was jedes Tun durchdringt und täglich zunehmend Wachheit und Aufgeschlossenheit nach innen wie nach außen wachsen läßt, bis unser ganzes Menschsein keinen Unterschied mehr kennt zwischen Innen und Außen und alles Leben mit Mitleiden und Mitfreude umfaßt, ohne ein Wesen höher zu bewerten als das andere. So gilt es das unmittelbare Erleben und meditative Erfahren des Dharma zu stimulieren und zu fördern, nicht aber scholastisches, traditionalistisches und fundamentalistisches Denken; denn weder auf Erdachtes kommt es an, noch auf Theorien, die wir wie einen Schild vor uns herschieben, sondern einzig und allein auf unser verstehendes Menschsein, auf unsere mitmenschliche Zuwendung und Hilfsbereitschaft. Und hier sollten wir den wirklichen Unterschied zwischen einem *Hīnayāni* und einem *Mahāyāni* suchen: Es ist nicht die äußere Zugehörigkeit oder das Bekenntnis zu der einen oder anderen Schule des Buddhismus und deren Theorien, die den Unterschied machen, sondern allein das gelebte Leben.

Frage: Und wo siehst Du Gefahren für einen sich auf einer so breiten und offenen Basis entwickelnden Buddhismus im Westen?

Govinda: Dem Dharma drohte von eh und je – wie allen Religionen – die größte Gefahr von seiten der Dogmatiker, Scholastiker und den dem Gestern verhafteten Traditionalisten, die alle unfähig waren, schöpferisch in der Richtung weiterzugehen, in die der Buddha wies; denn diese Menschen sind so fixiert und in ihrem Gesichtswinkel eingeengt, daß sie zwar alles unbesehen schlucken, was eine teilweise längst überholte Tradition ihnen anbietet, dabei aber aufgrund ihrer Verkrampftheit unfähig sind, das Überkommene durch sich hindurchgehen zu lassen, um das Wesentliche zu absorbieren und zu assimilieren, das andere aber auszuscheiden. Statt dessen aber erwarten sie von anderen, daß sie unbesehen all den Wust der Vergangenheit übernehmen und das Überlebte und längst unbrauchbar Gewordene als «geheiligte Tradition» mit sich herumschleppen. Man kann solche Menschen nur bedauern.

Während bis Ende der vierziger Jahre praktisch nur der Theravāda bekannt war, hat sich in den letzten Jahrzehnten das Spektrum buddhistischer Schulen im Abendland so erweitert, daß heute jeder den ihm gemäßen Weg wählen kann. Wir glauben nicht, daß unsere Sicht und Interpretation des Buddha-Dharma die allein richtige sei und daß alle anderen Standpunkte falsch wären. Wir halten unsere Schau des Buddhismus in der offenen Hand hin, und wer die Dinge in gleicher Weise sieht, ist willkommen. Und wenn andere buddhistische Gruppierungen eine andere Vision des Dharma haben, so ist dies nur zu natürlich, und manches wird uns daraus zur Anregung dienen, so wie auch andere von unserer Sicht angeregt werden mögen. Buddhistische Schulen sind bei aller Differenziertheit ihrer Lehrinterpretationen keine Konkurrenzunternehmen!

Frage: Und wenn ich dich nun heute in deinem sechsundachtzigsten Lebensjahr frage, wie du rückblickend dein Leben zusammenfassen würdest: Wie wäre deine Antwort?

Govinda: Daß ich heute nach mehr als siebzig Jahren des Strebens weiß, was ich immer war und bin: ein abendländischer Buddhist, der dankbar seinen Durst an den Quellen des Ostens stillte.

Glossar

Die buddhistische Terminologie ist in diesem Buch in einer verein-
fachten Umschrift wiedergegeben, die weitgehend auf die in der
wissenschaftlichen Transkription verwendeten diakritischen Zeichen
verzichtet. Im Glossar werden zentrale, für das Textverständnis wesentliche Begriffe sowie einige Personennamen erläutert.*

Ātman (Skrt.), *Atta* (Pali): das ICH oder SELBST oder «SEELE»

Anātmanvāda (Skrt.), *Anattavāda* (Pali): die meditative Erfahrung und
der daraus sich ergebende Übungsweg, daß es kein ewiges und unab-
änderliches ICH bzw. eine solche «SEELE» gibt

Bodhisattva-Mārga: der geistige Weg eines Menschen, in dem der
Erleuchtungsgeist (*Bodhichitta*) (Skrt.) aufblitzte und der gelobte, den
langen Weg des Dienstes und des Opfers zu gehen, im Bemühen um
die Verwirklichung der zehn Vollkommenheiten (*Pāramitās*) (Skrt.),
bis er ein vollkommen vollerleuchteter Buddha zum Heile der Welt
geworden ist

Dharma-Nairātmya (Skrt.): die meditative Erfahrung, daß alle Daseins-
elemente leer von einem ewigen Selbst oder Eigensein sind

Dhyāni-Buddhas: die vom Meditierenden in der Schaubildentfaltung
visualisierten Buddhagestalten, die Verkörperungen der fünf Bud-
dhaweisheiten sind (s. Lama Govinda, *Grundlagen tibetischer Mystik*)

Hīnayāna (Skrt.): das «Kleine Fahrzeug», das zum Ziel hat, nach Abtun
der zehn Fesseln als ein Heiliger (*Arhat*) ins Nirvāna einzugehen

---

* Für ausführlichere Definitionen vgl. *Lexikon der östlichen Weisheits-
lehren*, Bern/München/Wien 1995.

Kanishka: buddhistischer König in Nordwest-Indien (2. Jahrhundert n. Chr.)

Mādhyamaka (Skrt.): die Lehre von der Mitte bzw. dem «Mittleren Weg», der die Extreme meidet

Mahāyāna (Skrt.): das «Große Fahrzeug», das auf dem *Bodhisattva-Mārga* vollkommene Buddhaschaft (*Samyak-Sambodhi*) (Skrt.) zum Ziel hat

Mantras: «Werkzeuge des Geistes» (*Manas*) (Skrt.) – Symbolworte, die in der Meditation benutzt werden (s. Lama Govinda, *Grundlagen tibetischer Mystik*)

Mudrās (Skrt.): Gesten oder Gebärden, die im Tanz, in der Ikonographie und in der Meditation Ausdruck einer bestimmten Geisteshaltung sind und diese auch hervorrufen sollen

Nāgārjuna: Lehrer der *Mādhyamaka* (2.–3. Jahrhundert n. Chr.)

Pudgala-Nairātmya: die meditative Erfahrung der «Leerheit» der Persönlichkeit von einem *Ātman* (*Atta*)

Samyak-Sambuddha (Skrt.), *Sammā-Sambuddha* (Pali): ein vollkommen vollerleuchteter Buddha, ein Weltlehrer wie der historische Buddha

Shūnyatā: die Leerheit von einem dauernden, ewigen Eigensein oder SELBST = Substanzlosigkeit

Theravāda (Pali): der «Weg der Ordensälteren», Schule des südlichen Buddhismus in Ceylon, Burma, Thailand, Laos

Vajrayāna (Skrt.): das «Diamantene Fahrzeug» des tantrischen Buddhismus

Vijñānavāda (*Yogāchāra*) (Skrt.): die Lehre vom Primat des Bewußtseins auf dem Erlösungsweg durch Yoga, das weitgehend die Grundlage des *Vajrayāna* ist

Vimalakīrtinirdesha-Sūtra: ein frühes *Mahāyāna-Sūtra*, das die Gleichstellung der Weltjünger mit den Ordinierten, ja, ihre teilweise Überlegenheit über jene demonstriert

Personen- und Sachregister

Abhaya-Mudrā 125, 158
Abhidhamma 213, 227
Abhisheka 190
Absicht(en), absichtsvolles Tun 57, 67, 138
Absolutes 146, 227 ff., 232
 – ewiges 229
 – leeres (Fichte) 52, 220
Ācārya 161
Achtsamkeit 216 ff., 240
Ācincannayatana 219
Ādi-Buddha Vajradhara 125
Advaita 50, 52
 – -Philosophie 49
 – shivaitische 30
Advaya 50, 221
Agens 41
Ajo-Repa-Rimpoche 18, 209
Ākashānacayatana 219
Akshobhya 126
Aktivität 127, 159
Ālaya–Vijñāna 98, 230
Alexander der Große 173
Amitābha 115 f., 201, 207, 210
Amitāyurvyuha-Sūtra 207
Amitāyus 116
Amoghasiddhi 129
Ānāpānasati 191 f.
Anātman 40 ff., 51
Anāttmanvāda 229
Anatta 49, 233
Angst 48, 82, 152, 196, 214 f., 239
Anhaften, Anhaftung 180 ff.
Anicca 223
Anima, Animus 92

Antaka 91
Anurraddha (Earl Brewster) 25
Apsarās 226
Archetypen 83, 97, 141, 163, 195
Ärger 57 ff.
Arhat 19, 179 f., 232 f.
Arūpa-Jhāna 220
Ārya Maitreya Mandala 161, 236
Āsanas 111 f., 119
Āsavas 168
Ashoka 173
Askese 69, 122
Aspekte
 – der Buddhaschaft 198, 200 f.
 – des Menschseins 198
 – der Persönlichkeit 198
Assimilation 243
Asubha 225
Atem 32, 40 f., 135, 145, 179, 186 f., 191 f.
Atemarten 51
Atembeobachtung 33
Atemmeditation 132
Ātman 49, 51, 68, 171, 220
Ātman-Brahman-Beziehung 50
Ātman-Nairatmya 220
Atta 49, 171
Auferstehung 104
Auflösung 47, 136, 142 f., 156, 224
Aufmerksamkeit 218

Ausstrahlung 30
Avalokiteshvara 92 f., 112, 115 f., 200, 209 f., 215
Avatār 208
Avidyā 31 f., 35
Ārya-Kula 238

Bedingtheit 221
Bädscher 202
Bala 206
Befreiung 20 f., 32, 49, 66, 69, 72, 75, 84 f., 122, 139 f., 222 f., 225, 232, 237 f., 242
 – vom Leiden 19
 – vom Nichtwissen 32
Befriedigung
 – emotionale 78
 – momentane 78
Begehren 65, 171, 181, 205 f.,
Begrenztheit 32
Benoytosh Bhattacharyya 204
Besitz 42, 63, 69
Bewußtsein(s) 21, 31, 70 f., 119, 131, 150 ff., 157, 164, 170, 193, 196, 201, 203, 210, 213, 224
 – des Körpers 212 f.
 – göttliches 103
 – Gruppen- 101
 – kollektives 98
 – kompensierendes 98
 – Licht des 127
 – schöpferisches 143
 – Tiefen- s. Tiefenbewußtsein
 – universelles, Univer-

salität des 20, 98 f., 139,
230
– Vollendung des 139
Bewußtseinsdimensionen
46 f., 91, 146
Bewußtseinsebenen 80
Bewußtseinsinhalte 88
Bewußtseinsniveau 31
Bewußtseinsstadien,
höhere 91
Bewußtseinsübertragung
190
Bewußtseinsunendlichkeit
219
Bewußtseinszustand 80,
96, 125 f., 154, 204
Bewußtwerdung 111, 187
Bhang 27
Bhāvanā 66
Bhikshu 8
– –Tradition 18
Bhumīsparsha-Mudrā 122,
126, 158
Bīja 113 f.
– –*Mantra* 93 f., 113,
121, 142, 200
Bodhi 139
Bodhisattva(s) 48, 123,
127, 157, 168, 179 f.,
188, 200 f., 208 f.,
231 f., 234, 243
Bodhisattva-*Mārga* 232
Bön-Anschauung 242
Brahmā 49, 65 f.
Brahman 49, 213, 216
Brahmanismus 65, 68
Brahma-Vihāra 26, 180
Buddha
– Dharma 11, 73, 79,
85, 167, 188, 196,
241 ff., 245
– *Dhyāni-* s. *Dhyāni-*
Buddha
– Geburt des 62
– geschichtlicher/histo-
rischer 34, 62 f., 82,
126
– –*Ksétras* 213
– *Manusa-* 116
– von Kamakura 110
Buddhaschaft 82, 144,
212, 225, 233

– Prinzip der 62
– Aspekte der 112

Capra, Fritjof 35
Cetanā 57, 209, 212 f.
Ceylon 13 ff., 76, 177
Chakra 39, 110
Chakrasamvara 154
– –Mandala 95
Ch'an (Zen) 26, 189
Chandrakīrti 220
Chela 65, 118 f., 190 f.
Christen(tum) 54, 92,
101, 103–106, 131, 165,
170, 173 ff., 198, 214,
240 f.
– Nestorianisches 205
Christus 103 ff., 142, 144,
241
Chulalonkorn von Siam
15
Clemens von Alexandria
173

Dākinīs 92
Dalai Lama 116, 209 f.
Dämon(en) 90, 122,
153 f., 157, 197 f., 227,
231
Demchok 154
– –Mandala 95
Danā-Mudrā 123, 158
Dasa 180
Daseinskreislauf 179
David-Néel, Alexandra
152, 190
Depression 76
Dhammapada 156, 174
Dhar 201
Dhāranī 201 ff.
Dharma 10, 34, 45, 73,
79, 83 ff., 112, 135 f.,
154, 175, 185, 192,
194 ff., 208, 227, 230,
236–245
– Rad des 79
Dharma-kāya 49, 93, 115
Dharma-Nairātmya 229
Dharma-pāla 154
Dharmachakra 121
Dharmachakra-pravartāna-
Mudrā 111, 121, 158

Dharmachakra-pravartāna
Sutra 79
Dharmadhātu 158 f.
Dhyāna 147, 189, 219
Dhyāna-Mudrā 124, 158
*Dhyāni-*Buddha 48, 116,
121, 126, 128 f., 157,
198, 231
«Diamantenes Fahrzeug»
112

Dimension(en) 148–151
– Tiefen- s. Tiefen-
dimensionen
Disharmonie 66
Disziplin 188
Dogmen 24, 34, 151, 244
Dombi Heruka 18, 209
Doppelvajra 158
Drishti 228
Drukpa 18
Drukpa-Kagyü 18, 26
Dualität 130, 139

Ego 30, 32, 48, 88, 90
– Illusion des 30
Egoismus, Egoist 20, 30,
78, 179
Egozentrik 58
Eigenverantwortung 77,
195, 207
Einheit 50, 132, 148, 198
– der Welt 49
– von Männlichem und
Weiblichem 129
– von Subjekt und
Objekt 33
Einsicht 10, 140, 167,
205 f., 239
Einstein, Albert 145
Einswerdung, innere 56
Ekāgrata 219
Eklektizismus 53
Emanation(en) 115 f., 153
– der Leerheit 158
Energie(n) 119 f., 142
– der Gewohnheit 45
– vegetative u. vitale
120
Entsagung 122
Entwicklung
– organische 138
– psychische 138

Entwicklungsprozeß (im Buddhismus) 87
Erbarmen 29
Eremit 152 f., 208 f.
Erfahrung, psychische 71
Erinnerung 148–150, 216 ff.
Erkenntnis, höhere 90, 234
Erlebnisebenen 121
Erleuchtung 14, 19–22, 62 ff., 82, 92, 121 ff., 127, 139 f., 149, 168, 180 f., 189, 197, 200, 211, 218, 221, 225, 230, 232, 238, 242
Erlösung 124, 152, 180, 205, 230, 232, 234, 237 f.
Erwachter, Erwachtsein 63, 108, 122
Ethik 42, 174–179
 – buddhistische 173–179, 240,
 – christliche 173–179
Evans-Wentz, W. Y. 48
Existenz 147, 150
 – absolute 146
 – frühere 45

Farben (beim Mantra) 113 f.
Fichte, Johann Gottlieb 52
Freiheit 82, 224
 – des Willens 139
 – innere, wahre 37, 196
Freud, Sigmund 89, 162
Freude 29, 47 f., 214 f.
 – durch Meditation 47, 86
Frieden 38
Fünf Kräfte 206
Fünf Weisheiten 157 f.
Funktion(en)
 – körperliche 32
 – des Atems 33
Furcht 47 f.
 – in der Meditation 47

Gampopa 18
Ganzheit 10, 20, 23, 35,

106, 125, 197 f., 212, 229
 – des Körpers 187
 – menschlicher Erfahrung 9
Ganzwerdung, innere 56
Gebet 66
Gebetsmühlen 78 f.
Gegenwärtigkeit 145, 149
Geist-Körperlichkeit 187
Gelugpa 17, 26
Genie 210, 231
Geöffnetsein 32
Gerechtigkeit 42 f.
Gesetz(e) 37, 46, 61, 150, 171 f., 204, 222
 – der Natur 43, 59 ff., 65
 – des Karma 45, 65, 233 f.
 – inneres 75, 136
 – sittliches/moralisches 121, 135
 – universelles 46, 121, 135 ff.
Gewissen 43, 136 f.
Gewohnheit
 – determinierende 139
 – Energie der 45
Ghantā 125–129
Gier, 56 f., 138 f., 180, 183, 196
Glaube(n) 21, 34, 66, 72, 83, 108, 202, 205 ff., 231
 – schamanischer 175
 – blinder 169 f., 206
Glaubensbuddhismus 205 ff.
Gleichheit (aller Wesen) 124
Gleichmütigkeit 66, 181
Gleichgültigkeit 181
Glück 29, 223, 225
 – ewiges 32
 – wahres 36
 – durch Meditation 86, 108
Go 14
Goddard, Dwight 45
Gott, Götter 48, 63, 72,

81, 90, 171, 173, 198, 206, 208, 213
 – des Todes 91
 – Macht der 65
 – persönlicher 49
Gottesverehrung 65 f., 81
Gottheiten 203, 231, 242
 – buddhistisch-tantrische 30
 – schreckenerregende 152 ff.
Govinda-Sutta 14
Großes Fahrzeug 18, 20
Guru 13, 16 ff., 39, 65, 81, 94, 113, 116, 118 f., 152, 168, 190, 206, 209

Hall, Dr. James 87
Handeln, Handlung 239
 – als Wandlung 115
 – ethisches 174, 240
 – göttliches 124
 – grausames 77
 – karmafreies 129
 – mitleidiges 127
 – rechtes, gutes 77, 234
 – spontanes 168, 224
 – unheilsames 138, 173 f.
 – Verkörperung des 127
Harmonie 42, 75, 110, 124, 174
 – mit der Natur 59 ff., 178
Haß 56 f., 138 f., 171, 180, 182 f., 196
Hegel, Georg Wilhelm Friedrich 52
Hellsicht 31
Heilige(r) 29, 72, 168, 182, 208, 232
Heraklit 72
Heruka 30, 201
Himmelrichtungen 129, 254 f.
Himmel und Hölle 66, 197, 213 f., 239
Hīnayāna 16, 18 f., 227–235, 244
Hinduismus, hinduistisch 13 f., 42, 49, 53 f., 56, 164, 201, 203 ff., 208

Hiri 240
Hiri-ottappa 43
Hūm 114 f., 122, 200

Ich 32, 44, 48 f., 51 f.,
57 f., 68, 75, 78, 170 f.,
181, 195 f., 217, 224,
230, 233
– fiktives 52
– persönliches 68
– unveränderliches,
ewiges 20, 57
Ichbezogenheit 49, 58,
124 f., 176, 180 f., 196,
224
Ideal(e) 31, 174, 209, 232 f.
– der Buddhaschaft 63
– des Menschen 63
Identität 137
– Nicht-Identität 137
Ignatius von Loyola 142
Ikonographie 93, 129, 231
Illusion 30, 32, 48 f., 57,
156, 171 f., 230
– der Verschiedenheit
49
– der Vielheit 49
Imagination 96 f.
– des Ostens 35
– schöpferische 48, 142
– geführte 93, 156
Indien, indisch 14 f., 18,
21, 50, 57, 71, 76 f., 96,
100, 132, 134 f., 141 f.,
153, 165, 170 f., 175,
178 f., 183, 194, 216 f.,
241 f.
Individualität 30, 50,
135 f., 154, 170
Individuation, Prozeß der
87
Individuum 11, 30, 37,
83, 100, 114, 148, 192,
218, 233
– «absolutes» 168, 171
Indra 14, 226
Indriya 206
Initiation, initiieren, 18,
26, 118 f., 146, 154,
158, 169, 190
– Initiationsgottheiten
92

– Massen- 190
Inkarnation 18, 44, 209
– Formen der 116
Integration 139, 142 f.,
197
– des Westens 35
– vergangener Weishei-
ten 124
Intuition 189
Islam 54, 165, 240

Jainas 14, 77, 235
Jainismus 164
Japan, japanisch 59, 84 ff.,
110 f., 125, 132 f., 135,
139, 156, 165 f., 175,
177, 188 f., 202, 205,
220 f.
Jōdo-shin(-shū) 85
Jung, C. G. 83, 87–92, 96,
98 f., 162 f., 195
Jünger 10, 18

Kagyüpa 17 f.
Kālachakra-Tantra 146, 227
Kāmavacaraloka 213
Kampa 180
Kanishka, Konzil des 19,
232 f.
Karma 41 ff., 45, 56 ff.,
66–69, 74 ff., 137 ff.,
167, 211–216, 234 f.
– –*Kagyüs* 18
– –Gesetz 45, 65, 233 f.
– nationales 74
– –*Vipāka* 168
Karmapa 17, 169, 209
Karunā 29, 159, 167, 180
Kashyapa-Parivartah 220
Kausalität 233 ff.
Kausalitätsprinzip 222
Kegon 84 f.
Kenshō 139 f.
Kierkegaard, Sören 48
Klang 113 f., 199, 201
– innerer 80, 113
Kleines Fahrzeug 18
Kleshas 239
Kloster, Klöster 15, 22,
38, 85, 173, 188, 208,
216, 237 f.
Kōan 140 f., 188 ff.

Kobo 202
Konditioniertheit 55, 172,
222 ff.
Kontemplation 118, 134,
166
– integrative 147
– religiöse 118
Kontinuität 147, 187, 225
– des Lebens 56, 75, 77,
137 f.
Konventionen 24
Konvertiten 13
Konzentration 128, 165,
190
Konzentrationsmittel 80
Körperhaltung (bei der
Meditation) s. auch
Āsanas 109–112, 119 f.,
145, 184, 186
Körperzentrierung 119,
184
Kraft, Kräfte 40, 65, 95,
105, 108, 119, 127, 131,
135, 144, 191, 198 f.,
202, 206, 212, 232 ff.
– archetypische 163
– aktive 116, 159
– befreiende 116
– des Mantras 80
– destruktive 157
– göttliche 31, 89 ff.,
108, 207
– meditative 27
– psychische 111, 131,
213
– schöpferische 30, 96
– schreckenerregende
152
– universelle 21, 89,
106, 192
– verwandelnde 81
Kreuz (als Symbol) 103 ff.
Kripa 180
Krishna 14
Kult(e) 177
– exotische 24
– Mitras- 174
– Mysterien- 174
Kundalīni-Yoga 204
Kunst 166, 177 f., 194,
221

Kushala 173

Lamaismus 208
Lankāvatāra-Sūtra 45
Laotse 34, 72
Laute, heilige 114f., 121f.
Laya-Krama 143, 157
Leben(s) 42f., 69, 137,
    145, 148, 223
    – geistiges 136
    – Recht auf 77
    – Sinn und Zweck des
    36
    – vergangene, zukünf-
    tige 36, 42, 122, 149,
    212, 222, 233
    – «Wasser des» 127
Lebensatem 68
Lebenseinstellung 226
Lebensenergie 42
Lebensgeister 90
Lebenskraft 41, 191, 198
Lebensströme 44
Leerheit 127f., 142, 145,
    152f., 158, 219–227,
    229
    – erfüllte 48
    – schöpferische 48
Lehrer 117ff., 233, s. a.
    Guru
Lehrreden
    – des Buddha 14
Leid, Leiden 19f., 28f.,
    142, 171, 181, 192, 213,
    225, 232
    – Christi 142
Leidenschaft 153
Levitation 130
Liebe 29, 66, 72, 92f.,
    105, 112, 116, 121,
    124f., 129, 158f., 180
    – göttliche 144
Li Gotami 14, 28, 56, 90,
    104, 133
Līlā 57
Logik 44f., 52, 146f.
    – der Jainas 44
Lokottara 232
Lotos 94, 200
Lotossitz 112, 119f.
LSD 27

Macht 18, 122, 174, 214,
    231
Mādhyamaka 229
Mäeutik, sokratische 10
Magie 80, 201–204, 231
Mahākāla 227
Mahāmāyā 30f.
Mahamudra 219
Mahāsattva 198
Mahāsukha 154
Mahāyāna 18, 20, 22, 82,
    166, 168, 177, 179, 213,
    227–235, 238, 244
    – Ideale des 20
    – japanischer 84
    – Schulen des 19
    – -Sutras 25, 157, 172,
    220
Mahāsiddha 209
Mahāsukha-Mandala 95
Maitrī 159
Maitreya 112, 129
    – meditierender 112
    – Traum des 84
Mālā 239
Mana 201
Manasikāra 218
Mandala 87, 114f., 128f.,
    155f.
    – *Chakrasamvara*- 95
    – *Demchok*- 95
    – *Mahāsukha*- 95
Mandala-Meditation 97
Mandala-Struktur 96
Mandala-Symbole 84, 129
Manichäismus 205
    – -Symbolismus 84
Manifestation
    – archetypischer Eigen-
    schaften 91
    – der Kraft 116
    – der Lebensenergie 42
    – des Friedens 59
    – des «unzerstörbaren
    Prinzips» 126
    – energetische 42
Mani Khorlo 79
Mañjushrī 90f., 188, 197
Mantra 80–83, 94f.,
    112–115, 119, 125, 127,
    190, 199–211, 231, 239
    – *Bīja*- s. *Bīja*

    – der zehn Mächtig-
    keiten 82
    – Initiations- 113
    – inneres 115
    – -Rezitation 79
    – Wirkungsebenen
    114
Mantrayāna 204
Manusa-Buddha 116
Māra 122f.
Marpa 18
Masseninitiation 131
Māyā 28–31
Meditation 17,21, 25ff.,
    32f., 39f., 46, 48, 63,
    66, 70f., 80, 86, 93,
    100–145, 152–158,
    164ff., 170, 176,
    179–194, 209, 218f.,
    221, 224f., 231, 237,
    243f.
    – Gruppen- 101f.
    – individuelle 101
    – Objekte der 103ff.
    – Regeln zur 47
    – tantrische 26, 157
    – Techniken der 101,
    131, 140ff.
Meditationsklause 16, 237
Meditationsmeister 16
Meditationsmethoden 32,
    164, 183
Meditationsobjekte 103,
    127, 225
Meditationsperioden 94,
    102
Michelangelo 179
Milarepa 18, 39
Mitempfinden 66, 155,
    158f., 167, 180
Mitfreude 29, 66, 244
Mitgefühl 77
Mitleid 29, 92f., 112, 116,
    125, 127, 129, 155, 158,
    167, 180, 182, 200, 208,
    210
Mitleiden 29, 244
Mönch(e) 18f., 22, 38,
    77, 173, 177, 185,
    209f., 225f., 236–239
Moral 42, 75
Mudita 29

Mūdras 111, 119–127, 145, 158, 184
Mūlaguru 209
Mūlamadhyamakakārikā 224
Munis 77
Musik 176 ff.
Mystik(er) 83, 155, 213 f.
Mythologisierung 231

Nāgārjuna 190, 220, 224, 229
Nāmarūpa 187
Natur 43, 59–65, 67, 134, 166, 176
Naturkräfte 42, 64, 199
Naturphilosophen 72
Naturverbundenheit 166
Naropa 18
Neid 183
Nevasanna-Nasannayatana 220
Nicht-Dauer (Vergäng-lichkeit) 41, 223, 225 f.
Nicht-Existenz 146
Nicht-Identität 137
Nichts 219 f.
Nichtwissen, «Nicht-Wis-sen» 32, 36, 48, 56 f., 139, 223
Nietzsche, Friedrich 223
Nihilismus 221
Nirāyas 213
Nirmānakāya 93, 115, 129, 209
Nirvāna 32, 56 f., 180 f., 222
Nyānatiloka 13
Nyānatiloka Thera 26
Nyingmapa 17

Offenheit, Offenstehen (des Geistes) 32, 40, 128, 131, 167, 176, 196, 221
Om 79, 112–115, 121, 200
Om Amitābha Hrīh 201
Om Hūm Tram Hrīh Ah 121
Om mani padme hum 112, 200
Opfer(kult) 65, 122, 132

Ouspensky, Peter D. 146, 150
Padma 200
Padmāsana 112, 119
Padmasambhava 170, 202, 242
Pali 15, 206 f.
– –Kanon 15, 19, 180, 205, 213, 226
– –Studien 25
– –Texte 63, 82
– –Tradition 15
Parinirvāna 62
Patañjali 164
Pearl, Fritz 162
Periodizität 148
Persönlichkeit 88, 225
– Aspekte der 198
– des Gurus 118
– ewige 137
– gewandelte 102
– psycho-physische 184
Peta-Vatthu 231
PHAT 115
Physik 35, 43, 194
Polarität 130
Prajñā 158 f.
Prajñā-pāramitā 92
Prāna 192
Prānayāma 191
Pratītya-Samutpāda 155, 168, 172, 221–224, 228
Prinzip(ien)
– der Aktivität 127
– der Buddhaschaft 62
– männliches und weibliches 159
– der Rezeptivität 127
– «unzerstörbares» 12
Projektion 156 f., 191
Psyche 21, 41. 88, 91, 163, 170
– «objektische» 99
Psychoanalyse 162
Psychologie 21 f., 195
– analytische 96
– buddhistische 43, 162–172, 206
– C. G. Jungs 83, 87–89, 92, 96 ff., 163 f.
Psychotherapie 162, 194–199

Pudgala-Nairātmya 229
Pūja 216
Pūja-Ritual 125
Punya-Namodana 167

Rāma 82 f.
Ramana Maharishi 51
Rechung 18
Reinkarnation 44, 76, 211
Religion 72, 80, 132 f., 151, 162–165, 169, 173, 175 f., 241 f.
Religionswissenschaft 53
Religiosität 21, 30, 100, 166, 175, 215, 241
Respekt 22, 72, 133
Repa 18
Rezeption, Rezeptivität 127, 130, 152, 156
Rezitation 95, 112, 125, 200
Rinzai-Zen 188
Riten, Ritual(e) 24, 105, 125–128, 157 f., 177, 181, 188, 216
– christliche 24, 104 f.
– hinduistische 126
– östlicher Religionen 24
– Pūja- 125
– rituelle Werkzeuge 127
– tantrische 125, 157
Rūpaloka 213

Sabbakāya 193
Saddha 206 f.
Saddhavimutta 207
Saddhanusari 207
Sādhana 93, 112, 118, 125 f., 134, 154 f., 169, 190
Sādhus 102
Sādhakas 102
Sakya 226
Sakyapa 17, 26
Samādhi 56, 139
Samboghakāya 93, 115
Sammā ditthi 205
Sammā-Sambuddha 232
Samsāra 180 f.
Samskārā 212

Samūtpada 224
Samyak-Sambuddha 19, 233
Sandhi 202
Sangha 13, 112, 127
Sati 192, 216ff., 224
Satipatthāna 26
 – -Meditation 106, 189
 – -*Sutta* 25
Satori 139, 189
Satto 202
Sattva 202
«Schatten» (C. G. Jung) 88f.
Schau 10, 48, 84, 141, 144f., 149, 183, 231, 235, 245
 – des Einen 30
 – des Universums 34, 149
 – innere 124, 144, 147, 191, 193
 – Weltschau 11, 60
Scheinwelt 215
Schicksal 56, 65, 67f., 138, 173
Schizophrenie 197
Schmerzensaskese 69
Scholastik 169
Schule(n)
 – „der Älteren" 19
 – des Buddhismus 22, 73, 84, 183, 207, 227, 240, 245
 – des Hīnayāna 232
 – des Mahāyāna 233
 – hinduistische 183
 – indische 100, 241
 – japanische 213
 – *Kegon*- 84
 – *Tendai*- 84
Seele 68, 151, 170f., 212
 – «Einzelseele» 68
Seelensubstanz 42
Seelenwanderung 211
Selbst 48, 68f., 89
 – unveränderliches, ewiges 20, 57, 69
Selbstbezogenheit 162
Selbstdisziplin 165
Selbsterfahrung 35
Selbsterkenntnis 59, 196

Selbstfindung 103
Selbstkritik 206
Selbsttäuschung 81
Selbstverantwortung 173f., 196, 223, 239
Selbstverleugnung 167
Selbstvertrauen 108
Selektion 217f.
Sellon, Emily 28
Shabda 80, 201
Shākyamuni 218
Shingon 85f., 202, 221
Shintoismus 165
Shraddhā 108, 206
Shunry Suzuki Roshi 192
Sich-Öffnen 32
Siddha 18, 190
 – -Tradition 18
 – -Schule 18
Shūnya 220
Shūnyatā 48, 84, 127, 142, 153f., 156, 158, 220f., 229
Shūnyavāda 229
Skandha 224
Smriti 192, 216ff.
Sola fide 205
Sotabhavanga 211
Soto-Zen 188
Srishti-Krama 142
Subjekt-Objekt-Schranke 50, 170, 176, 195, 221
Subjekt und Objekt 33
Sukhā 215
Sünde 173, 239
Sutra 25, 189f.
 – des Mahāyāna 157
 – *Dharmachakra-pravartāna* 79
 – vom Löwenruf 79
Symbol(e) 33, 89, 91, 94–97, 128f., 141, 143, 153–156, 159, 198f., 202, 219
 – archetypische 156
 – der Weisheit 128
 – Mandala- 84, 129
 – mitleidigen Handelns 127
 – Rechts-links-Symbolismus 125

 – religiöse 103
 – Shūnyatā- 84
 – traditionelle 103
Tai Hsü 26
Tanhā 181
Tantra 20,159, 203, 221
Tantrischer Buddhismus 89, 203
Tashi Lama 209
Taoismus, taoistisch 25, 189, 221, 241
Tārā 92, 111f., 159
Tathāgata 207
Tathatā 220f.
Tendai 84f.
Thangka 179, 191
Theologie, protestantische 205
Theravāda 16, 19, 177, 231, 245
Tibet, tibetisch 14ff., 21, 24ff., 76, 78f., 96f., 102, 111, 125, 132, 141f., 153, 169f., 175, 177, 190f., 191, 198, 199, 201f., 208f., 217, 234, 242
Tibetischer Buddhismus 17f.
Tibetische Lamas 213f.
Tiefenbewußtsein 98, 102, 230
Tiefendimensionen 151
Tiefenpsychologie 21, 88
Tiere 60f., 65, 77
Tilopa 18
Tod 69, 75f., 91, 104, 122, 136, 198, 212, 226, 230
 – des Körpers 68
 – geistiger 21
 – Überwindung des Todes 91
Toleranz 175, 198
Tomo Geshe Rimpoche 17, 26, 209
Totenkult 151
Transformation 104, 135, 139, 142f., 201, 203, 225

Transparenz (des Geistes)
128
Transzendenz 111, 164,
176 f., 229
Träume 97 f., 172, 211
Traumdeutung 97
Tugend 31, 94, 116

Unbeständigkeit 41
Unbewußte, das 89 f.
Unendlichkeit 44, 219
Unglück, unglücklich 31
Universalität 20, 30, 148,
170
– des Bewußtseins 20
Universum(s) 14, 30, 34,
35, 78, 84, 106 f., 135 f.,
142, 145, 147 ff., 155,
178, 230
– inneres 21
– harmonisches 151
– Rhythmus des 147
– schöpferische Gestal-
tungskraft des 30
Unterbewußtsein 155 f.,
211
Unvollkommenheit 149
Unwissenheit 32, 35
Upādāna 181
Upanischaden 49, 51,
65
Upasaka 18, 239
Upāya 158
Upekshā 181, 219
Ursache
– allen Übels 36
– des Lebens 44
– und Wirkung 44
Ursprung, gegenwärtiger
149
Urteilsfähigkeit 138

Vajra 125–129, 202
Vajradhāra 130
Vajradhātu-Mandala 129
Vajra-Hūm-Kāra-Mudrā
129
Vajrasattva 130, 201 f.
Vajrayāna 16, 18–22, 26,
85, 112, 141 f., 152,
159, 183, 193, 198, 227,
238

– -Meditation 26
– -Tradition 202
Vedānta (Veden, vedisch)
52, 204, 216
– -Lehre 52
Verantwortung 42, 78
Verdienste 166, 168, 234
Verdienstübertragung 234
Vergangenheit 123, 149,
240, 245
Vergänglichkeit 41
Vergegenwärtigung 192,
217 f.
Verinnerlichung 101
Verschiedenheit 198
– Illusion der 49
Vertrauen 206 f.
Verwirklichung 149, 232
– der Buddhaschaft 63,
144
– der Erleuchtung 127
– des Menschseins 91
– des Göttlichen/Trans-
zendenten 111
– meditative 116
– vorgespiegelte 131
Verzweiflung 140
Vesakfest 62
Vicikichchā 207
Vielheit 50
– Illusion der 49
Vijñāna 224
Vijñānavādin 225
Vimalakīrtinirdesha-Sutra
239
Vimāna-Vatthu 231
Vīna 80
Viññānacayatana 219
Vishvavajra 129
Vision 155, 245
Vollkommenheit 31, 61,
63, 75 f., 106, 144, 181,
200, 232
Vorbestimmung 139
Vorurteil 163, 172, 205

Wahrheit 22, 69 f., 73,
158, 165, 169, 176
Wahrnehmung 45, 172,
191
Wandel, Wandlung 11,
115, 135, 137, 143 f.,

164, 170 f., 181, 187,
195, 198, 201, 209, 227
Wangkur 190
«Wasser der Lebens» 127
Weber, Dr. Renée 28
Weisheit 93, 125 ff., 128 f.,
158 f., 210
– göttliche 90
– höchste, transzenden-
te 92
– östliche 34
– schauende 124
– Symbol der 128
Wellen 30
Welt 172
– «an sich» 31
– antigöttliche 60
– höchste 31
– innere 88
– wirkliche 70
Welterfahrung 145
Welterkenntnis 196
Weltschau 11, 60
Weltanschauung 195
Weltordnung, kosmische
230
Weltreligionen 100
Wert(e) 36
– ästhetische 135
– der Individualität 50
– höhere 109
Wertmaßstäbe 150 f.
Wesen, inneres 131
Wesenheiten
– transzendente 232
– übernatürliche 72
Wheeler, John 44
Wiedergeburt 76, 116,
209–216, 230
Wirklichkeit 10, 60, 69 f.,
94, 150 f., 156, 158,
174, 182 f., 194, 196 f.,
228 ff.
– «an sich» 50
– äußere 88
– Erkenntnis der 73,
206
– höchste 32, 145,
158 f., 229
– innere 88
– kosmische 84
– Pole der 50, 180

255

Wirklichkeitserfahrung 146
Wissen 93, 159, 209
Wissenschaft(en)
 – mantrische 204
 – moderne 31, 35, 48,
 195
 – westliche 34
Wut 182

Yama 91
Yamantaka 90 f., 197

Yoga 80, 164 f., 213
 – buddhistisches 162
 – hinduistisches 162
 – Kundalini- 204
 – Shabda- 80
Yogacārin 190

Zarathustra 72
Zeit 145–151, 217, 226 f.,
 240
 – absolute 146

 – Leugnung der 146
Zeitlosigkeit 145, 147
Zen 26, 85, 110, 149, 168,
 179, 188–191, 221
Zentrum
 – inneres 70
 – universelles 49
Zeremonie 119, 158, 210,
 215 f.
Zorn 182
Zweifelsucht 207